国家社会科学基金项目

节能减排与企业价值创造：

激励政策的一个微观着力点

邓学衷◎著

中国财经出版传媒集团

经济科学出版社
Economic Science Press

图书在版编目（CIP）数据

节能减排与企业价值创造：激励政策的一个微观着力点 /
邓学衷著 . —北京：经济科学出版社，2018.11
ISBN 978 - 7 - 5141 - 9991 - 8

Ⅰ.①节… Ⅱ.①邓… Ⅲ.①企业管理 - 节能 -
研究 - 中国 Ⅳ.①F279.23

中国版本图书馆 CIP 数据核字（2018）第 263733 号

责任编辑：凌　敏
责任校对：曹育伟
责任印制：李　鹏

节能减排与企业价值创造：激励政策的一个微观着力点
邓学衷　著
经济科学出版社出版、发行　新华书店经销
社址：北京市海淀区阜成路甲 28 号　邮编：100142
教材分社电话：010 - 88191343　发行部电话：010 - 88191522
网址：www. esp. com. cn
电子邮箱：lingmin@ esp. com. cn
天猫网店：经济科学出版社旗舰店
网址：http：//jjkxcbs. tmall. com
北京密兴印刷有限公司印装
710 × 1000　16 开　19.5 印张　300000 字
2018 年 11 月第 1 版　2018 年 11 月第 1 次印刷
ISBN 978 - 7 - 5141 - 9991 - 8　定价：68.00 元
（图书出现印装问题，本社负责调换。电话：010 - 88191510）
（版权所有　侵权必究　打击盗版　举报热线：010 - 88191661
QQ：2242791300　营销中心电话：010 - 88191537
电子邮箱：dbts@ esp. com. cn）

前　　言

　　企业作为一个将自然生态资源转化为有用产品的经济组织，其经营活动对环境产生的负面影响促使国际社会开展环境管治协调，并呼吁经济发展的绿色转型。在产业绿色议程的作用下，组织与自然环境的关系引起了企业管理者和学界的重视。20世纪90年代以来，一些大公司的高管开始认识到环境决策的重要地位，甚至主动将防御性或合规性的环境姿态转向积极的环境战略。但是，有关企业环境行为的财务效果研究，却一直存在两种完全不同的观点：成本关注派认为，环境投资是单纯的成本支出，这可能导致企业盈利减少和市场价值的降低；而价值创造派却将企业环境业绩视为提升竞争优势的有效途径，并最终提高财务收益。由于企业环境行为是否有利于改进财务绩效仍然存在激烈的争议，这在一定程度上影响了环境激励政策的针对性。

　　在我国，随着生态文明建设和绿色发展的持续推进，节能减排的绿色商业模式相应地改变了企业价值创造的驱动因素，传统资源要素对企业价值创造的贡献减弱，而生态环境要素在企业价值创造中的作用日益凸显。但是，受我国经济发展阶段的约束，不同规模、不同产业类型、不同所有制性质和技术条件的企业执行"节能减排"政策的成本存在较大差异，不同的经济负担往往导致一些企业擅自闲置污染处理设施、"漂绿"，甚至"偷排"，这是近年来环保督查中已被发现的事实。因此，随着我国对企业节能减排监管要求的逐步提高，企业节能减排的压力和绿色升级的激励问题依然比较突出。

企业环境行为产生何种财务效果的学术争议及绿色发展模式下我国企业实施节能减排和绿色升级的财务激励问题，为拓展公司财务研究提供了新的方向。在公司财务理论看来，企业节能减排的战略选择一般地依赖于企业现有的能力及该战略的当期和跨期财务收益，节能减排的长效激励源于企业的价值创造模式。为此，有必要探讨我国经济转型背景下节能减排与企业价值创造的理论、机制和经验证据，本书试图分析以下问题：

（1）生态效率范式下的企业价值创造理论。在已有的研究中，大量的理论和实证文献均依托于股东利益范式的公司财务理论，将企业实施节能减排战略作为股东价值创造的约束因素，一定程度上忽视了自然环境及利益相关者对环境问题的关切所诱发的价值驱动因素。本书在生态效率范式下探讨企业价值创造理论，搭起企业节能减排的绿色战略与财务决策之间的桥梁，解析了生态效率范式下企业价值创造机理，包括：企业环境合规设计的价值分配及价值迁移机制，积极环境战略及其技术采纳先动的价值创造机制，企业内部流程革新的成本节约和利润增长机制。进一步，运用数理模型说明了企业自愿减排行为的绿色品牌效应和商誉价值。随后的实证研究表明：企业生态效率与财务绩效存在因果关系，企业生态效率与企业价值显著正相关，企业生态效率水平越高，其生产成本越低，说明我国企业的绿色转型升级已显现出直接的价值增值效应。

（2）节能减排管制约束的企业投资均衡问题。在理论上，提高环境管制强度将导致企业投资行为的变化，甚至引起投资水平的不足，而这些变化又是与一个国家或地区的经济发展阶段相联系的。本书通过构建节能减排管制下的企业投资均衡模型，说明企业投资行为的变化：企业投资规模的增加带动了产能增加，相应地增加了污染排放量；当企业的初始投资达到一定规模时，环境污染税不会影响企业发展，而且为企业采纳和创新环境友好技术提供了激励；随着补贴水平的提高，不同规模企业对补贴的激励效果有显著差异。随后的实证研究表明，在现阶段，提高减排管制强度在微观上不会影响企业的投资规模，也不会挤占企业的其他生产性投资，而且对企业的环境友好技术创新有明显的激励作用。

（3）节能减排管制如何影响企业的融资决策。从企业融资的角度，节能减排管制对企业的市场融资行为具有双重效应：一方面，融资的事前监管使企业的环境风险成为融资的约束条件，并影响融资成本；另一方面，企业环境风险引发的环境损害及其责任分配机制又直接影响了企业的当期财务收益，进而影响未来的融资通道和成本。基于融资通道和成本的考虑，企业响应节能减排管制将在财务上做出策略回应，通过合适的杠杆决策实现企业价值最大化。为此，本书扩展了减排管制下企业财务杠杆的决策模型，探讨了贷款人连带责任、财务担保和环境审计情境下企业财务杠杆的决策问题。并进一步展开实证研究表明，我国企业减排绩效对融资成本的影响在债务和权益资本的类别方面存在明显差异，已有信贷政策对重污染企业的节能减排起到了引导作用。

（4）公司治理特征如何发挥节能减排作用。由于企业能力的异质性，在相同的节能减排管制下，企业的环境战略行动取决于该企业的治理制度安排，有效公司治理确立了各方的职责并强化对其后果的重视。公司治理对企业节能减排行为发挥着重要作用：企业的环境战略行为常常超越最低监管标准，执行积极的环境战略需要企业进行大量的、具有长期战略意义的投资，这可能给企业带来新的风险；同时，企业如何处理与自然环境的交互关系超越了组织的现有边界，是企业与外部利益相关者团体在权利、责任和利益关系中的一个多边协调和平衡。由此，本书基于组织与自然环境的生态关系，从理论上阐释了企业环境管家理论，探讨不同公司治理特征对节能减排绩效的影响，以及社会审计监督下公司治理对企业环境表现的调节作用。

（5）节能减排嵌入企业战略如何影响经营绩效。企业扮演环境管家的目标是在战略层面通过生态控制系统，开拓新的业务增长机会，实现企业环境绩效与财务绩效的协同。这种协调效应在具体营运流程上，表现为生态环境问题整合于管理控制系统，整合的内在路径是通过绿色战略与财务管理的融合，促进经营绩效的提升。为此，在企业落实节能减排的管理控制上，本书探讨了企业生态控制与财务管理的耦合机理，提出了生态控制与财务管理耦合的三种模式，为企业实施节能减排的管理控制系统设计提供借鉴作用；继而提出了绿色战略作用于财务绩效的理论模型，解析了绿色战略通过绿色动态能力影响财务绩效的机理，并进一步运用结构方程模型验证了绿色战略对财务绩效的积极影响。

近年来，我国经济发展的绿色转型已取得了举世瞩目的成就，但生态环境保护任重道远。企业管理好与自然环境的生态关系，在内部形成节能减排的财务激励机制，既是企业获得持续竞争优势、走向全球价值链中高端的有效路径，又是我国经济实现绿色发展的微观基础。企业节能减排的财务研究是一个相对较新的领域，理论体系尚不完善，本书的研究是一个初步探索，存在许多不足，敬请学界同行批评指正。

2018 年 5 月

目　　录

第一章 节能减排与企业价值的联结：激励政策支点

第一节 企业响应节能减排的财务决策：研究背景

在全球应对气候变化的行动中，新的监管法规和监管进程日趋完善和细化、环境技术创新日新月异以及消费者的环境需求不断升级，这些因素引导和制约着产业转型和变革的方向。随着世界产业体系逐步向低碳化转型，企业的市场竞争格局也在发生变化，环境变量和自然生态资本对一个企业的市场价值可能产生越来越深远的影响。企业应对不断变化的技术和业务模式的方式相应地改变了驱动企业价值创造的因素，并最终决定企业的综合业绩。环境变量已上升为企业构筑与碳排放相关的成本与价值创造的主要因素，节能减排的低碳业务模式形成了全球价值链竞争的新优势。

近年来，我国产业转型升级中对企业节能减排的监管要求逐步加大，意在推进"低投入、低消耗、低排放与高效率"的发展模式，形成与国内经济发展相适应的低碳产业体系。然而，由于减排成本、能力差异及传统经营模式的影响，我国企业在转型过程中，通过价值驱动因素这个中介将环境战略与财务决策联系起来的机制尚未形成，节能减排的压力和激励问题突出。因此，企业节能减排行为与财务成长的协同及作用于企业价值创造的内在机理，就成为有效激励政策的一个着力点。

一、国家生态战略提升了企业环境管理的财务功能

　　我国生态文明建设和绿色发展的国家战略引发了商业模式的变革，凸显环境治理和生态资本在企业价值创造中的作用。政府与企业的环境污染治理既要付出巨大的成本，但又为企业带来新的发展机会。政府的环境治理投资支出在带动和引导企业技术创新、改进工艺方面推动企业与相关产业的发展。从表1－1可以看出，到2016年我国污染治理投资的全部金额达9219.8亿元，比2008年增长86.75%，平均增长率达8.12%，表明政府污染治理的产业空间不断扩大，企业在污染治理产业的价值链中可以找到更多的价值创造机会。同时，生态文明建设的国家战略逐步改变了资源消耗型商业模式，自然生态资本，如空气、水、土地、矿产、森林、生物多样性和生态系统健康等项目作为新的低碳商业模式中的投入，成为企业取得成功的至为重要的价值存量，它能够支持企业持续发展所必需的商品或服务。这就意味着，企业经营的环境战略是与其他战略相互联系和融合的，这种融合使企业能够把握减排的机会并进行有效的环境业绩管理，实现技术和能力的整合，从而在低碳商业模式中获得新业务，创建企业自身的整套价值链。

表1－1　　　　　　　　我国环境污染治理投资情况

年份	城镇环境基础设施建设投资（亿元）	工业污染源治理投资（亿元）	当年完成环保验收项目环保投资（亿元）	环境污染治理投资总额（亿元）	环境污染治理投资占GDP比重（%）
2008	2247.7	542.6	2146.7	4937.0	1.57
2009	3245.1	442.6	1570.7	5258.4	1.54
2010	5182.2	397.0	2033.0	7612.2	1.90
2011	4557.2	444.4	2112.4	7114.0	1.50

续表

年份	城镇环境基础设施建设投资（亿元）	工业污染源治理投资（亿元）	当年完成环保验收项目环保投资（亿元）	环境污染治理投资总额（亿元）	环境污染治理投资占 GDP 比重（%）
2012	5062.7	500.5	2690.4	8253.5	1.59
2013	5223.0	867.7	3425.8	9516.5	1.67
2014	5463.9	997.7	3113.9	9575.5	1.49
2015	4946.8	773.7	3085.8	8806.3	1.28
2016	5412.0	819.7	2988.8	9219.8	1.24

资料来源：根据《中国统计年鉴（2017）》和 2013～2016 年《全国环境统计公报》整理。

　　还要看到，生态文明建设的国家战略对企业整个价值链过程的环境管理提出了新要求，企业管理环境、开发自然生态资本的能力可以通过激发利益相关者网中各个方面的价值创造潜能，最大限度地实现经济、社会和环境的综合价值，提升企业的财务功能：一方面，企业积极的环境战略可以向社会证明自身的能力和责任感，赢得消费者的认可，获得环境声誉溢价，间接为企业降低了生产成本；还可能为企业赢得政府补助或税收优惠的机会。另一方面，在利益相关者看来，把商业责任与社会和环境责任相结合的企业，会将环境保护渗透到企业的产品设计、生产流程、产品质量检测和产品的售后服务中去，增大消费者对该产品的依赖程度，构成持续竞争优势；同时，为了适应环境管理的要求，企业内部构筑的生态文化氛围可以转化为学习新方法、新技术和新工艺的学习效应，有利于形成员工忠诚和稳定员工队伍，并且增强员工的责任感和归属感，从而在企业内部形成强大的凝聚力，激发员工的创新能力，帮助企业创造核心竞争力，而核心竞争力是增强企业财务能力最主要的驱动因素之一。

二、环境风险管理成为企业财务成长的新路径

　　环境监管与利益相关者的环保需求加剧了企业环境决策的复杂性和

风险性，环境风险可能导致企业的重大财务影响。近年来，环境泄漏及其他事故的补救成本、罚金、处罚、环境诉讼成本显著增加，日益考验着企业的环境风险管理能力。例如，2010 年 4 月发生的墨西哥湾漏油事件，给英国石油公司造成大约 300 亿美元的市场价值损失，不得不让利20% 给竞争对手，环境风险使公司付出了沉重的代价。[①] 2010 年，"紫金矿业"污染事件先是该公司被行政罚款人民币 956. 31 万元，接着2011 年 1 月法院判处紫金矿业重大环境污染事故罪，又罚款人民币 3000万元。[②] 随着新环保法的实施，企业环境事件的"按日处罚"机制足以使财务面临破产的边缘。2014 年 12 月，江苏 6 家化工企业非法处置废酸被罚款 1. 6 亿元。[③] 根据我们的访谈调查，我国一些企业在经营实践中，一方面，缺乏对市场经济条件下生态文明建设内涵的科学认识，不能从企业战略高度认识环境责任、自然生态资本的财务功能，企业与生态系统的服务关系所形成的生态资本价值仍然没有进入企业流程，企业经营的理念停留在控制污染、减少排放和节约能源的成本思维上，环境风险管理能力跟不上生态文明建设国家战略的步伐。另一方面，一些企业在履行环境责任、进行环境决策的过程中也仅仅停留在形式上，甚至通过"漂绿（greenwash）"行为扩大市场影响，赢得利益相关者的声誉，从而造成环境风险，甚至导致企业破产，影响企业财务持续性成长。

在低碳商业模式下，企业环境风险管理促进财务成长的实质是处理好企业与自然环境的生态关系，主要有三条路径。

第一，通过流程的绿色设计开发和运用生态资本。企业要从自然环境中吸取养分、获得自然资源才能持续经营，企业的产品、副产品以及服务是具体化的原材料和能源，最终又循环进入生态系统；企业与自然环境维持良好的生态关系，往往是通过流程的绿色设计，降低产品对能

---

① www. ceres. org/resources/reports/disclosing-climate-risks-2011/view.

② http：//news. 163. com/11/0201/07/6RPQHO9900014AED. html.

③ http：//business. sohu. com/20141230/n407428247. shtml.

源、环境、自然资源的影响程度，并在不影响产品安全性能的基础上，尽量减少回收成本。这样，企业能够获得日益增强的生态能力，不断开发出越来越多的生态资本，继而逐步整合、转化为财务资本。反之，环境风险可能使企业在全球供应链中遭到失去订单的威胁，而陷于财务困境或财务不可持续成长。在国际上，是否具有合格的环境标志正成为企业能否进入全球市场的关键。例如，我国宁波地区一些外向型企业的玩具、机电产品曾因环保不达标而遭遇多次退货。这说明，缺乏绿色标准的企业可能被拒之于全球供应链的门外。

第二，通过创立和维护环境声誉增强持续获利能力。企业经营会对生态系统产生正面或负面的影响，正面的影响有助于增加企业的环境声誉，而负面的影响将给企业带来较大的风险，甚至威胁企业的经营。有效的企业环境风险管理将通过企业风险管理框架将企业的负面环境影响融入风险管理流程，驱动企业在环境合规的基础上彻底改变只顾追求经营活动的内部经济性、片面强调利润目标而忽视社会和环境声誉的理念。随着企业正面环境声誉的提升，其市场效应将贡献于环境声誉溢价，增强企业的持续盈利能力。

第三，通过构筑内部绿色人力资本（green human capital）增强持续竞争力。企业作为一个营利组织，对环境问题的价值观引导着企业员工的价值观，员工在解决流程中有关环境（或绿色标准）的才能、能力和经验以及创新动机决定了组织的绿色人力资本的增量，这已是管理学和企业家的共识。已有的企业环境事件证明，一些企业的环境责任缺失，出现了员工与企业、社区与企业的冲突，忽略了组织内部绿色人类资本的培育而导致竞争力下降。相反，具有丰富绿色人力资本的企业能够吸引、激励和留住有才能的员工，是企业实施环境管理计划、增进生态资本的财务价值、改善公司财务业绩的核心资源。所以说，企业加强环境风险管理，从单纯追求财务价值延伸到环境价值和社会价值，从股东价值延伸到利益相关者价值，从关注自身价值延伸到创造社会福利，谋求企业经营过程中经济、社会和环境的综合价值创造，已成为改善企业财务持续性的新路径。

三、企业节能减排的价值创造模式是激励政策的微观支点

在新中国成立后的国家建设蓝图中，较早认识到经济增长与环境保护的协调。政府对企业节能减排的激励政策一直处于变革时期，这些变革包括：20 世纪 60 年代回收"废液、废气、废渣"的"三废"运动，1973 年首次全国环境保护工作会议提出的"三同时原则"等，但直到 1979 年 9 月《环境保护法（试行）》执行以前，环境领域的真正改善一直很缓慢。随着中国经济迈入市场取向改革的新阶段，工业化进程中经济快速增长与环境污染的矛盾越来越突出，以市场为引导的环境管制和经济激励政策清单更加丰富；然而，各个地区的产业及不同企业之间的能力均有较大差异，减排与经济增长、环境质量改善实际上是一个政治经济学过程（蔡昉等，2008），如 1995 年的环境金融政策因为当时的经济发展阶段，未能对企业的减排行为起到应有的作用。

从企业的价值创造模式看，节能减排的内在动力源于财务收益，且只有具备一定财务能力的企业才能实施有效的节能减排。尽管在生态文明建设国家战略的驱动下，不少企业对节能减排和环境声誉重要性的认识逐渐提高，但一些地区中等规模以下的多数企业仍采用标准相对低的技术和生产流程、生产规模偏小并沿用资源和污染密集型的传统生产方式，这些企业还没有足够的能力和相关技术实施积极的节能减排，如果政府强制其以节能减排为导向进行业务流程再造，企业可能会因为成本太高而无法持续经营。

我们对中部地区 368 家环境相对敏感行业的中小企业调查显示：企业严格执行减排任务指标面临五类经济负担（见表 1−2），即现有环保

设施运转成本、技术工艺更新及使用培训成本、业务调整成本、融资成本和社会成本。在访谈中我们了解到，湖南益阳市的"九二五"电厂、渣滓溪锑品厂的脱硫设施一天的运行成本为 2 万元以上，沅江纸厂等湖区的五大制浆纸厂的污染治理设施一天的运行成本也在 2 万元以上。高额的经济负担是导致少数企业擅自闲置污染处理设施、甚至偷排等问题出现的根源。业务调整成本主要是企业削减"高能耗、高污染"的业务要付出的代价。增加融资成本的负担是由于绿色金融、绿色信贷政策的实施，使一些企业难以筹措资金，只能借助第三方的高利率资金来维持企业的正常运行。所谓社会成本，是关停并转一些老国有企业牵涉改制、人员安置及相应的补偿支出。

表 1 - 2   企业严格执行减排任务指标的经济负担情况 （N = 368）

负担程度	现有环保设施运转成本		技术工艺更新及使用培训成本		业务调整成本		融资成本		社会成本	
	企业数（家）	比例（%）	企业数（家）	比例（%）	企业数（家）	比例（%）	企业数（家）	比例（%）	企业数（家）	比例（%）
很大	287	78	290	79	252	68	52	14	61	17
较大	60	16	55	15	67	18	235	64	212	58
一般	10	3	12	3	25	7	65	18	45	12
较小	6	2	8	2	15	4	12	3	36	10
很小	5	1	3	1	9	2	4	1	14	4

对企业来说，节能减排在增加生产成本的同时必须显示出环境效益的财务价值。在产业生态的商业模式下，节能减排的长效机制根植于企业的价值创造模式，节能减排激励政策设计的支点是引导企业建立完善的内部环境管理控制系统，使企业的减排任务、积极的减排行动能够通过价值驱动因素与财务决策联系起来，实现流程再造和新的价值创造能力。

第二节　节能减排对企业价值影响的研究状况及趋势

自 Bragdon 和 Marlin（1972）提出"污染是否可以盈利"的观点以后，环境业绩（CEP）与财务业绩（CFP）之间的关系一直是实证文献关注的焦点，但没有一致的结论。实证文献似乎在寻求新的理论解释，而缺乏统一的理论框架和多元化的度量方法被认为是实证结论不一致的重要原因。在理论上，Porter 和 Van der Linde（1991，1995）提出，环境规制能够激发创新、抵销合规成本并提升竞争力。此后，随着各国环境政策工具的进一步细化和企业内部生态效率互动机制所产生的经济价值的提升，节能减排与企业价值创造的相关研究在多个维度展开，形成了一系列的新趋势。

一、环境和能源政策的财务分配效应

运用环境和资源政策来引导企业环境行为是政府政策设计者的目标。由于节能减排管制直接增加相关企业的支出，使被迫使用环境技术的企业在一个时期内的股价下跌，而销售替代品的企业股价上升（Don Fullerton，2008）。同时，环境和资源能源政策还引起相关企业生产成本上升和产量下降，减少利润（Don Fullerton，2008）。在面对相同污染管制时，不同企业的减排能力和减排成本存在异质性，并在企业与社会、企业之间以及企业与其贷款人之间进行分配（斯纳德，2005）。在污染行业强制执行一项新的环境标准，由于新老企业面临完全不同的执行成本，因而对新污染源的管制限制了现有企业的潜在竞争者，从而增加了已有企业的价值（阿兰·V.尼斯等，2007）。执行可持续政策的企业面对相同风险可获得更高利润（Charlo et al.，2015）。

二、市场结构对企业减排策略的影响

市场竞争战略在一个行业会形成由成本结构决定的局部均衡状态，环境管制要求行业中各个企业减少污染排放，可能打破局部均衡。企业减排成本和实际能力要受到市场结构的影响，在垄断性行业中，不管是否有环境管制措施，没有新的企业进入，增加减排成本后，企业减产的幅度较小，甚至会恢复到成本提高前的水平，由于规模经济，企业对污染控制管制的措施做出响应，产生成本转嫁效应（阿兰·V. 尼斯等，2007）。

在服从环境管制的不完全竞争市场中，由于企业的市场势力差异，单个企业的污染控制支出，抑或成本结构有较大的不同，进而形成了不同的盈利能力。一个主要企业的减排策略行为影响其他企业的产量、利润和排污水平，实际能力不足的企业由于减排的成本支出负担很大，很难形成减排的内在动力，因而环境激励政策要考虑到企业在产品市场中运用市场势力的结果和企业的实际能力（Erin T. Mansur，2007；蔡昉等，2008）。

三、企业环境战略（CES）的竞争优势

Porter 等较早认识到企业环境战略能获得新的市场机会，以提升组织的竞争优势（Porter and Van der Linde，1995），具体表现为提高组织内部关于环境问题的学习能力、降低成本、在消费者中赢得声誉并改进与外部利益相关者的合作关系，从而形成新的企业资源（Mara D. Lopez-Gamero et al.，2009）。关于环境战略引发竞争优势的另一种观点认为，面对相同的环境管制要求，一般性环境战略不是竞争优势的来源，因为产业内的同行都受到相同的影响，企业不能与其竞争者区分开来；只有主动的环境战略才能不被竞争者模仿，并形成竞争优势（Nadja Guenster et al.，2006）。

Hart 等（1995）将环境战略分为：反应型战略、污染预防战略和环境领先战略。从利益相关者管理的视角分析了不同利益相关者对三种环境战略的响应。Murillo-Luna J. 等（2008）基于企业对环境响应的积极程度（proactivity），从利益相关者的压力角度提出了四种响应模式：被动响应、注重法律的响应、关注利益相关者的响应、整个环境质量的响应，每种模式体现了环境目标与内部独特资源布局的一致性，证实了不同利益相关者对企业环境战略响应模式选择的影响。Carrillo-Hermosilla J. 等（2010）和 Klewitz J. 等（2014）认为，企业环境战略是从响应到积极的连续过程，响应战略是在保留现有组织、技术和网络系统安排下通过修正企业在生态效率方面的努力，创造增加的价值，这种响应来自外部因素（如监管、公共压力、利益相关者需求、竞争）的激励。而积极环境战略是在流程和组织层面的根本变革，表明企业自愿采纳生态效率实践，以改进流程、抓住机会、引领市场、获得竞争优势。响应战略是一种被动行为，沿着已有的路径进行，局限于控制污染排放和遵循环境监管（Fang H. et al.，2018），积极环境战略则是选择超越合规的新路径（Fang H. et al.，2018；Chang C. H. et al.，2015）。

环境战略形成竞争优势的一个系统理论分析是企业的自然资源理论。Hart（1995）认为，由于人类经济活动在全球范围内所进行的日益扩大的不可逆的环境破坏问题，企业将越来越受到环境约束并依赖于自然环境开展经营，企业未来的竞争优势根植于企业能否促进环境可持续的经营过程。Hart 提出，污染预防、产品管理、可持续发展这三个相互关联的战略能力将企业外部的环境挑战和内部的战略管理紧密结合起来。污染预防是预先的管理控制过程，与污染控制相比，在设备成本、生产效率和合规成本方面能够使企业产生高于竞争对手的成本优势，从而增强企业的现金流和盈利能力。产品管理是通过吸收主要外部利益相关者（如环保团体、监管机构等）的观点，以最大限度地减少产品对环境的影响为目标，开展原材料的选择、产品设计及流程再造等过程，从而获得相对的先动优势。在 Hart 看来，企业可持续发展战略能通过公司特有的资源（共同愿景）使其专注于新技术和能力的开发来保持竞争优势。环境战略获得的竞争优势能够为组织带来一系列的战略收益，包括产品和市场、风险管理、资源采购、声誉、人力资源等方面的战略利益（Mark P. Finster et al. ，2014）。

四、环境管制与采纳环境友好技术的投资决策

环境管制、企业竞争战略作用于企业采纳环境友好技术的投资决策。当污染企业与非污染企业的股价差异足够大时，会激励污染企业采纳环境友好技术以减少排放，而采纳投资决策取决于资本成本与革新成本的均衡（Amir Barnea et al. ，2005）。事实上，较早采纳环境友好技术的企业可以形成先动的竞争优势，但环境政策会影响企业做出采纳投资的时机（Mara D. Lopez-Gamero et al. ，2005）。由于投资的不可逆转性和不确定性，新的、可替代技术能及时付诸实施，只要投资成本不能全部回收，提高环境规制强度会使最早采纳新技术的企业减少现在和将来的收益，因而提高环境规制强度不一定会激励企业早早地投资新技术，随着等待期权价值的增加反而可能会推迟新技术的投资（D. P. van Soest，2005）。Volker H. 等（2008）对已在 EU ETS 注册、覆盖了碳排放产业70% 的 175 家样本企业的研究发现，由于京都议定书的弹性机制，如减排补贴从自由分配转向对设备的补贴，补贴的数额依据设备的技术标准，但各国的标准不同，企业对减排技术投资将遇到利润不清晰而只能做出延期投资决策。投资补贴是引导企业采纳环境友好技术的通用政策，但企业采纳新技术的成本存在差异，为了减少某些企业获得补贴暴利，应根据企业采纳新技术的成本，实施差异化的投资补贴政策（C. Arguedas and D. P. van Soest，2009）。

在实证方面，Pablo del Río 等（2011）对 2000～2006 年西班牙工业部门面板数据的研究证实，政府加强管制的决心或更有效地强制执行现有的标准以提高环境规制强度，可以引导企业对环境技术进行投资。Paul Lanoie 等（2011）通过对 7 个 OECD 国家的制造业企业 17000 份邮寄问卷调查的研究证实，由于业绩标准能为企业提供一个寻找最优方法减少环境影响的激励，因而弹性业绩标准比规定的技术标准能更有效地引导企业进行环境 R&D 新技术的投资。

五、企业环境业绩、生态效率及其对经济业绩的影响

企业环境业绩如何影响经济业绩（或财务业绩）一直存在两种完全不同的观点：成本关注派把环境投资视为单纯的成本支出，从而导致企业盈利减少和市场价值的降低，而价值创造派将环境业绩视为提升竞争优势的有效途径，从而提高企业的财务收益（L. Hassel et al.，2005）。但是，环境信息、环境业绩具有显著的行业差异，在竞争优势和企业资源作为中间变量的条件下，积极的环境管理，从而使环境业绩有利于改进企业的经济业绩，企业管理环境业绩的能力已凸显为一个战略问题（L. Hassel et al.，2005；王建明，2008；Mara D. Lopez-Gamero et al.，2009）。

在环境业绩与财务业绩关系的争论中，权衡理论（trade off theory）得到了支持。费里德曼一贯坚持认为，企业环境业绩要付出很高的代价。因为企业改进环境责任等社会活动将需要从其他价值的投资中获取资金和其他资源如人力资源等，除了遵守现有环境标准外的任何环保投资费用都不是以股东利益为出发点，并且会引起财务业绩和企业价值的降低。进一步，与控制污染相关的费用会产生如下经济影响：一是控制污染在产生额外费用的同时并没有带来任何收入，从而减少利润；二是影响公司的现金流持有情况；三是增加初始投资的风险，由于企业将资

本、资源分配在环境保护、社区发展等方面可能降低竞争优势，进而降低财务业绩（R. D. Burnett et al.，2008）。只有当企业获得环境业绩支出的收益可以补偿成本，并不断产生新的现金流，追求环境业绩才是可取的。为此，Edeltraud M. Guenther 等（2014）总结性地提出，CEP 与 CFP 的关系是非常复杂的，实证结果的局限性很明显；在一些管理者看来环境业绩与利润最大化是不一致的，因而它对财务业绩起着直接和负面影响。

由于生态效率与环境业绩存在替代关系，并且实证研究文献认为生态效率有更好的可比性，能够更准确地反映企业的环境表现，直接探讨生态效率对企业财务业绩的影响就受到关注。按照 WBCSD 的观点，生态效率是在商业流程中有效地改进环境质量并获得经济价值，而生态效率等级高的股票有显著的市场溢价（Derwall，J. et al.，2005；C. Sinkin et al.，2008）。事实上，是否实施生态效率战略在最初不会影响企业的市场价值，但生态效率与企业价值的关系是随时间推移而不断变化的，具有良好生态效率企业的市场价值在最初被低估了并将在市场的作用下不断得到修正，因而实施生态效率战略与较高的企业价值显著正相关（Nadja Guenster et al.，2006；Sinkin et al.，2008）；从而采纳环境成本管理系统对提升企业价值有重要作用（Mara D. Lopez – Gamero et al.，2009；Burnett et al.，2008）。自愿性环境表现能提升企业价值（Plumlee et al.，2015）。

总之，在绿色发展的新商业环境下，企业价值创造的理论框架尚不清晰，企业环境战略、新技术采纳还没有通过价值驱动因素的中间环节与企业财务决策紧密联系起来。因而，培育以低碳排放为特征的产业体系，推动我国企业的转型和绿色升级，需要在理论上探讨企业节能减排的价值创造机制和模式，为进一步提高企业"节能减排"的效果、实现节能减排与企业财务的协同效应提供政策参考。

第三节 思路与框架

一、研究思路

在绿色发展理念和产业生态化的商业模式下，节能减排的长效机制源于企业的价值创造模式。但是，我国大部分企业（尤其是传统产业企业）的积极减排行动要受到减排成本和内部技术能力的约束。本书根据我国转型经济的产业特征和企业的异质性，通过调查、访谈和实证分析总结不同类型企业节能减排的制约因素及其与价值驱动因素的关系。运用企业生态效率的价值创造理论，将环境变量与企业财务决策联系起来，构建节能减排管制下企业投资均衡模型，分析减排绩效对企业融资成本的影响，证实了相同制度环境下企业环境业绩差异的治理特征以及企业内部生态控制、绿色战略的价值增值效应。在此基础上，提出了促进企业绿色升级的节能减排政策建议。图1-1显示了研究的基本思路。

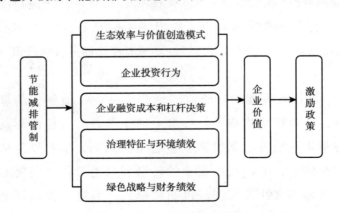

图1-1 节能减排影响企业价值的逻辑思路

二、基本框架及内容

本书的研究内容共分为七章。

第一章以中部地区环境敏感行业中小规模企业的问卷调查、企业访谈为基础，首先从国家生态战略、企业环境风险管理、企业节能减排的价值创造模式阐明节能减排与企业财务决策联结点，说明项目的研究背景。其次，以节能减排对企业价值的影响为主线，从环境和能源政策的财务分配效应，市场结构对企业减排策略的影响，企业环境战略（CES）的竞争优势，环境管制与采纳环境友好技术的投资决策，企业环境业绩、生态效率与经济业绩的关系五个维度归纳和总结了国内外研究动态，提出本书的关键点。最后，说明本书的结构、主要内容和观点以及可能的创新点。

第二章在明确生态效率的内涵及其组合形式的基础上，通过分析企业与自然环境之间的友好生态关系，首先将自然生态资本引入企业价值创造系统，提出并诠释了生态效率范式下企业价值创造的机理及三种主要机制：（1）企业环境合规设计的价值分配及价值迁移机制；（2）积极环境战略及其技术采纳先动的价值创造机制；（3）企业内部流程革新的成本节约和利润增长机制。搭起企业环境表现、生态效率与财务决策之间的桥梁。其次，基于企业回应环境管制的战略差异，揭示自愿性节能减排在企业内部形成绿色动态能力而产生的绿色商誉价值，并借鉴 McDonald 和 Siegel 的不可逆投资的连续时间随机最优间隔模型发展绿色商誉的估值模型，探索绿色商誉价值的定量变化。最后，以生态效率的价值创造理论为依据，运用 2010~2015 年工业类上市公司的样本数据，选取总资产、能源消耗量、新鲜水消耗量、COD 排放量作为生态效率的环境业绩指标，经营活动产生的现金流量净额作为财务业绩指标，通过数据包络分析（DEA）方法对样本公司的生态效率进行测量，并检验了生态效率的价值相关性。

第三章考察了节能减排管制对企业投资行为的影响。第一，根据节能减排管制下企业投资的收益函数推导企业投资均衡的数理模型，得出企业降低污染排放量的基本路径以及节能减排管制下企业投资规模、环境污染税、排污权交易、减排补贴和这些工具组合引起企业投资变化的规律，为激励政策的工具选择提供参考。第二，基于企业所处行业和地区省份的减排管制政策，通过度量节能减排管制强度，以2008～2011年重污染行业的 A 股上市公司为研究样本，研究证实了减排管制强度有利于引导企业增加投资、引导和激励企业进行环境友好技术的创新也不会挤占企业的其他生产性投资。但是，技术能力较好的规模企业由于减排成本的优势，在环境友好技术创新方面可能存在动力不足的问题。

第四章在公司融资理论的框架内考察了节能减排与企业融资成本和杠杆选择。首先，在理论上分析了环境风险、融资条件与融资成本间的关系，并以2007～2011年污染行业的 A 股上市公司为研究样本，基于环境风险的视角构建企业减排绩效评价体系，研究证实了企业减排绩效在总体上对企业融资成本有显著的影响，研究结论不仅支持了环境管理的成本优势理论，还表明企业提高减排绩效、加强环境风险管理具有内在的财务激励作用。其次，基于减排管制引发企业财务上的策略回应，构建了减排管制下企业应对环境损害的事后责任分配的财务杠杆选择模型，讨论了不同环境损害责任分配机制对企业价值和社会福利的影响，为建立贷款人承担环境损害赔偿连带责任机制提供政策参考。最后，引入节能减排责任制度，以1998～2010年"两高"行业 A 股上市公司为样本检验了节能减排责任对企业的银行长期借款融资行为及债务融资结构的影响。研究发现："两高"特征的企业盈利水平对企业的长期银行借款影响有限；固定资产与营运资本是"两高"企业获得长期借款的关键指标；节能减排责任与企业的长期银行借款显著相关，但并没有明显减少企业在银行的长期借款量，说明信贷政策对"两高"企业经营过程中的节能减排已经产生了影响，但没有导致企业财务杠杆的过度调整。

第五章在外部制度环境相同的情况下，基于企业的异质性，考察了公司治理特征与节能减排绩效。首先在理论上诠释企业与自然环境的生态关系。企业作为一个将自然生态资源转化为有用产品的中介机构，与自然环境存在复杂的生态关系，而维持企业与自然环境良好生态关系的一般方法是人们通过制度设计来规范企业行为，继而提炼出企业的环境管家理论。其次，基于企业环境管家理论，以 2008 ~ 2013 年沪市 A 股重污染行业的上市公司作为样本，通过年报内容分析法构建企业环境业绩指数，验证了所有权性质、高管特征与环境业绩的相关关系，说明在高管年龄、男性性别比、教育背景、团队规模等人口的基本构成特征中，教育背景、男性性别比、团队规模与环境业绩显著正相关；在高管任期、二元性、政治背景等人口的经历构成特征中，二元性、政治背景与环境业绩显著负相关；所有权性质增强了高管特征与环境业绩的相关关系。最后，基于公司治理和社会审计监督理论为依据，运用 2009 ~ 2014 年 A 股上市公司的样本数据，通过年报内容分析法构建自愿性环境信息披露指数作为企业自愿环境表现的替代变量，验证了社会审计、公司内部治理与企业自愿环境表现的关系。研究结果发现：（1）在控制了公司规模、行业特征、杠杆比率、每股收益和主营业务收入等变量后，社会审计与企业自愿环境表现之间在 1% 上显著正相关，即高质量的社会审计能够积极影响企业的自愿环境表现。（2）引入内部治理特征变量的调节作用后，进一步发现：第一，控股股东性质、独立董事人数，高管教育背景和高管政治背景对社会审计积极影响企业自愿环境表现有显著的增强作用；第二，高管年龄可以增强社会审计对企业自愿环境表现的积极影响，但关系不稳定，监事会人数未能增强社会审计对企业自愿环境表现的积极影响作用。

第六章考察了节能减排嵌入企业战略的经营绩效，首先分析了生态控制与财务管理系统耦合的模式：即紧密型耦合模式、松散型耦合模式和中性型耦合模式，说明生态控制整合于管理控制系统的内在路径是生态控制与财务管理系统的耦合。其次，基于绿色战略和绿色动态能力理论，运用非上市工业企业的问卷调查数据，通过建立结构方程模型，检验了绿色战略（绿色高级管理、绿色生产、绿色外部环境）、绿色动态能力与企业财务绩效之间的作用关系。检验的结果发现，绿色战略的三个构成部分，对企业财务绩效的影响效果排序依次是绿色生产、绿色高级管理、绿色外部环境。具体来说：（1）绿色高级管理对于绿色动态能力有显著的正向影响（标准化路径系数为0.269，P 值 < 0.001）；绿色高级管理对于企业财务绩效具有显著的正向影响。（标准化路径系数为0.256，P 值 < 0.001）。（2）绿色生产对于绿色动态能力有显著的正向影响（标准化路径系数为0.311，P 值 < 0.001）；绿色生产对于企业财务绩效具有显著的正向影响（标准化路径系数为0.262，P 值 < 0.001）。（3）绿色外部环境对绿色动态能力有显著的正向影响（标准化路径系数为0.266，P 值 < 0.001）；绿色外部环境对于企业财务绩效没有显著的正向影响（初始模型中 P 值 > 0.05）。（4）绿色动态能力对于企业财务绩效有显著的正向影响（标准化路径系数为0.428，P 值 < 0.001）。

第七章为结论：促进企业绿色升级的节能减排政策。该部分说明项目成果的主要研究结论和政策建议。综合各章的研究结果，主要研究结论包括：（1）成本约束依然是企业节能减排的主要压力；（2）节能减排对企业价值创造已产生了积极影响；（3）节能减排对企业环境友好技术创新发挥显著的激励作用；（4）融资环保核查和信贷管制的政策效果具有明显的差异；（5）国有控股性质的企业发挥了改进环境业绩的引领作用；（6）节能减排嵌入企业流程的路径是生态控制与财务管理耦合。

　　根据研究结论，从绿色发展的战略方针出发，本书提出以下几项政策建议：（1）构建反映企业生产效率的环境业绩评价指标体系和数据库；（2）化解产能过剩与企业业务结构的绿色调整相结合；（3）完善企业绿色技术创新的分类激励政策；（4）建立企业污染损害赔偿的贷款人连带责任制度；（5）完善公司内部治理，发挥国有控制人的环境管家职能；（6）出台企业生态控制标准，推进企业生态会计建设。

第二章 生态效率范式下企业节能减排的价值创造

第一节 问题提出与文献回顾

一、问题的提出

近年来，气候变化和环境问题已成为全球范围内各利益相关者最关心的社会和政治焦点之一，由此引发的商业模式变革使传统的资源要素在企业价值创造中的作用逐步减弱。企业所应对的环境问题，不仅是认同环境价值，更重要的是，它对保证持续的经济成功和企业持续发展有着直接的影响（Mara D. Lopez-Gamero et al.，2009）。积极的环境战略可以超越监管合规而有利于提升企业业绩（Galdeano-Gómez et al.，2008），因为积极的环境战略可以使企业在与其他资源或战略的联系中获得额外收益，形成资源互补（leveraging complementary resources）的杠杆效应（Volker H. et al.，2009）。这就意味着，在低碳商业模式下，通过分析减排机会和有效的环境业绩管理，企业能够实现技术和能力的整合，形成持续开发新业务的增长机会，从而创建低碳业务的整套价值链。不过，企业环境业绩的价值效应在国际学术界一直存在争议。

在我国，应对气候变化和国内环境问题的生态文明建设已经成为经济社会发展的重大战略，一方面，利益相关者的压力和日趋严格的环境审查对企业环境业绩提出了越来越高的要求；另一方面，为了加快转变经济发展方式、实现经济与环境共赢的绿色增长模式，国家逐步加大了企业环境治理、减排技术等方面的资金和研发投入，为企业扩展生态产品生产的价值链提供了重要机遇。然而，由于经济转型的特殊制度环境，没有统一的环境业绩指标，环境业绩与信息披露、经济业绩关系的研究甚为缺乏（周守华等，2012）。因此，探讨节能减排与企业价值之间的关系，将企业环境战略、生态效率与财务决策联系起来并构建驱动企业价值创造的激励机制是公司财务理论的新议题，也是完善企业环境业绩管理、获得生态效率的重要参考。

二、文献回顾

环境业绩、生态效率与企业价值（或财务业绩）的关系是近年国际财务、会计界寻求理论和经验证据的热点领域，产生了丰富的实证研究文献，但由于不同的研究方法、财务及环境指标选择的不一致，研究结果并不一致。按照研究的主要内容，分别就环境业绩与股票收益率、企业价值、资产收益率，公司生态效率与财务绩效的研究成果进行归纳总结。

（一）环境业绩与股票收益率的关系

Klassen 和 McLaughlin（1999）研究发现，对环境保护做出有力措施的公司，其股票价格会出现超额的增长；由公司积极的环境信息所带来的股票价格上涨的幅度比其负面环境信息所带来的股价下降的幅度要小。Karpoff、Lott 和 Wehrly（2005）的研究证实，公司因环境违规所导致的市场价值的损失与所产生的罚款金额的多少是紧密联系的。Cohen、

Fenn 和 Konar（1997）基于不同的环境责任特征，构建出美国低污染和高污染公司两个投资组合来研究二者之间的财务表现差异，发现环保措施领先的企业并没有获得额外的收益也没有额外的损失。Kempt 和 Osthoff（2007）分析了企业社会责任（CSR）和股票异常收益率之间的关系，发现 CSR 的几个维度和股票异常收益率之间呈显著正相关关系，但环境责任维度与收益率之间的关系则不明显。肖华等（2008）分析了"松花江事件"后化工行业环境信息披露行为对其股价的影响，发现其股票累积超额收益率显著为负，表明股票市场对公司未来可能承担的管制成本做出了负面反应。沈洪涛、谢越、陈峥嵘（2012）以紫金矿业汀江污染事故为例研究表明，环保绩效在一定程度上会对投资者决策产生影响，并且股票市场对重大环境污染事件做出了显著负面反应。王立彦、袁颖（2004）检验了我国上市公司通过 ISO 认证对其股票获取超额回报是否产生影响，发现样本公司在 ISO 认证公告日其股票价格产生了一个正的超额回报，说明 ISO 认证与公司股价之间存在正相关关系。

（二）环境业绩与企业价值的相关性

Dowell、Hart 和 Yeung（2000）以采纳"不严格的地方环境标准、国际范围的环境标准、比美国环境规制更为严格的环保标准"为划分依据，将美国的跨国公司分为三组开展实证研究表明，采用更严格的环保标准的公司比那些使用较宽松的环保标准的公司具有更高的企业价值。与他们的研究结论一致，Konar 和 Cohen（2001）发现，有毒化学物质排放相对较少以及所面临的环境诉讼较少甚至没有的公司，具有更高的托宾 Q 值。King 和 Lenox（2002）证实，预防废弃物的产生措施与公司的未来价值是正相关的，但通过末端污染治理等其他减轻污染的方式，则对托宾 Q 值没有影响。另外一些研究则表明环境业绩对企业价值没有正面影响，Lars 和 Henrik（2005）以瑞典上市公司为样本，运用剩余收益估价模型，对环境业绩、会计收益和权益的账面价值进行回归分析发现，公司的环境业绩与其市场价值之间呈显著负相关关系，其原因是，一方面投资者把企业承担环境责任的行为看作是对财务业绩及账面价值的粉饰；另一方面由于市场具有短期导向的特点，投资者在进行投资决策时，一般不考虑企业未来的环境业绩。Khaled 和 David（2004）以1994～2000 年间英国 227 家上市公司为样本，以托宾 Q 值、资产报酬率和销售利润率三个指标来衡量企业价值，运用静态和动态面板数据对环境业绩和企业价值的关系进行实证研究表明，静态面板数据分析结果显示环境业绩仅对资产负债率有很小的负向影响；动态面板数据分析结果显示，只有微弱的证据表明环境业绩会对企业价值产生影响，最终得出环境业绩对企业价值的影响不显著。以中国上市公司为样本的研究中，张淑惠、史玄玄、文雷（2011）发现，由于环境信息披露引起的预期现金流增加，提高环境信息披露质量能有效带动企业价值的提升。胡曲应（2012）研究指出，积极有效的环境预防管理措施可为企业带来环境绩效和财务绩效的双赢。

（三）环境业绩对资产收益率的影响

McGuire、Sundgren、Schneeweis（1988）以资产收益率指标替代先前其他财务指标研究证实，企业的环境责任与资产收益率之间呈显著正相关关系。Russo 和 Fouts（1997）进一步拓展了 McGuire 等（1988）的研究证实，企业环境业绩与资产收益率正相关，并且这种相关关系在高增长行业的表现更为明显。Waddock 和 Graves（1997）也研究指出，包括资产收益率在内的几种财务指标与环境业绩指标的正相关关系显著，但对因果关系的方向存在怀疑。King 和 Lennox（2002）研究发现预防污染的措施而不是治理污染的措施，会带来更高的资产收益率。吕峻、焦淑艳（2011）以 2007～2009 年我国建材业和造纸业上市公司为样本研究发现，环境绩效对资产收益率的影响是显著正相关的。

（四）公司生态效率与财务绩效的关系

由于环境信息披露、环境业绩与企业价值关系的相关研究在环境业绩计量方面存在较大的争议，以公司生态效率指标替换环境业绩或环境信息披露开展研究成为一个新的方向。Derwall 等（2005）根据伊诺万斯投资策略顾问公司（Innovest Strategic Value Advisors）数据库中美国上市公司生态效率评估数据，分别构建了生态效率得分高的投资组合和得分低的投资组合研究证实，在 1995 ~ 2003 年间，生态效率得分高的投资组合比生态效率得分低的投资组合，拥有更高的股票收益率。Sinkin 等（2008）认为，已有文献中环境信息披露对企业价值影响的研究结论并不一致，引入生态效率指标可能更为合理，他们的研究证实，生效效率与企业价值正相关。Guenster、Bauer 和 Derwall（2011）运用一组新的生态效率指标数据证实，生态效率评分高的企业相对于评分低的企业拥有更好的经营绩效和市场价值。以国内上市公司为样本，深入研究生态效率与企业价值关系的文献尚待发现。

三、简要评论与研究拓展

环境业绩、生态效率与企业价值（或财务业绩）关系的实证结论不一致，既有研究方法和指标选择方面的差异，更为重要的是在理论上还没有厘清生态效率范式下企业价值的创造机理。

我国经济高速增长所衍生的环境污染和生态赤字已是不争的事实。在政策层面，早在 1995 年中央政府就出台了环保金融政策，要求各级金融机构对"不符合环保规定的项目不贷款"，但鉴于当时所处的经济发展阶段，这项政策没有产生应有的影响力。为了加强上市公司的环境业绩管理，中国证监会在 2001 年的《公开发行证券的公司信息披露内容与格式准则第 9 号——首次公开发行股票申请文件》中明确要求，股票发行人对资金运营项目是否符合环境保护要求进行说明。2003 年，为更好地避免上市公司因环境污染问题带来投资风险，国家环境保护总局制定了《关于对申请上市的公司和申请再融资的上市公司进行环境保护核查的规定》。2007 年 4 月，国家环境保护总局出台《环境信息公开办法（试行）》，鼓励企业自愿披露环境信息。2008 年 2 月，国家环境保护部发布了《关于加强上市公司环保监管工作的指导意见》，要求开展上市公司环境绩效评估试点与研究，探索建立上市公司环境信息披露机制。2010 年 9 月，环境保护部颁布《上市公司环境信息披露指南（征求意见）》，对企业环境信息公开的透明度和可操作性提出了更为规范的要求。如今，生态文明建设上升为经济转型的国家发展战略。这个制度渐进的过程是企业环境业绩、生态效率不断改进的过程，也是环境业绩作用于企业成本和价值创造的过程。因此，在企业经营的微观视角，一方面，需要在理论上揭示经济转型过程中企业生态效率的价值创造机理，明确节能减排与企业价值创造之间的关系，搭起企业环境表现、生态效率与财务决策之间的桥梁；另一方面，需要寻求节能减排、生态效率与企业价值关系的经验证据，为相关的激励政策提供支持。

第二节　生态效率范式的企业价值创造机理

一、企业生态效率是节能减排效果的综合表现

（一）生态效率的概念与基本内容

生态效率的概念出现在 20 世纪 80 年代末，Schaltegger 和 Sturn 在 1990 年将生态效率定义为经济增加值与环境影响的比值。此后，一些国际机构和学者出于不同的应用需要，对生态效率的内涵进行了界定。

1998 年，经济与合作发展组织（OECD）拓展了生态效率的内涵，认为生态资源满足人类需要的效率就是生态效率，它可看作是一种产出与投入的比值，其中产出是指提供的产品与服务的价值，而投入则是所造成的环境压力（OECD，1998）。世界可持续发展全球企业委员会（WBCSD）描述了生态效率的途径："生态效率是在逐步减少整个生命周期内的生态影响和资源消耗的同时，提供价格上具有竞争力的、可以满足人类需要的商品和服务，使经济活动水平与所估计的地球生态承载能力相适应"（WBCSD，2000）。在 WBCSD 的基础上，王金南、余德辉（2002）认为，生态效率主要关注的是如何能够最大限度地提高投入物料和能源的生产力，同时又能使生产单位产品所形成的污染物排放和资源耗费降到最低。诸大建、朱远（2005）从宏观角度来界定生态效率，认为生态效率是经济发展与资源消耗的比值，该比值表示经济增长与环境压力的分离关系，其中，经济增长用价值量来衡量，资源消耗则用消耗的实物量来衡量。综合起来看，尽管国际组织和学界对生态效率的表述各不相同，但在本质上具有一致性，企业生态效率反映的目标就是"在最小化资源的消耗和对环境负面影响的同时，最大化企业价值"；在具体应用上，基本形成共识的生态效率度量和对外报告标准是由联合国贸发会议和 WBCSD 发布的。表 2 - 1 归纳了一些国外组织对生态效率概念的界定。

表 2 - 1　　　　　　　部分国外机构对生态效率的界定

界定机构	生态效率的含义
欧洲环境署（EEA）	用更少的资源，创造更多的财富
加拿大工业部（Industry Canada）	最少的材料创造更多的效益，或最小化成本与最大化效益
澳大利亚环境保护部（Australian Environmental Protection Agency）	要增加产品或服务的价值满足企业提供有竞争力的产品的需要
大西洋发展机会部（Atlantic Canada Opportunities Agency）	在整个价值链中，减少资源使用、水的使用和污染排放，同时创造高质量产品和服务

续表

界定机构	生态效率的含义
英国环境支援与顾问组织（UK Envirowise Program）	在一定水平的资源和能源下，创造更多的产品或服务
国际金融公司（International Finance Corporation）	生态效率是通过更多有效的生产方法增加资源的可持续性使用

（二）生态效率的主要内容

生态效率的内容是指生态效率涉及哪些构成部分，也意味着企业应该承担哪些提高生态效率的责任。WBCSD 在界定生态效率内涵的同时，还提出了生态效率在七个方面的内容：（1）降低资源强度；（2）降低能源强度；（3）减少有毒物质的排放；（4）加强各种物质的回收；（5）最大限度地使用可再生资源；（6）延长产品使用寿命；（7）提高服务强度。2000 年，该组织进一步明确了上述生态效率七个方面的内涵是为了帮助实现三大目标：（1）减少资源消耗，如减少能源、材料、水与土地消耗，加强产品循环性和耐用性；（2）减少对自然环境的影响，如减少有毒气体排放、废物处置与有毒物质的扩散；（3）增加产品或服务价值，如通过产品适应性、功能性和模块性，提供附加服务和提升销售给顾客真正需要的功能，向顾客提供更多的利益。

为了更好地从企业管理控制系统角度来整合企业生态效率，Hertwich（1997）曾将生态效率归纳为五个部分：污染预防、清洁技术、环境设计（DFE）、闭环系统以及环境管理系统。其中，污染预防主要是通过技术进步降低在生产过程中以及产品本身的污染；清洁技术是通过开发新的内部清洁的生产技术，与传统的末端治理技术形成鲜明对比；环境设计是一种包括多种环境友好行为的概念，目前应用较多的是通过流程设计，延长产品的使用时间，并使其易于拆卸、回收及有效部件的再次利用；闭环系统与传统的线性经营模式不同，是将企业整个经济活动建成废物回收再利用的循环；环境管理系统的建立可以有效地对企业经营的环境行为进行监管，制定相关制度，使企业经营达到财务业绩与环境绩效的统一。

（三）生态效率的可比性及其测量

如何综合反映企业的环境表现是股东、债权人、顾客以及环保主义者等全部利益相关者日益关注的问题，这不仅增大了企业对外报告环境业绩的压力，而且也是企业自身致力于环保、树立正面形象、增加员工环保意识、获得竞争优势的机会。但是，环境指标的差异导致企业对外报告的环境信息的价值十分有限。例如，现行的环境报告在某些外部利益相关群体看来，是缺乏可信性的。因为财务领域所存在的一些质量特征，在环境报告中并不存在，具体包括：对完整性的保证、可比性、计量的一致性以及可信的外部验证；而不具可比性的信息会误导企业对自身环境业绩的评价及利益相关者的判断。生态效率指标是环境业绩变量与财务业绩变量的比率，以相对值表示的生态效率指标与以绝对值表示的环境业绩指标相比，更易于评价同一企业在随着时间的推移在环境业绩方面取得的进步，使企业环境表现的纵向可比性增强；同时，通用的生态效率指标以及具体行业的生态效率指标也适用于比较不同企业之间的环境业绩，使之能够比较客观地反映企业节能减排的综合效果。

生态效率的内涵及其可比性特点与测量方法有密切的关系。在实践中，一些大公司如日本三菱、美国 3M 公司和德国 BASF 集团等往往根据企业自身的要求，自主研发适合于本企业发展的生态效率测量方法；而具有科学性和一般可接受性的测量方法主要有两种：（1）生态效率的指标测量法，两个常用的指标是 X 倍因素和生态足迹。X 倍因素（Factor X）用来计算单位产出耗用的能量和物质的减少倍数，是从可持续发展的角度帮助企业降低其生产经营过程中所耗用资源的一种方法，可以把不同时期的生态效率现值与统一的基准值之比作为指标，比较企业及产品生态效率变化，其中 X 的范围从 4 ~ 50。生态足迹（ecological footprint）是生态经济学家 William 提出的一种测量可持续发展程度的方法。用单位生态足迹替代生态效率指标，以计算企业的生态效率。（2）经济—环境比值法，即将经济价值与环境影响的比值作为测量企业生态效率的方法，其中 WBCSD 提出的计算公式被普遍接受和运用，即生态效率 = 产品或服务的价值/环境影响。该公式将生态效率作为产出与投入的比值，将企业创造的产品或服务的价值看作产出，而企业在生产经营过程中对环境产生的影响则被视为投入。不过，将生态效率的测量局限于一个公式，也存在灵活性不够的问题。企业面对的生态环境背景不同及具体经营流程的差异所产生的生态效率的正负结果也可能不同，生态效率可能存在环境生产力、环境改进成本、环境影响强度和环境成本效率四种变化（Huppes，2007），表 2 - 2 显示了生态效率的几种变化组合。总之，根据企业情况，生态效率比值在分子、分母方面的灵活应用，可以使评价效果更客观地反映节能减排的综合效果。

表 2 - 2　　　　　　　　生态效率变化的几种组合形式

	产品或生产角度	环境改善角度
经济指标与环境指标的比	单位环境影响下企业生产或消耗的价值：环境生产力（environmental productivity）	改进单位环境绩效所消耗的成本：环境改进成本（environmental improvement cost）
环境指标与经济指标的比	生产单位产品或服务所产生的环境影响：环境强度（environmental intensity）	单位成本所能做出的环境绩效改进：环境成本效率（environment cost-effectiveness）

二、企业生态效率的价值创造机理

生态效率作为企业节能减排综合效果的反映，是以最小的资源消耗和环境影响，来追求最大化的企业价值，从而构筑了企业与自然环境之间的友好生态关系，自然生态资本在企业价值创造中的作用得到有效利用，其价值创造机理是股东利益范式下公司财务理论的拓展，主要包括以下三种机制。

（一）企业环境合规设计的价值分配及价值迁移机制

对企业组织来说，维持合法性（legitimation）是组织存续的必要条件，它意味着企业的经营行为、价值观与社会标准应保持一致。环境合规是企业在环境方面维持合法性的基本要求。一方面，企业持续经营过程符合地区、国家层面的环境标准，企业可以取得经营许可证书，在利益相关者契约网中构建信誉体系，实现经营、发展和创新目标；而没有达到环境标准的企业，其经营过程将面临巨大的非合规成本，如罚款、停产或整改、缩减产量，甚至漫长的诉讼所引起的诉讼成本。另一方面，一个具有优良环境合规设计的企业，可以形成增强环境合法性的先动战略。企业的优良环境合规设计，不仅是企业被动满足已有的环境标准，而是积极探索、预测外部利益相关者的环保需求，主动影响外部利益相关者对"合法性"的判别标准，使企业的环境管理系统超越了现有标准，形成了先动优势。这种具有前瞻性的环境合规，可以改变外部利益相关者关于环境"合法性"的判别标准，从战略层面引导利益相关者的相关判别标准，从而在企业内部构筑了操纵某一标准的组织应对战略，企业经营因此获得环境合规的灵活性，如实施经营流程的改造，降低风险、获得财务补贴、税收优惠、奖励、开发较低生命周期成本的新产品以及降低流程成本，等等。

因此，在环境和资源约束相同的制度背景下，与同业竞争对手相比，一个具有优良环境合规设计的企业不仅直接降低了合规成本，更重要的是能够直接从外部获得补贴、奖励、保险、优惠等价值分配；而合规的灵活性，增强了企业的环境能力（Aragon & Sharma，2003），提高了企业资源的整体配置效率，使行业内不同企业之间相对均衡的价值流在一定时期内由被动合规企业向具有前瞻性合规的企业迁移。

（二）积极环境战略及其技术采纳先动的价值创造机制

现代企业经营对自然生态资本的依赖关系为企业的环境行为创造了大量的商业机会。根据企业的自然资源观点，企业未来的竞争优势源于促进自然生态环境可持续的一切经济活动及与之相适应的商业模式（Hart，1995）。企业实施积极的环境战略，优先采纳环境友好技术，能够引发三种创新效应及相应的价值流：（1）在组织内部，污染控制和预防技术将在制造流程中实现资源最优利用和高效的废弃物管理能力，增加的价值流与技术的运用在同一方向；（2）在企业组织之间，优先采纳环境友好技术的企业建立了先动优势，诱导相关领域的突破性技术创新及该技术的向外转让扩散，接受技术扩散的企业将付出相应的购买费用，价值流与技术的运用处于相反方向；（3）在企业与政府环境管制的动态关系上，优先采纳环境友好技术的企业建立了先动优势之后，产生了正的外溢效应，诱发了政府修改环境管制标准的动机，同时优先采纳环境友好技术的企业还不断向政府游说，一旦游说成功，更严格的环境管制要求付诸实施，这类企业就可以获得降低合规成本与内部资源松弛管理所创造的新价值，价值流与技术运用在同一方向。

从理论上说，优先采纳环境友好技术作为一种积极的环境战略类型，其价值创造的内在机制源于这种战略的资源化及资源的杠杆化，图2-1刻画了积极环境战略下，企业优先采纳环境友好技术的价值创造原理。

环境管制、利益相关者日益精细的环保需求与自然生态资本在企业经营上的突出作用，客观上要求企业有效管理其业务与自然环境的关系。在引入自然生态系统变量的动态市场环境中，一方面，企业优先采纳环境友好技术往往需要整合、构建、重新配置内部、外部资源，资源的配置效率获得明显提升；同时，随着合规成本的降低和技术向外扩散，企业将拥有更加宽松的财务资源（slack resources）及财务资源的可得性，企业在污染控制、污染预防、生态资本利用和开发方面的投资的机会显著增加。另一方面，相对先进的环境友好技术，可以诱导企业学习效应，以知识共享、知识迁移等方式逐步整合和改进现有资源的利用效率而生成动态能力，驱动企业在动态、复杂、不确定的环境下获得持续竞争优势，增加自身的创新能力和长期性战略资源。

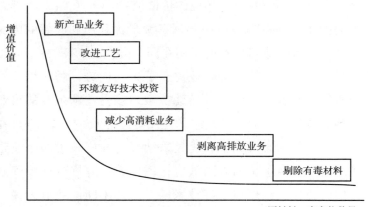

图 2 - 1　优先采纳环境友好技术的价值增值模式

　　环境战略产生的资源杠杆化，不是一般性的资源重新配置，而是企业以优先采纳环境友好技术来策略性地做出生态响应，通过该响应项目使内外部资源的整合达到一个更好的程度，具体包括两个层次的效应。一个效应是积极环境形成的外部资源可得性，因为积极的环境战略给外部资源的提供者发送了一个满足利益相关者需求、具备持续竞争优势的信号，可以用已有资源撬动更多的外部资源；另一个效应是策略性的环境友好技术响应项目可以在组织内部的实践中获得学习效应，实施过程成为一个不断修正的流程改进和增值过程，而实施过程的有效性反映了资源整合的杠杆化水平。

（三）企业内部流程革新的成本节约和利润增长机制

企业内部流程的污染控制与污染预防，会产生额外费用甚至增加初始投资的风险。不过，这种理念往往忽视了外部经营环境动态性和企业的持续竞争力。事实上，产业流程中的污染控制尤其是污染预防，抑或生态响应型的流程模式为企业营运的直接成本节约和利润增长创造了新的机会。（1）节约原材料成本，流程变革在提高资源整合利用效率的同时，使一些原材料得到有效的回收和再利用，降低单位产品成本和废物处理成本；更重要的是，随着环境研发技术和工艺进步，新生产的产品构筑了"绿色 + 低成本"优势，直接提高单位产品的利润率。（2）降低管理成本，随着企业流程中废弃物的减少，相应的管理费用自然下降，企业环境管理系统的营运成本降低，而且由于生态环境因素进入企业商业决策程序，企业决策更加科学合理，减少决策结果可能被再次论证的成本。（3）流程变革和重组再造，排除了使用危险材料，锁定了工程和设备使用过程的控制成本。（4）企业流程变革，减少废弃物排放，改善了企业员工的工作条件，有利于降低员工健康方面的康复成本并吸引优秀员工进入企业，实现人力资源的快速资本化；成本节约机制还促进整个企业经营的改变，员工的士气普遍高涨，工作效率和员工生产力持续提升，单位产品的劳动成本降低，企业利润增长获得了持续动力。图2－2描述了企业污染控制及污染预防导向的流程变革对企业价值的驱动关系。

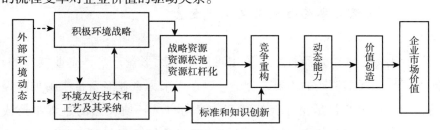

图2－2 污染控制和预防流程变革的价值驱动机制

第三节　自愿性节能减排的绿色商誉价值模型

在严格环境管制的条件下，企业回应环境管制的战略行为呈现明显的差异。一些企业通过"漂绿"行为（greenwash）来赢得外部利益相关者的认同，另一些企业在环境管制标准的框架下保持持续经营，还有一些企业超越环境管制标准，自主进行节能减排投资。Brännlund 和 Kriström B.（1997）观察到，在过去的二十几年间，瑞典造纸企业的节能减排努力大大超出了监管要求的标准，它们的有毒物质排放量均低于监管标准，但该时期的纸浆和纸张的生产量却在稳步增长，公司利润不断升高。这种自愿性节能减排的企业战略行为有其内在的价值驱动因素。前文的分析表明，企业环境管理系统超越了现有标准，能够形成先动优势，从战略层面引导利益相关者的认同和判别，进而构建了具有竞争力的绿色品牌。绿色品牌超过了竞争的非绿色品牌产品所拥有的效用，为企业经营带来一种长期的现金收益，表现为产品的附加经济价值（E. Papista & A. Krystallis，2013）。因而，它是企业与外部利益相关者团体之间建立了良好生态关系而产生的绿色商誉价值。

一、绿色商誉的含义及其构成要素

在财务会计中，商誉是一种很难度量的无形资产，是企业拥有的、不可识别的无形资产的主要组合，可以在未来为企业经营带来附加的经济价值。绿色商誉是企业有效管理自身与自然环境关系的过程中形成的，通过产品的绿色化溢价显示出来。产品的绿色发展不仅是满足环境需求的战略差异，而且重构了市场营销规则。绿色产品与传统的非绿色标志产品相比有四个显著特征，即对环境问题的广泛关注、重视产品的生命周期分析、重视产品使用后的设计、重视整个供应链的社会和环境影响（Pujari et al. ，2003）。

企业绿色产品发展是绿色商誉的基础，绿色商誉的要素具体包括：产品绿色质量、绿色信誉、绿色形象、绿色品牌的感知价值、绿色品牌权益，等等。从动态能力的观点看，企业为了响应动态市场的需求，其创立的绿色商誉可以引导企业利用已有的资源和知识来更新和发展其绿色组织的能力，从而构筑企业的绿色动态能力和绿色创造力（Yu‐Shan Chen et al. ，2013）。

绿色动态能力为绿色商誉价值的形成提供了一种合理解释，但在具体投资决策中，绿色商誉价值是如何变化的，仍然没有一个定量的理论说明。商誉的会计估值方法有多种，而这些方法没有揭示商誉价值的变化。因而，一般意义上的绿色商誉价值模型对商誉价值的确认在财务理论上更显重要。

二、绿色商誉价值的数学模型

根据上面的分析，绿色商誉价值与可能变得更加严格环境管制标准，是企业自愿性节能减排投资的直接驱动力。企业自愿性节能减排投资是确定的，投资后具有不可逆性、不确定性和时滞性。然而，由于外部利益相关者团体缺乏对企业生产流程及其绿色产品发展的全面信息，在绿色标志产品与非绿色标志产品之间不一定会很快认同或选择购买绿色产品，这就导致企业的绿色商誉在未来的经济价值具有不确定性。这些特征为运用实物期权方法分析企业的自愿性减排投资决策提供了有力工具。为此，这里借鉴 McDonald 和 Siegel（1986）提出的不可逆投资的连续时间随机最优间隔模型（continuous-time stochastic optimal stopping model）来发展绿色商誉的估值模型。

（一）模型的基本假设与方程式

为了构建绿色商誉的估值模型，首先对相关参数的经济含义做出如下规定：V 为自愿性减排投资项目的价值；G 为绿色商誉价值；μ 为竞争者投资对商誉价值的影响；σ 为消费者是否愿意支付绿色标志产品的不确定性；θ 为具有绿色商誉的减排投资项目的价值弹性；ρ 为贴现率；λ 为政府的环境管制力度。

基于上述参数定义，可以得到如下函数关系式：

$$V = f(G) \tag{2.1}$$

假设企业投资于减排投资项目没有其他运营资本，绿色商誉服从几何布朗运动，即：

$$dG = \mu G dt + \sigma G dW \tag{2.2}$$

其中，μ 和 σ 分别表示偏移和不确定性参数，在方程中，σ 具体是指消费者是否愿意支付绿色标志产品的不确定性。dW 则是 wiener 过程的一个增量，其值等于 $\varepsilon \sqrt{dt}$（$\varepsilon \in N[0, 1]$）。

在此，需要考虑其他企业也开展节能减排投资项目的竞争。由于自愿性节能减排项目竞争将导致优先投资企业的绿色商誉价值消失，故而设置参数 $\mu < 0$；换言之，对于一个给定的初始值 G，其值会因为竞争对手的减排投资而呈下降趋势，而企业自身由于投资机会的存在将获得一个初始的商誉价值 G_0。定义中减排投资项目 V 的值，也可以用函数表示如下：

$$f(G) = \delta G^{\theta} \tag{2.3}$$

其中 θ 是具有绿色商誉的节能减排投资项目的价值弹性，从给定的式（2.1）和式（2.3）可以发现，求出 V 的随机微分是关键点。为了简单起见，在这里不妨令 $\delta = 1$，应用伊藤引理，可得：

$$f(G) = G^{\theta}$$

$$\mathrm{d}w = \mathrm{d}f = f_t\mathrm{d}t + f_G\mathrm{d}G + \frac{1}{2}f_{GG}(\mathrm{d}G)^2 \tag{2.4}$$

上式中，$f(G) = G^{\theta}$，则 $f_t = 0$，$f_G = \theta G^{\theta-1}$，$f_{GG} = \theta(\theta-1)G^{\theta-2}$。

将数值代入式（2.4）可以得到：

$$
\begin{aligned}
\mathrm{d}w &= \mathrm{d}f = 0\mathrm{d}t + \theta G^{\theta-1}\mathrm{d}G + \frac{1}{2}\theta(\theta-1)G^{\theta-2}(\mathrm{d}G)^2 \\
&= \theta\frac{G^{\theta}}{G}\mathrm{d}G + \frac{1}{2}\theta(\theta-1)\frac{G^{\theta}}{G^2}(\mathrm{d}G)^2
\end{aligned} \tag{2.5}
$$

根据上文中定义的绿色商誉价值为：

$$\mathrm{d}G = \mu G\mathrm{d}t + \sigma G\mathrm{d}W$$

将其代入式（2.5），可以得到：

$$\mathrm{d}f = \theta\frac{G^{\theta}}{G}(\mu G\mathrm{d}t + \sigma G\mathrm{d}w) + \frac{1}{2}\theta(\theta-1)\frac{G^{\theta}}{G^2}(\mu^2 G^2\mathrm{d}t^2 + \sigma^2 G^2\mathrm{d}w^2 + 2\mu\sigma G^2\mathrm{d}t\mathrm{d}w)$$

$$\tag{2.6}$$

应用 $\mathrm{d}t^2 = 0$，$\mathrm{d}w^2 = \mathrm{d}t$，$\mathrm{d}t\mathrm{d}w = 0$，则：

$$
\begin{aligned}
\mathrm{d}f &= \theta\frac{G^{\theta}}{G}(\mu G\mathrm{d}t + \sigma G\mathrm{d}w) + \frac{1}{2}\theta(\theta-1)\frac{G^{\theta}}{G^2}(0 + \sigma^2 G^2\mathrm{d}t + 0) \\
&= \theta\frac{G^{\theta}}{G}(\mu G\mathrm{d}t + \sigma G\mathrm{d}w) + \frac{1}{2}\theta(\theta-1)\frac{G^{\theta}}{G^2}\sigma^2 G^2\mathrm{d}t \\
&= \theta G^{\theta}(\mu\mathrm{d}t + \sigma\mathrm{d}w) + \frac{1}{2}\theta(\theta-1)G^{\theta}\sigma^2\mathrm{d}t \\
&= \left[\mu\theta G^{\theta} + \frac{1}{2}\theta(\theta-1)G^{\theta}\sigma^2\right]\mathrm{d}t + \sigma\theta G^{\theta}\mathrm{d}w \\
&= \left[\mu\theta + \frac{1}{2}\theta(\theta-1)\sigma^2\right]G^{\theta}\mathrm{d}t + \sigma\theta G^{\theta}\mathrm{d}w
\end{aligned} \tag{2.7}
$$

由于 $V = f(G) = G^{\theta}$，从而该投资项目价值的随机微分可表示为：

$$dV = \left(\mu\theta + \frac{1}{2}\theta(\theta-1)\sigma^2\right)Vdt + \theta\sigma Vdw \tag{2.8}$$

$\mu' = \theta\mu + \frac{1}{2}\theta(\theta-1)\sigma^2$，$\sigma' = \theta\sigma$，则：

$$dV = \mu'Vdt + \sigma'Vdw$$

为了说明环境管制的威胁，现对投资项目价值过程追加一个泊松过程：

$$V_t - Cdw = \mu'Vdt + \sigma'Vdw - Vdp \tag{2.9}$$

dp 是一个泊松增量，它的平均到达率为 λ，增量 dp 为 0 的概率为 $(1-\lambda)dt$。

以上分析可知，在模型中，企业的投资机会相当于一个永久看涨期权，即企业有权利但是没有义务在减排项目中以预先指定的价格进行投资。

（二）企业自愿性减排投资的选择权决策

假设投资时刻 t 的回报是 $V_t - C$，期望得到一个投资规则最大化的预期现值。该值由下式给出：

$$O(V) = \max_T E\left[(V_T - C)e^{-\rho T}\right] \tag{2.10}$$

其中，ρ 表示公司的折现率，$O(V)$ 是期权价值或等待值，T 是未知的未来投资时间，可以对整个式子求最大值。考虑到风险中性，公司减排投资项目的间隔由下式给出：

$$O(V) = \frac{1}{1+\rho dt}E\left[O(V+dV)\right]$$

$$O(V) = \frac{1}{1+\rho dt}\{O(V) + E\left[dO(V)\right]\} \tag{2.11}$$

通过两边乘以 $1 + \rho dt$ 可以得到最优投资的 Bellman 方程：

$$\rho O(V) \, dt = E[\, dO(V)\,] \tag{2.12}$$

为求得该期望，运用伊藤定理中的相关知识，结合泊松过程与 wiener 过程，首先假设一个随机过程：

$$dX = a(X,t) \, dt + b(X,t) \, dw + g(X,t) \, dP$$

接着，令函数 $H = (X,t)$，从而函数 H 的微分可表示为：

$$
\begin{aligned}
dH &= H_X dX + H_t dt \\
&= H_X \big(a(X,t) \, dt + b(X,t) \, dw + g(X,t) \, dp\big) \, dX + H_t dt \\
&= \big(H_X a(x,t) + H_t\big) \, dt + H_X b(x,t) \, dw + H_X g(X,t) \, dP
\end{aligned} \tag{2.13}
$$

那么，函数 H 的微分的期望可以表示为：

$$E[\, dH\,] = E\Big[H_t + a(X,t)H_X + \frac{1}{2}b^2(X,t)H_X\Big] \, dt + E[\, H_X g(X,t) \, dP\,] \tag{2.14}$$

上式表示在每个 dt 区间内泊松事件发生的二阶微分的可能性；如果它发生了，则 X、$H(X,t)$ 都会相应发生改变，从而：

$$D[\, H_X g(X,t) \, dP\,] = E_r\{\lambda[\, H(X + \gamma g(X,t),t) - H(X,t)\,]\} \, dt \tag{2.15}$$

右边的期望算子 E_r 与跳跃点 γ 有关，如果 γ 给定，即非随机，这样可得到：

$$E_r\{\lambda[\, H(X + \gamma g(X,t),t) - H(X,t)\,]\} \, dt = \lambda[\, H(X + \gamma g(X,t),t) - H(X,t)\,]$$

所以，

$$
\begin{aligned}
E[\, dH\,] &= \Big[H_t + a(x,t)H_x + \frac{1}{2}b^2(x,t)H_{xx}\Big] \, dt \\
&\quad + \lambda[\, H(x + \gamma g(x,t),t) - H(x,t)\,] \, dt
\end{aligned} \tag{2.16}
$$

为得到 $E[\mathrm{d}O]$，分别用 $O(V)$、$\mu'V$、$\sigma'V$ 和 $-V$ 代替 $H(x,t)$、$a(x,t)$、$b(x,t)$ 和 $g(x,t)$，于是可以得到：

$$E[\mathrm{d}O] = \left(\mu'VO_V + \frac{1}{2}\sigma'^2 V^2 O_{VV}\right)\mathrm{d}t + \lambda[O(V-\gamma V) - O(V)]\mathrm{d}t$$

$$\rho O(V) = E[\mathrm{d}O(V)]$$

则：

$$\rho O(V) = \left\{\mu'VO_V + \frac{1}{2}\sigma'^2 V^2 O_{VV} + \lambda[O(V-\gamma V) - O(V)]\right\}\mathrm{d}t$$

$$\Rightarrow \frac{1}{2}\sigma'^2 V^2 O_{VV} + \mu'VO_V - (\rho+\lambda)O + \lambda O[(1-\gamma)V] = 0$$

$$(2.17)$$

令边界值：

$$O(0) = 0$$
$$O(V^*) = V^* - C \qquad (2.18)$$
$$O'(V^*) = 1$$

其中，V^* 代表企业是否做出投资的边界值。即一旦 V 变为 0，则投资项目的值也为 0。

由于，$O(V) = A_1 V^{b_1} + A_2 V^{b_2}$，由式（2.18）临界值 $O(0) = 0$，从而推得 $A_2 = 0$，所以在模型的方程中：

$$O(V) = AV^b \qquad (2.19)$$

其中 b 的值即为式（2.20）的正根，即：

$$\frac{1}{2}\sigma'^2 b(b-1) + \mu'b - (\rho+\lambda) + \lambda(1-\gamma)^b = 0 \qquad (2.20)$$

在式（2.20）中，给定参数的值，就可以得到 b 的值。为了简便计算，不妨令 $\lambda = 1$，将式（2.19）代入式（2.18），则可以得到投资项目

的临界值:

$$V^* = \frac{b}{b-1}C \qquad (2.21)$$

根据上述的推导分析,可以得到企业的决策结论:在 $V_t \geqslant V^*$ 的情境下,企业做出自愿性减排的决策;在 $V_t < V^*$ 的情境下,企业做出等待决策。

(三) 减排投资项目价值的临界值与投资成本均衡

自愿性减排投资的不可逆性和不确定性需要企业在投资临界值与成本之间进行均衡。在企业持续经营条件下,"事后补贴"与强制性的环境友好技术采纳是两种可供选择的环境监管模式。

1. "事后补贴"机制

事后补贴机制是环境监管机构对合规期内尚未实施环境友好技术的企业提供了财务补贴,其目的是激励企业加快采纳环境友好技术,以诱导企业减少能耗和废弃物排放。在实践中,20 世纪 70 年代的 OECD 国家实行了类似的办法。此后,事后财务补贴机制的使用在许多国家变得普遍。

2. 强制未合规企业采纳环境友好技术

环境监管机构强制企业采纳环境友好技术,与最优可行控制技术 BACT(best available control technology)相似,这种方法已在世界各国广泛实施。环境监管机构决定最低的污染和排放标准,引导企业采纳最优可行控制技术以满足最低标准。为了准确计算,并考虑到采纳环境友好技术新设备的费用,则成本 C 的值应稍做修改,用 C_2 表示,则:

$$C_2 = C - \frac{\lambda}{\lambda+\rho}C = \frac{\rho}{\lambda+\rho}C \qquad (2.22)$$

C_2 的值的大小取决于 ρ 和 λ,在上述两种方法中,V_1^*、V_2^*、C_1、C_2 分别表示相关的价值和沉没成本。

三、绿色商誉价值模型的 **MATLAB** 模拟结果及分析

为了分析各个参数对绿色商誉的影响，现通过数学软件，分析投资项目价值的临界值 V^* 随参数 μ、θ、σ 变化的情况。

考虑到简化运算，不妨假设 $\rho = 0.05$，$\lambda = 0$，$\lambda = 1$，$C_1 = 1$，$C_2 = C_1 [\rho/(\lambda + \rho)]$，若令 $a = \sigma$，$b = \theta$，$c = \mu$，通过改变三次参数值的输出结果如表 2-3 所示。

表 2-3　　　　　自愿性减排项目价值的临界值随参数变化情况

μ	-0.01			-0.05			-0.10		
θ	0.50	1.00	1.50	0.50	1.00	1.50	0.50	1.00	1.50
σ		0.10			0.15			0.20	
V^*	1.11	1.25	1.43	1.04	1.09	1.15	–	1.05	1.08
	1.18	1.44	1.85	1.09	1.19	1.32	1.05	1.11	1.17
	1.25	1.67	2.50	1.14	1.32	1.58	1.08	1.19	1.31

（一）企业自愿性减排投资获得绿色商誉价值的影响因素

（1）竞争企业投资减排项目对企业自愿性减排投资获得绿色商誉的影响。自愿性减排投资的绿色商誉价值往往表现在同一行业竞争中的先动优势，企业一般会将竞争企业的节能减排标准作为重要参考标准，其实施成本在很大程度上影响企业产品的市场竞争力。根据表 2-3 的模拟数据，企业会随着竞争对手减排投资项目的增加而加大资金投资，μ 值下跌加快了绿色商誉值临界值的下跌。这表明竞争对手的环保意识有所提高，其结果的改变使项目价值的预期收益率下降，从而等待的价值也下降，促进了企业加快实施减排投资项目。

（2）减排投资项目的投资弹性对绿色商誉的影响。在其他条件不变的情况下，项目价值的弹性越大，V 的临界值越大。这是因为如果企业

一项投资的不确定性很大,未来获得的利润也难以估计,企业将会慎重考虑投资,从而使投资临界值增大。

(3) 消费者绿色产品实际需求的不确定性对企业绿色商誉价值的影响。在产品基本功能、价格大致相同的情况下,消费者对环境友好产品有更强的偏好,企业可以生产具有较好环境性能的差异化产品来获得强大的市场优势。消费者对于绿色商品的态度越明确,那么投资的临界值越小。这说明,一旦企业产品符合消费者的绿色需求,那么减排投资获得绿色商誉的可能性就更大。

(二) 贴现率对投资成本与阈值的影响

在事后补贴、强制性技术合规两种环境监管模式下,规定折现率 ρ (利率) 的变化区间为 $[0.00, 0.15]$,并假定:$\lambda = 0.10$,$\lambda = 1.00$,$\mu = -0.05$,$\sigma = 0.20$。

贴现率是投资者投资特定的项目所要求的期望收益率,即机会成本。在事后补贴机制下,当成本 C_1 为 1,折现率越高的时候,投资项目的临界值越小,在此时企业更易做出投资决策 (见图 2 – 3)。这是由环境保护这项投资的特殊性所决定的。因为这项投资与普通投资相比较,有着不确定性和不可逆性。这对企业来说是有一定的风险的,因此当折现率越高时,企业所承担的风险越大,但与此同时获利更大,因此投资项目价值的临界值反而变小。

在强制性技术合规驱动下,项目价值临界值与成本的变动趋势如图 2 – 4 所示。

从图 2 – 4 可以看出,投资的临界值随着折现率的增大而增大,与折现率的升高会使临界值下降的结论相反,可以推断是延期投资的作用。投资成本也随 ρ 的增大不断上升,换一个角度看,在强制性技术合规的情况下,成本不但随着折现率的变化,同时还随监管强度的变化而变化。可以说,在事后补贴、强制性技术合规两种机制下,成本和投资项目价值的临界值随贴现率的变化是相同的。

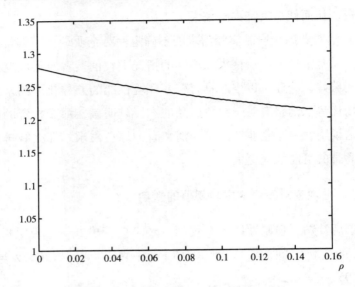

图2-3 事后补贴机制的成本与阈值变化

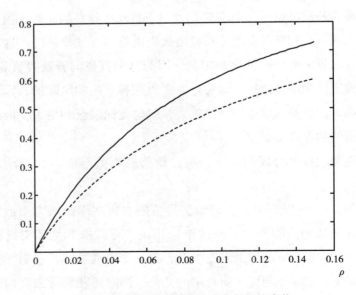

图2-4 强制技术合规的成本与阈值变化

（三）监管强度对投资成本与阈值的影响

在事后补贴、强制性技术合规两种环境监管模式下，规定监管强度 λ 的变化区间为 $[0.00，1.00]$，并假定：当 ρ 不变的时候，$\lambda = 0.10$，$\lambda = 1.00$，$\mu = -0.05$，$\sigma = 0.20$。

在图 2 – 5 中，随着监管强度的提高，企业减排投资项目价值的阈值在不断下降，这意味着企业减排投资很快就会实施。因为在预期的时间内，掌握了监管强度将会提高时，被激励迅速做出反应，以便获得绿色商誉带来的超额利润。

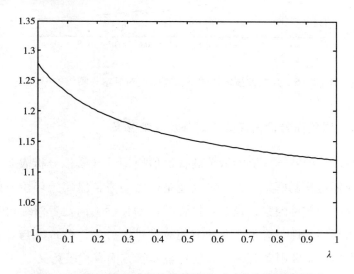

图 2 – 5　事后补贴机制下监管强度对成本与阈值的影响

图 2 – 6 展示了强制性技术合规条件下，随着监管强度的提高，投资项目价值的临界值与实际的投资成本快速下降的情形。由于 $C_2 = C - \dfrac{\lambda}{\lambda + \rho} C = \dfrac{\rho}{\lambda + \rho} C$，说明临界值在监管强度变化的情况下对投资成本的变化颇为敏感。随着 λ 提高，实际投资成本也显著下降。

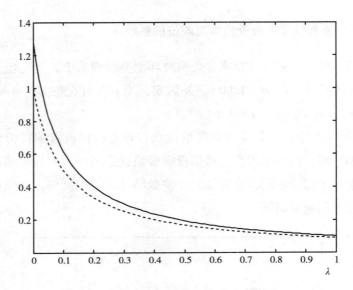

图 2 - 6　强制性技术合规下监管强度对成本与阈值的影响

（四）绿色商誉价值模型的财务及政策意义

自愿性节能减排投资的绿色商誉价值模型及其模拟分析表明，在一个既定的环境管制框架下，特定企业是否主动或自愿实施环境友好技术的投资取决于多种因素，包括：投资项目的弹性、消费者对绿色标志产品需求的不确定性、竞争企业的节能减排投资行为、贴现率与监管强度等。该模型在企业财务管理与政府环境监管方面有积极意义。

（1）在财务上，企业自愿性节能减排投资的真正动机是能否获得绿色商誉的潜在收益，但在具体的投资决策过程中，绿色商誉价值的变化直接影响投资决策的实施时机或执行。监管强度与竞争企业的相类似的减排投资行为激励企业做出自愿性减排投资决策，未来绿色商誉价值变化的不确定性又会减少企业的减排投资。总之，企业自愿性的节能减排投资是通过环境友好技术采纳、工艺改进，在绿色市场形成绿色商誉，并进一步构筑起绿色动态能力，以获得高于竞争企业的收益。

（2）绿色商誉的潜在收益也为政府的环境监管政策提供了某种启示。尽管不少企业认识到绿色商誉的价值，但由于节能减排投资或采纳环境友好技术的不可逆和不确定性问题，期权价值随即进入了企业减排投资的决策过程，这会导致企业减排投资的保守行为。因此，在不确定和不可逆的情形下，对于超越合规的企业，监管政策应该重视为企业创造采纳环境友好技术的投资机会，驱动这类企业能切实获得最大的绿色商誉收益；而对于污染排放达不到监管标准的企业，政策设计应重视与其他政策的配合，引导绿色产品发展和绿色市场需求，通过市场机制使节能减排的监管标准内部化。

第四节　企业节能减排的价值相关性：经验证据

一、理论分析与假说发展

在生态效率范式下，前文的理论分析表明，节能减排有"三大机制"驱动企业的价值创造，即企业环境合规设计的价值分配及价值迁移机制、积极环境战略及其技术采纳先动的价值创造机制、企业内部流程革新的成本节约和利润增长机制。然而，在新古典财务理论看来，追求价值最大化的单一目标函数使企业环境业绩被认为是增加成本的因素。对理性投资者而言，承担环境责任、提高环境业绩的活动必然以减少利润为代价。弗里德曼早就指出，企业在遵守环保法规外的任何环境投资费用都不是出于股东利益的考虑，可能导致公司业绩和价值的降低。Gilley K. M. 等（2000）以 1983～1996 年间华尔街日报公告的 71 个样本公司的公告开展事件研究，考察了改进流程和产品环境活动的市场反应发现，改进流程的公告引起了平均 −0.45% 的显著市场反应，但市场对产品的相关公告并没有显著的反应。Scott Marshall 等（2003）认为，环境业绩和企业价值之间存在负向关系，因为改善环境业绩的活动会使企业资源偏离经营的核心领域，引起利润下降。

王立彦、林小池（2006）研究了上市公司通过 ISO14000 系列认证后发现，公司的所有者权益得到了增长，销售业绩也有了明显的上升。邱英、钟朝宏（2007）运用事件研究法研究沱江特大污染事故后，肇事公司川化股份在事故当年的财务业绩表现，结果证实川化股份股价的变化呈现出明显的下降。这从反面说明企业环境风险会受到资本市场的惩罚，使企业同时遭受经济和名誉损失。环境业绩的度量是检验环境业绩与企业价值关系的焦点，Jacobs B. W. 等（2010）以企业自愿性环境倡议公告与第三方环境奖励和认证公告作为环境业绩指标，基于信息分类检验了环境业绩的股东价值效应发现：市场对不同类型的环境业绩公告的反应是选择性的，减少环境影响的自愿性公告有显著的负面市场反应，引起了平均 -0.95% 的收益变化；而环境认证公告，尤其是环境方面的慈善捐赠公告有显著的市场正向反应，平均收益变化分别为 0.77% 和 0.46%。

生态效率主张企业在减少环境污染、降低环境资源消耗的同时提供更好的产品和服务，它体现了环境业绩与财务业绩的对比关系，使环境绩效和财务绩效在表面上看起来相互竞争的目标之间存在一种平衡，在此平衡状态下，企业可通过提高生态效率水平带来财务绩效的提高。一方面，生态效率水平高的企业会减少对固定资产和流动资产的追加投资，减少资源消耗，降低企业的资金成本和税收负担，相较竞争对手会获得更多利润，产生更多的自由现金流量，因而增加企业的财务价值；另一方面，企业提高生态效率水平，不仅可减少对环境的负面影响，还能降低企业的生产成本，从而获取竞争优势，确保企业拥有长期盈利能力。由此可知，企业生态效率对企业财务的成本、盈利、价值创造等方面均有所影响，因此我们提出以下假设：

H1：企业生态效率与财务绩效存在因果关系。

权衡理论强调社会成本包含了财务成本，正如弗里德曼早期所指出，企业在环境责任方面的努力虽然提高了环境绩效，但因需要从其他价值的投资中获取资金和资源，违背了股东利益最大化的观点，从而使盈利性降低。然而，企业追逐环境和社会绩效的目标不是也不应当只是盈利性，因为环境和社会绩效具有更大的潜在意义。事实上，随着社会公众环保意识日益增强、环保法规层出不穷和可持续发展理念的深入人心等多重因素正在客观上影响公司开展积极有效的环境管理。Hart（1995）提出的企业自然资源理论指出，由于日益扩大的不可逆的环境破坏，企业未来的发展将越来越受制于或依赖于自然环境，企业未来的竞争优势的来源将根植于促进环境可持续的经济活动中。企业在环境管理方面的资源优势主要依赖于公司在污染预防、产品管理、可持续发展这三个相互关联的战略能力上，这些环保技能将企业外部的环境挑战和内部的战略管理相结合，形成企业持久的竞争优势。

持续有效的环境管理不仅有利于企业创建绿色品牌，还对企业形成良好的环保文化起到促进作用。根据权变资源理论的观点，积极的环境战略需要企业进行深远的组织和管理改革，涉及内外部利益相关者，并要求在系统、流程等方面进行技术改造。这些复杂的组织资源和能力最适合复杂的商业环境；因为这些资源和能力往往使竞争对手难以识别和模仿，从而提供了潜在的竞争优势（Aragon-Correa J. et al.，2003）。企业在创建绿色品牌时所获得的环境声誉是一种难以模仿的资源，并符合社会公众的预期，因而对提高企业盈利能力有重要作用，即实现了企业竞争性和"绿色"的双赢。基于以上分析，提出假设2：

H2：企业生态效率与经营业绩显著正相关。

企业价值在很大程度上取决于投资者对企业市场表现的评价，从投资者角度看，生态效率对企业价值的影响可从经济收益效应和社会认同效应两方面分析。经济收益效应指企业生态效率水平的提高不仅能增加企业的预期收益，也能为投资者带来实际利益。首先，企业生态效率水平较高的企业更有可能获得更持久的毛利，使投资者对企业未来的经营和发展情况有更好的预期，同时也降低了投资者在信息搜寻和决策制定等方面的成本，节约的成本表现为生态效率产生的额外收益。其次，生态效率水平高的企业向外界传递了一种对环境负责的态度，使其在商品市场获得环保消费者倾向，通过抢占绿色需求市场份额提高营业收入，从而增加企业利润。最后，企业生态效率可作为与环境监管部门沟通的桥梁，通过提高生态效率水平来表达企业对环境保护的重视，从而减少未来环境诉讼引起的损失（张淑惠等，2011）。

社会认同效应指企业生态效率水平所反映的企业承担环境责任这一形象声誉在资本市场的反应。唐国平、李龙会（2011）研究发现，环境信息披露指数与投资者信息正相关，且披露了环境信息的公司其市场价值相对较高。由于渐趋严厉的环境规制所带来的不确定性，生态效率水平较高的企业会被视为拥有较低的环境风险，投资者对这些公司所期望的报酬率会相对降低。由于投资者对高生态效率水平企业预期的未来现金流量的折现率较低，这些企业会有更高的企业价值（Guenster N. et al. , 2011）。根据以上分析，提出假设3：

H3：企业生态效率与企业价值显著正相关。

企业履行环境责任对成本的影响目前有两种不同的观点：一种观点认为企业在控制污染方面的环保费用并没有带来任何收入，仅增加了一笔额外的支出；另一种观点则认为企业在污染控制技术上的创新水平越高，其从环境战略中获取的成本优势越大，并且通过采用绿色技术及对产品进行生态设计会使公司由于成本的降低而获得竞争优势（Fang H. et al. , 2018）。根据企业自然资源理论，不仅市场对公司环境风险的反应很好地解释了生态效率对企业价值的促进作用，资源的效率性也为生态效率型企业较低的生产成本提供了合理解释。首先，生态效率会带来效率的提高，对环境负责的态度会转变企业的发展思维，将生态嵌入产品的生产流程，运用各项环境创新技术来提高对各种能源和原材料的利用效率，从源头节约成本。其次，生态效率型企业开展积极的节能减排措施，会使企业原材料、能源等投入减少，对残料和废弃物也会综合利用，在生产过程中降低企业的生产成本。最后，较低的资源耗用量会使原材料和能源的库存减少，从而降低存储成本。据此分析，提出假设4：

H4：企业生态效率与生产成本负相关。

二、研究设计

（一）样本选取和数据来源

工业企业上市公司的生态效率对公司价值的影响比较敏感。首先，工业企业造成的环境污染更为直接，受到各利益相关者的广泛关注，其财务业绩受环境业绩的影响将会更加明显。其次，由于生态效率中的环境业绩指标涉及具体的能源消耗量、水资源消耗量及各种污染物排放量的数据，而目前我国针对具体环境信息披露方面的举措明显还不完善，仅在2010年发布的《上市公司环境信息披露指南》中规定"重污染行业上市公司应当定期披露环境信息，发布年度环境报告"，而对于其他行业也仅仅是只鼓励披露环境信息，因此基于样本量的考虑，我们选取样本量基数较大的工业企业。

国家统计局将工业企业界定为按照国民经济行业分类划分属于工业行业的企业，在国家标准《国民经济行业分类》中，行业代码前两位为06~46的企业就属于工业企业，共包含以下41个工业大类行业：煤炭开采和洗选业、石油和天然气开采业、黑色金属矿采选业、有色金属矿采选业、非金属矿采选业、开采辅助活动、其他采矿业、农副食品加工业、食品制造业、酒饮料和精制茶制造业、烟草制品业、纺织业、纺织服装服饰业、皮革毛皮羽毛及其制品和制鞋业、家具制造业、造纸和纸制品业、印刷和记录媒介复制业、文教工美体育和娱乐用品制造业、石油加工炼焦和核燃料加工业、化学原料和化学制品制造业、医药制造业、化学纤维制造业、橡胶和塑料制品业、非金属矿物制品业、黑色金属冶炼和压延加工业、有色金属冶炼和压延加工业、金属制品业、通用设备制造业、专用设备制造业、汽车制造业、铁路船舶航空航天和其他运输设备制造业、电气机械和器材制造业、仪器仪表制造业、其他制造业、废弃资源综合利用业、金属制品机械和设备修理业、电力热力生产和供应业、燃气生产和供应业、水的生产和供应业。

以上 41 个具体行业共包括 1789 家上市公司，对这些公司按以下原则进行筛选：（1）剔除 S、ST 和 *ST 股，因这些公司已亏损连续两年以上，纳入样本中会因极端值的影响而使统计结果产生偏差。（2）剔除数据不完善、环境业绩数据残缺的上市公司。（3）对选取的所有变量以 95% 分位进行了 Winsorize 缩尾处理，以控制异常值对结论产生的可能影响。（4）由于面板数据的特征要求，不考虑 2010 年以后上市的公司，因为 2010 年以后上市的公司缺乏可获得的连续数据；同时，个别缺失数据还根据相关行业相应指标中位进行补全。最终筛选出 75 家工业企业上市公司，样本公司数据区间为 2010～2015 年的数据。（5）样本公司披露的环境业绩信息主要从年度财务报告、社会责任报告、企业可持续发展报告以及公司网页和媒体披露中通过手工收集获得，其他数据则主要来源于 CSMAR 数据库、巨潮资讯网以及上海证券交易所网站。

（二）研究变量

1. 生态效率及其度量结果

生态效率度量面临的一个主要的问题是废弃排放量的市场价格难以确定，很难进行具体核算。数据包络分析（data envelopment analysis，DEA）是以相对效率概念为基础，根据多指标投入和多指标产出对于相同类型的决策单元，进行相对有效性或效益评级的一种系统性分析方法。DEA 分析方法，具有以下优点：所需指标少；可以对无法价格化以及难以确定权重的指标进行分析；有较高的灵敏度和可靠性；对具有共同特点的评价单元进行综合评价时不需要对变量做函数假设；不需要统一指标单位，简化了测量过程，保证了原始信息的完整，也避免了人为确定权重的主观影响。

目前，国内运用DEA方法对生态效率的评价主要集中在工业园及城市和区域尺度上，而在企业尺度上的应用较少，主要原因在于我国企业对环境影响数据披露不全，数据的缺乏导致很难完成一个比较完整的分析。但随着我国《上市公司环境披露指南》的推出，环境数据缺乏将不再是限制该领域研究的障碍。张炳、毕军和黄和平（2008）构建了企业生态效率的评价体系，运用DEA模型对杭州湾精细化工园区企业生态效率进行评价。通过对已有方法进行比较分析，我们认为DEA模型法是适合于企业生态效率评价的科学方法。首先，DEA适合于进行相对有效性效率评价，研究对象有"投入"和"产出"指标，符合生态效率的评价内涵；其次，多输入多输出的同类研究对象的相对有效性是DEA评价的优势；最后，DEA的权重由模型内部计算所得，能够很好地解决其他很多方法权重获取主观性的问题。

具体来说，DEA评价主要体现在可对多输入与多输出进行综合评价，客观上要求输入和输出指标首先应满足评价的要求，反映决策单元（decision making unit，DMU）的现状水平；其次输入指标之间和输出指标之间应满足技术上的要求，即不存在明显的线性关系；最后是要考虑到数据的可得性以及数据口径的可比性、统一性。

企业生态效率的评价中"产出"是指企业提供的产品和服务的价值，"投入"是指企业资源能源利用和污染物排放所造成的环境影响，可分为资源能源投入和污染物排放两个部分。在已有的基于DEA的生态效率评价研究中，常用的输入指标主要包括人力资源投入、资产投入、能源投入量等指标，而输出指标包括主要产品的产量、污染物产生量等指标。比如，张炳、毕军和黄和平（2008）将新鲜水、能源、原材料和厂房面积作为投入量，以 SO_2 排放量、烟尘排放量、COD 排放量和固体废弃物产生量作为非期望输出，将工业总产值作为期望输出来评价杭州湾精细化工业园区企业的生态效率。在这里，参照之前界定的企业生态效率指标，并结合收集的环境数据结果，选取总资产、能源消耗量、新鲜水消耗量为投入指标，以经营活动产生的现金流量净额作为期望输出，选取 SO_2 排放量、COD 排放量作为非期望输出。其中，能源的消耗导致了工业废气的排放，SO_2 排放量作为废气的代表；水资源的消耗导致废水及污染物的排放，COD 排放量作为水污染物的代表。在本书中，通过对生态效率输入输出指标的界定，将工业企业的生产活动抽象为一个"协同反应器"，包含着能源和水资源的输入以及废气、废水和产品的输出，各种资源从输入端进入工业企业的生产"反应器"，经过加工生产创造价值，同时排放出废弃物质，如图 2 - 7 所示。

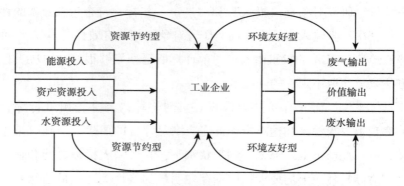

图 2 - 7   生态效率引导的资源—环境生产流程控制模式

一般地，DEA 选择输入输出的基本原则包括：被 DMU 利用的物质或影响 DMU 生产行为的为输入，被 DMU 形成的产物和利益为输出。在一般的 DEA 分析中，通常认为要将越小越好的指标作为输入指标，而将越大越好的指标作为输出指标。但是，在企业生产的过程中，产生的非期望输出如污染物排放量等，这些输出量并非越大越好，因此，对非期望输出的处理是企业生态效率评价的关键。本书基于 DEA 对输入指标要求越小越好的原则，将非期望输出作为一般输入来考虑。另外，DMU 有效的前提是要求输入与输出指标要存在同向性，因此在保证输入、输出指标间不存在较强的线性关系的同时，还要求输入指标与输出指标间存在相关关系。本书利用 SPSS17.0 软件对各指标间的相关性进行 Person 相关性分析，用以剔除输入输出指标内相关性极强的指标和输入与输出指标间相关关系较低的指标。结果发现能源消耗量和 SO_2 排放量的相关系数为 0.864，呈显著正相关，故剔除 SO_2 排放量。度量生态效率最终选取的各投入产出指标如表 2-4 所示。

表 2-4　　　　　　　　　**工业企业投入与产出指标**

类别	项目	指标
输入	资源、能源投入	总资产（亿元）
		能源消耗量（万吨标准煤）
		新鲜水消耗量（万吨）
非期望输出	污染物排放量	COD 排放量（吨）
期望输出	经济产出	经营活动产生的现金流量净额（亿元）

按照投入与产出指标，将 75 家工业类上市公司 2010～2015 年的生态效率数据输入 DEAP2.1，采用投入导向的（在产出水平既定的情况下，使投入最小化）VRS 计算方法（即 BCC 模型），以求得包括综合效率、技术效率和规模效率的生态效率评价结果。一般地，当综合效率数值为 1 的时候，我们界定为 DEA 有效，即生态效率处于一个最佳状态，当综合效率小于 1 时为 DEA 无效，即技术效率或规模效率未处于最佳的状态。

从评价结果的综合效率看，75 家工业企业上市公司中，在 2010～2015 年达到 DEA 有效的公司占比分别为 13%、11%、15%、15%、13%、14%，其中六年间从未达到过 DEA 有效的公司有 45 家。

从评价结果的行业分布看，17 个工业行业上市公司 2010～2015 年六年间的生态效率得分情况表现为：（1）生态效率平均值最高的为通用设备制造业，达到 0.992，位于第二的是汽车制造业，为 0.719；相对而

言，生态效率平均值最低的是纺织业，只有 0.163，比纺织业上市公司
稍好的是造纸及纸制品业，为 0.221。通用设备制造业和汽车制造业生
态效率得分较高，可能是其产生的环境负担主要不在于能源与水资源的
使用和 COD 的排放，而纺织业和造纸及纸制品业的生态效率得分相对较
低，源于其耗用较多的初级能源和水资源及 COD 排放量较多。（2）以
电力、蒸汽、热水生产与供应业、化学纤维制造业、黑色金属冶炼与压
延加工业等为代表的相关行业其生态效率得分在 2010～2015 年呈逐渐上
升的趋势，反映样本公司随着我国生态文明建设制度的不断完善，其在
生产过程中对环境的负面影响逐步减少。（3）所有样本公司六年的生态
效率均值为 0.477，生态效率最优数占总样本的比率也仅为 13.7%，说
明样本公司的总体生态效率水平处于中等偏下，还有较大的上升空间。

从重污染与非重污染行业公司的对比看，重污染行业中的纺织业、
造纸及纸制品业、黑色金属冶炼与压延加工业、有色金属矿采选业、化
学原料和化学制品制造业、化学纤维制造业、有色金属冶炼及压延加工
业、煤炭采选业、电力、蒸汽、热水生产与供应业九个行业的上市公司
在 2010～2015 年各年内的生态效率均值均低于全部样本公司生态效率的
均值，更远低于非重污染行业上市公司的生态效率均值，这表明重污染
行业公司在初级能源、水资源及 COD 排放量上远大于非重污染行业，其
对环境的负面作用更为显著。

2. 价值相关性的度量指标

根据已有的实证研究文献，我们力图通过经营业绩、企业价值和生
产成本来反映企业的价值相关性，并分别选取相应代理变量作为实证研
究的被解释变量。基于前人的研究，这里选用总资产收益率（ROA）作
为衡量企业经营业绩的指标。ROA 是企业一定时期内实现的净利润与该
时期平均总资产的百分比，即净利润所占平均总资产的比重，是衡量企
业总资产综合利用效果的核心指标。

企业价值是以加权平均资本成本为折现率对企业未来自由现金流量

进行贴现后的现值，体现了企业资金的时间价值与持续发展能力。由于不同的评估方法对企业价值的衡量结果不同。市场价值指标中的托宾 *Q* 值具有能反映企业未来预期现金流和长期绩效的优点，且该指标不易受到操控，已有众多学者都采用托宾 *Q* 值来衡量企业价值。参照前人的观点，以托宾 *Q* 值作为企业价值的代理变量。

生产成本是考察生态效率型企业对价值影响的另一个被解释变量，它包括企业在生产产品或提供劳务的过程中发生的各种生产费用。为更好地分析生态效率与生产成本之间的关系，选取成本费用利润率（profit to cost & expenses，PCE）作为生产成本的代理变量。成本费用利润率是企业一定期间的利润总额与成本费用总额的比值，它将企业的生产成本与经营业绩相结合，表明每付出一元成本费用所获得的利润额，体现了经营耗费所带来的经营成果。

3. 控制变量

为了使检验更加准确，研究中对可能影响企业价值相关性指标的其他因素加以控制。参考国内外的相关研究，如 L. Hassel 等（2005）、Jacobs B. W.（2010）、王立彦等（2006）、李增泉、孙铮（2009）等人的成果，本书选择的控制变量包括公司规模（*Size*）、财务杠杆（*Lev*）、成长能力（*Growth*）、资本密度（*CI*）、账面市值比（*BM*）、环境风险（*RR*）哑变量，如果样本公司属于重污染行业上市公司，则取值为 1，其他取 0。各变量定义及度量方法见表 2 – 5。

表 2 –5   **变量定义及度量方法**

变量类型	变量名称	变量代码	变量定义及计量
被解释变量	总资产收益率	*ROA*	净利润/平均总资产
	托宾 *Q* 值	*TQ*	（股权市值 + 净债务市值）/期末总资产
	成本费用利润率	*PCE*	（利润总额）/（营业成本 + 期间费用）
解释变量	生态效率	*EE*	由 DEA 方法测量得出

续表

变量类型	变量名称	变量代码	变量定义及计量
控制变量	公司规模	*Size*	ln（期末总资产）
	财务杠杆	*Lev*	负债总额/资产总额
	成长能力	*Growth*	（期末总资产 − 期初总资产）/期初总资产
	资本密集度	*CI*	固定资产净值/期末总资产
	环境风险	*ER*	重污染行业为1，非重污染行业为0
	账面市值比	*BM*	账面价值/市场价值

（三） 检验模型

为了验证提出的假设，用多元线性回归方法对生态效率与企业价值的关系进行综合检验，回归模型如下：

根据 H2，将总资产收益率作为被解释变量，把样本公司的生态效率水平值作为解释变量，并引入对被解释变量存在影响的相关因素为控制变量，建立回归模型（1）：

$$ROA = \beta_0 + \beta_1 EE + \beta_2 Size + \beta_3 Lev + \beta_4 Growth + \beta_5 CI + \beta_6 ER + \beta_7 BM + \varepsilon$$

根据 H3，将托宾 Q 值作为被解释变量，把样本公司的生态效率水平值作为解释变量，并引入对被解释变量存在影响的相关因素为控制变量，建立回归模型（2）：

$$TQ = \beta_0 + \beta_1 EE + \beta_2 Size + \beta_3 Lev + \beta_4 Growth + \beta_5 CI + \beta_6 ER + \beta_7 BM + \varepsilon$$

根据 H4，把成本费用利润率作为被解释变量，把样本公司的生态效率水平值作为解释变量，并引入对被解释变量存在影响的相关因素为控制变量，建立回归模型（3）：

$$PCE = \beta_0 + \beta_1 EE + \beta_2 Size + \beta_3 Lev + \beta_4 Growth + \beta_5 CI + \beta_6 ER + \beta_7 BM + \varepsilon$$

三、实证结果及分析

(一) 格兰杰因果关系检验

数据的平稳性是进行格兰杰因果关系检验的一个重要前提，否则有可能产生伪回归问题，这个结论已有不少学者进行了验证。周建、李子奈 (2004) 运用蒙特卡洛模拟分析得出，当时间序列变量非平稳时，任何无关的两个变量之间都极易得出有格兰杰因果关系的结论。在进行格兰杰因果关系检验之前，首先运用 STATA 软件中的 Harris-T 检验分别对 ROA、TQ、PCE 和 EE 进行单位根检验以测度其平稳性，结果如表 2–6 所示。

表 2–6　　　　　　　　变量单位根检验结果

变量	HT 统计量	z	概率 P
ROA	0.1977	−4.4299	0.0000
TQ	0.5714	−0.9839	0.1961
PCE	0.3714	−1.8839	0.0298
EE	0.0137	−7.1267	0.0000

通过 Harris-T 检验，原假设存在有效的单位根，TQ 的检验结果为接受原假设，而 ROA、PCE 和 EE 的检验结果为拒绝原假设，因此可知变量 ROA、PCE 和 EE 具有平稳性，这样就排除 TQ，将变量 ROA、PCE 和 EE 进行下一步的格兰杰因果关系检验。检验结果如表 2–7 所示。

表 2–7　　　　　生态效率与财务绩效的格兰杰因果检验

原假设	滞后阶数	F 统计量	概率 P
EE 不是 ROA 的 Granger 原因	1	146.54	0.000
ROA 不是 EE 的 Granger 原因	4	5.38	0.506
EE 不是 PCE 的 Granger 原因	1	356.69	0.000
PCE 不是 EE 的 Granger 原因	4	5.49	0.000

检验结果表明，样本公司生态效率对总资产收益率和成本费用利润率均具有显著的格兰杰因果关系，而财务绩效中的总资产收益率和成本费用利润率对生态效率的格兰杰结果并不一致，有待进一步的分析。由此可知，样本公司生态效率水平的高低可以预测未来财务绩效的好坏。虽然格兰杰因果关系检验本质上仅适用于变量预测，并不能作为检验真正因果关系的依据，但格兰杰本人也指出，当在理论上解释变量之间具有因果关系时，格兰杰检验可以增强对这种因果关系的可靠性（曹永福，2006）。可以认为假设 1 得到验证。

（二）变量描述性统计

样本变量的描述性统计见表 2-8。该表说明：

（1）样本公司总资产收益率最小值为 -0.114，最大值为 0.261，而均值为 0.042 稍大于中位数 0.033，可见样本公司之间的 ROA 差异较大；托宾 Q 值的最小值为 0.116，最大值为 4.857，其均值为 1.002，说明样本公司市场价值与账面价值之比的均值相差不大；成本费用利润率的最小值为 -0.367，最大值为 1.195，均值为 0.111，说明样本公司每一元成本费用所产生的利润均值仅为 0.111 元。由这三个财务绩效指标可知，样本公司的投入产出之间的差别较为明显。

（2）反映了运用 DEA 方法对样本公司的生态效率进行测量得出的结果：生态效率值的最小值为 0.001，最大值为 1，最小、最大值存在于两个极端，表明各公司之间的生态效率存在一定差距，对实施环境保护措施的积极性不一致；生态效率值的均值为 0.476，表明样本公司整体生态效率水平不高，大多数处于中等偏下水平，尚未达到各利益相关者的预期，这一特点与我国目前环境信息披露的现状基本相符。

表 2 - 8   各变量的描述性统计

变量	最小值	最大值	均值	中位数	标准差
ROA	-0.114	0.261	0.042	0.033	0.048
TQ	0.116	4.857	1.002	0.739	0.859
PCE	-0.367	1.195	0.111	0.062	0.165
EE	0.001	1.000	0.476	0.417	0.324
Size	2.311	8.580	5.400	5.457	1.520
Lev	0.119	0.848	0.575	0.612	0.168
Growth	-0.547	1.637	0.135	0.102	0.190
CI	0.066	0.765	0.326	0.299	0.172
ER	0.000	1.000	0.690	1.000	0.460
BM	0.206	8.651	1.892	1.353	1.574

（3）公司规模的最小值为 2.311，最大值为 8.580，标准差为 1.520，说明样本公司之间的规模差异较为明显。资产负债率的最小值为 0.119，最大值为 0.848，标准差为 0.168，说明样本公司间的资产负债率水平差异较大，均值为 0.575，表明整体上来看资产负债率水平还是较为合理。总资产增长率最小值为 -0.547，最大值为 1.637，标准差为 0.190，这足以说明样本公司之间的发展能力存在很大的差异性，而企业的发展能力对盈利前景影响较大，因而将其作为本研究的控制变量十分必要。固定资产比率最小值为 0.066，最大值为 0.765，均值为 0.326，说明样本公司中固定资产占总资产的比重普遍较高，企业财务的灵活性不够。环境风险指标的均值为 0.690，表明样本企业中属于重污染行业的企业多于非重污染行业企业。账面市值比最小值为 0.206，最大值为 8.651，均值为 1.892，标准差为 1.574，说明样本公司之间该指标的差异较大。

变量之间的 Pearson 相关系数矩阵见表 2 - 9。由表 2 - 9 可知，ROA、TQ 和 PCE 这三者之间的相关系数均在 0.5 以下，因而选取这三个指标综合反映生态效率的价值相关性在统计学上是无异议的。且

ROA、*TQ*、*PCE* 与解释变量和各控制变量的相关性显著，而各自变量间的相关系数绝大部分均在 0.5 以下，表示在能够容忍的范围内多重共线性问题不明显。另外，总资产收益率、托宾 *Q* 值、成本费用利润率与生态效率间的相关系数均表明，财务绩效与生态效率之间存在显著正相关关系，还需通过进一步的回归分析来验证。此外，各控制变量与被解释变量间的相关系数表明财务杠杆、资本密集度、环境风险、账面市值比与 *ROA*、*TQ*、*PCE* 均负相关，而公司规模与 *ROA*、*TQ* 负相关、与 *PCE* 正相关。

表 2 - 9　　　　　　　　　变量间的 Pearson 相关系数矩阵

变量	*ROA*	*TQ*	*PCE*	*EE*	*Size*	*Lev*	*Growth*	*CI*	*ER*	*BM*
ROA	1									
TQ	0.358 ***	1								
PCE	0.491 ***	0.417 ***	1							
EE	0.298 ***	0.152 *	0.258 ***	1						
Size	-0.101	-0.490 ***	0.097	0.24 ***	1					
Lev	-0.656 ***	-0.603 ***	-0.48 ***	0.057	0.417 ***	1				
GR	0.285 ***	0.354 ***	0.211 ***	-0.011	-0.068	-0.16 ***	1			
CI	-0.244 ***	-0.294 ***	-0.17 ***	0.110 *	0.200 ***	0.288 ***	-0.31 ***	1		
ER	-0.331 ***	-0.308 ***	-0.20 ***	-0.15 **	0.129 ***	0.227 ***	-0.065	0.53 ***	1	
BM	-0.475 ***	-0.665 ***	-0.29 ***	0.102	0.506 ***	0.613 ***	-0.23 ***	0.44 ***	0.343 ***	1

注：***、**、* 分别表示在1%、5%、10% 的水平上显著。

考虑到模型中各变量间的共线性问题，进行共线性统计量的检验。共线性检验结果见表 2 - 10。从表 2 - 10 看出，各变量的方差膨胀因子 *VIF* 值均在 2.12 以下，容差值均大于 0.47，因而可以判定模型中各变量间基本上不存在多重共线性问题，得到的回归结果具有统计意义。

表 2 – 10　　　　　　　　　　　共线性统计量

变量	EE	Size	Lev	Growth	CI	ER	BM
VIF	1. 149	1. 461	1. 651	1. 153	1. 764	1. 563	2. 116
容差	0. 870	0. 685	0. 606	0. 867	0. 567	0. 640	0. 473

（三）回归结果分析

在进行回归分析之前，先用 Hausman 检验分别检验三个模型适用于哪种回归方法。Hausman 检验的过程及结果如表 2 – 11 所示。

表 2 – 11　　　　　　　　　　Hausman 检验过程及结果

模型	固定效应模型 F 检验		随机效应显著与否检验	Hausman 检验	最优适用模型
	F	P			
模型（1）	2. 87	0. 000	0. 0001	0. 0150	固定效应模型
模型（2）	5. 38	0. 000	0. 0000	0. 0000	固定效应模型
模型（3）	12. 37	0. 000	0. 0000	0. 4578	随机效应模型

在表 2 – 11 中，首先，分别建立固定效应模型进行 F 检验，其原假设是混合 OLS 模型优于固定效应模型，结果为拒绝原假设即固定效应模型优于混合 OLS。其次，分别建立随机效应模型检验其随机效应是否显著，检验结果均为显著。最后，将固定效应模型与随机效应模型进行 Hausman 检验，其原假设为随机效应模型优于固定效应模型。模型（1）、（2）均拒绝原假设而模型（3）接受原假设。由此，我们对模型（1）、（2）用固定效应模型进行回归，而模型（3）选用随机效应模型进行回归。

在 Hausman 检验的基础上，本章对模型（1）和（2）运用固定效应模型进行回归分析，模型（3）则运用随机效应模型进行回归分析。生态效率价值相关性的回归检验结果如表 2 – 12 所示。

表 2 – 12　　　　　　　　生态效率价值相关性的回归结果

变量	模型（1）	模型（2）	模型（3）
EE	0.0363 *** （5.54）	0.2455 ** （2.10）	0.0906 *** （4.57）
Size	0.0056 *** （2.80）	− 0.1804 *** （− 4.11）	0.0325 *** （3.05）
Lev	− 0.1656 *** （− 9.29）	− 1.5598 *** （− 4.32）	− 0.4385 *** （− 6.08）
Growth	0.0387 *** （3.76）	1.1539 *** （6.56）	0.0622 ** （2.14）
CI	0.0279 （1.56）	0.9221 ** （2.53）	0.1186 （1.59）
ER	− 0.0164 ** （− 2.41）	− 0.2920 * （− 1.92）	− 0.0331 （− 0.85）
BM	− 0.0064 *** （− 3.30）	− 0.1710 *** （− 4.76）	− 0.0245 *** （− 3.79）
常量 C	0.0990 *** （7.98）	2.8228 *** （10.68）	0.1664 *** （2.67）
N	450	450	450
adjR^2	0.2784	0.4783	0.2576
F 值	12.73 ***	30.26 ***	
Wald chi2			104.13 ***

注：*** 、** 、* 分别表示结果在 1%、5%、10% 的水平上显著，模型（1）、（2）括号内数字为 t 值，模型（3）括号中为 z 值。

　　从表 2 – 12 可以看出，各自变量对被解释变量的解释力度较好，且模型通过了整体显著性检验。在方程整体显著的前提下，再看回归方程中各系数的显著性水平发现：模型（1）的结果表明，生态效率 EE 与总资产收益率 ROA 在 1% 的显著性水平上正相关，这一结果与之前相关系数检验的结果相一致，假设 2 得到验证，即企业的生态效率越好，对经营业绩的积极影响越强。模型（2）证实，生态效率与托宾 *Q* 值在 5% 的显著性水平上正相关，这与二者之前相关性分析的结果一致，假设 3 得到了验证，即生态效率水平越高，企业价值越大。模型（3）证实，生态效率与成本费用利润率在 1% 的显著性水平上正相关，这与二者之前的相关性分析结果一致，假设 4 得到了验证，即生态效率水平越高，企业营业成本越低，其营业成本利润率越高。

在控制变量方面，环境风险与总资产收益在 5% 的显著性水平上正相关，表明重污染行业的企业其经营业绩低于非重污染行业企业。环境风险与托宾 *Q* 值在 10% 的显著性水平上负相关，说明环境风险对重污染公司价值的影响程度比非重污染公司要明显。环境风险与成本费用利润率负相关，但结果不显著。

（四）稳健性检验

为了考察上述研究结果的可靠性，对回归结果进行稳健性检验。检验方法如下：模型（1）参照了 King、Lenox（2002）和 Khaled 等（2004）等人的研究，将总资产收益率（ROA）替换为每股收益 EPS；模型（2）参照郭家虎、崔文娟（2004）关于 EVA 对企业价值的理论解释，将被解释变量 TQ 替换为相对指标，销售 EVA 率（SEVA）；模型（3）以营业毛利率（operating margin，OM），即营业收入与营业成本之差与营业收入的比值，作为成本费用利润率（PCE）的替代变量，来分析企业生态效率对营业成本的影响。通过变量替换，对模型（1）、（2）、（3）重新进行回归，回归结果如表 2 – 13 所示。

表 2 – 13 报告的稳健性检验结果表明，生态效率水平与经营业绩、企业价值显著正相关，企业生态效率水平越高，其生产成本也越低，得出的结论与表 2 – 12 的结论一致，通过了检验，说明实证检验结果具有较好的稳定性和可靠性。

表 2 - 13　　　　　生态效率价值相关性的稳健性检验结果

变量	模型（1）	模型（2）	模型（3）
EE	0.5340 *** (4.96)	0.0667 *** (5.50)	0.0448 *** (3.42)
Size	0.1991 *** (4.38)	0.0158 *** (3.69)	0.0247 *** (2.69)
Lev	- 1.8570 *** (- 5.86)	- 0.2219 *** (- 6.12)	- 0.1816 *** (- 3.51)
Growth	0.7625 *** (4.76)	0.0466 ** (2.53)	0.0515 *** (2.69)
CI	0.3173 (0.88)	0.0587 ** (1.61)	0.0834 (1.53)
ER	- 0.2598 (- 1.63)	- 0.0216 (- 1.46)	- 0.0789 ** (- 2.14)
BM	- 0.1349 *** (- 3.99)	- 0.0097 *** (- 2.63)	- 0.0202 *** (- 4.6)
常量 C	0.5869 ** (2.17)	0.0429 *** (1.65)	0.2205 *** (4.07)
N	450	450	450
adjR^2	0.2513	0.2588	0.2108
F 值	11.08 ***	11.25 ***	
Wald chi2			78.71 ***

　　注：***、**、*分别表示结果在1%、5%、10%的水平上显著，模型（1）、（2）括号内数字为 t 值，模型（3）括号中为 z 值。

四、结论及政策启示

　　以生态效率的价值创造理论为依据，运用2010～2015年工业类上市公司的样本数据，首先选取总资产、能源消耗量、新鲜水消耗量、COD排放量作为生态效率的环境业绩指标，经营活动产生的现金流量净额作为财务业绩指标，通过数据包络分析（DEA）方法对样本公司的生态效率进行测量，并检验了生态效率的价值相关性，研究结论如下：

　　（1）生态效率作为企业节能减排综合效果的反映，是以最小的资源消耗和环境影响，来追求企业价值的最大化。样本公司的生态效率均值为 0.476，说明样本公司的整体生态效率水平不高，大多数处于中等偏下水平，尚未达到各利益相关者的预期，这一特点与我国目前环境信息披露现状基本相符。

（2）以生态效率值作为解释变量，用总资产收益率（ROA）、托宾 Q 值、成本费用利润率作为经营业绩、企业价值、营业成本的代理变量即被解释变量，以公司规模、财务杠杆、成长能力、资本密集度、环境风险、账面价值比为控制变量，建立回归模型检验生态效率的价值相关性。结果表明：第一，企业生态效率与财务绩效存在因果关系；第二，企业生态效率与经营业绩显著正相关；第三，企业生态效率与企业价值显著正相关；第四，企业生态效率水平越高，其生产成本越低。

（3）上述研究结论在政策上提供了重要启示：首先，对于非 DEA 有效的公司，可以从投入入手，加强环境管理、技术革新、清洁生产和发展循环经济，充分提高资源能源利用效率，提高生产效率，实现废弃物综合利用来提高相对生态效率。对于规模递增的公司，应当提倡加大规模，利用其规模经济性，提高生态效率。对于规模收益递减的公司，需要结合产业层面的供给侧改革政策，淘汰一些效益不好的产品和工艺，适当控制规模，加强和改进管理，提高相对效率。其次，在我国工业化和产业结构全面升级过程的现实阶段，由于节能减排的管制及其政策激励涉及企业流程、生产技术和产品的全面转型，节能减排对企业价值的驱动作用是一个渐进的、长期的过程，减排激励政策的微观着力点是诱导企业将"节能减排方案"全面整合于环境战略，使其主动进入企业的财务决策。

当然，本章的实证研究存在一定的缺陷，由于数据可得性的限制，拥有完整数据用于测量生态效率的样本公司较少，没有引入所有权性质、内部治理、环境监管强度等变量的调节作用。因此，这些变量的引入将是深化企业生态效率价值相关性研究的重要方向。

第三章 节能减排与企业投资行为

第一节 问题提出与文献回顾

一、问题的提出

20 世纪 70 年代以来，发达工业国家积极运用环境规制来协调经济与环境的均衡发展并取得了显著成效。此后，随着世界各国对全球气候变化、环境资源利用与社会发展矛盾日益突出的关注，发达国家和地区基于环境考虑的规制政策日趋复杂和严厉，环境规制政策不仅是企业经营的挑战也给企业价值创造提供了新的机会。环境监管机构一直将环境规制作为推动企业技术创新、减少环境影响的有效手段。事实上，环境规制下的企业投资行为直接影响环境政策的规制效果与企业投资水平及新技术创新和采纳效率（D. P. van Soest，2005；Richard Kneller et al.，2012）。我国现阶段处于快速工业化时期，转变经济发展方式和构建低碳产业体系已成为国家的长期战略。但各个地区的产业及不同企业之间的能力和减排成本均有较大差异，减排与经济增长、环境质量改善实际上是一个政治经济学过程，减排的责任、义务与能力和激励必须统一（蔡昉等，2008）。这就意味着，我国环境规制要在企业层面形成有效的财务激励和约束机制，实现减排效率与提高企业投资水平和技术创新能力的"双赢"。

从环境监管的变革历程来看，我国从 20 世纪 70 年代就出台了有关政策，如 1978 年针对超过某一最大允许水平的排放量设置了污染征税制度。在大力推进生态文明建设的进程中，根据环境保护部的统计，2010 年，我国环境污染治理投资达到 6654.2 亿元，比上年增加 47.0%，占当年 GDP 的 1.67%。2013 年，我国环境污染治理投资总额为 9037.2 亿元，占 GDP 的 1.67%，占全社会固定资产投资总额的 2.02%，比上年增加 9.5%。其中，城市环境基础设施建设投资 5223.0 亿元，老工业污染源治理投资 849.7 亿元，建设项目"三同时"投资 2964.5 亿元，分别占环境污染治理投资总额的 57.8%、9.4%、32.8%。在进行大规模污染治理投资支出同时，全国一般工业固体废物综合利用率仅为 62.2%。所以，如何通过环境规制引导企业的投资方向和技术创新，需要在微观企业层面形成有效的财务激励，既获得减排效率又不损害企业的投资和技术创新能力。也就是说，在产业转型和升级的进程中，环境规制与企业投资行为的关系是激励企业实现节能减排目标的政策参考点。

二、文献回顾

（一）环境规制与企业投资挤占行为

环境规制会引起企业投资的挤占行为和声誉效应。Jaffe 等（1995）对美国制造企业的研究表明，环境规制给企业造成额外的成本负担：一是控制污染所花费的直接成本；二是被规制企业的某些生产要素的价格提高造成的间接成本，随着成本的增加会引起挤出效应（crowing-out effect），使企业减少其他方面的投资。考虑到企业投资的时机，Wayne

和 Ronald（1998）以美国 686 家造纸企业为样本检验了环境规制对投资决策的影响。研究发现，环境规制可以引导新建企业选择低污染的生产技术，且技术选择与环境规制的方向一致。Nathan E. Hultman 等（2012）对印度、巴西两国 82 家食糖和水泥企业的访谈研究表明，尽管预期财务收益是管理者做出 CDM 投资决策的基本动机，但非财务的声誉效应将促使企业做出 CDM 投资决策。环境规制下企业投资还具有区域选择行为。Peter M. Madsen（2009）发现，汽车制造企业会倾向于投资于与其母国具有相似环境规制的地区，不会做出投资于与其母国制度距离较大地区的决策。

（二）环境规制强度变化与企业投资行为

提高环境规制强度以激励企业减排投资是常规的政策手段之一。Farzin 和 Kort（2000）的研究表明，只要排污税率没有超过一定的上限临界值，明确的高排污税有利于鼓励企业进行减排投资；同时，提高污染税率时间不确定的可信威胁，能够进一步促使企业增加减排投资。Marc Chesney 等（2011）的研究表明，尽管减排投资是不可逆的和受时间限制的，但严格执行环境规制将促使企业更早地进行减排投资，提高企业过度排污部分的单位罚金，能有效促进企业做出减排技术的投资决策。在实证方面，Pablo del Río 等（2011）对 2000～2006 年西班牙工业部门面板数据的研究证实，政府加强规制的决心或更有效地强制执行现有的规制以提高环境规制强度，可以引导企业对环境技术进行投资。

然而，环境规制的严厉趋势可能引起企业投资不足。Yannis Katsoulacos 等（1999）认为，严厉的环境规制对企业的环境 R&D 投资是矛盾的：一方面企业预期环境技术的研发合作会产生较低的环境损害和较高收益，可以避免技术复制的风险而直接鼓励企业进行更多的环境 R&D 投资；另一方面它提高了企业的生产成本，从而导致企业产量减少，这又对企业的环境 R&D 投资产生消极影响。Daan P. van Soest（2005）的分析表明，由于新的、可替代技术能及时付诸实施，只要投资成本不能全部回收，提高环境规制强度会使最早采纳新技术的企业减少现在和将来的收益，因而提高环境规制强度不一定会激励企业早早地投资新技术。Enrico Saltari 等（2011）发现，污染的增加使企业承担的损害增加，意在促进减排投资的环境政策随着强度的提高如增加污染税，会直接减少企业的资本收益，并可能引起企业减少投资。

（三）环境规制不确定性与企业投资行为

环境规制不确定性导致企业延迟投资。Paulsson 和 Malmborg（2004）对瑞典能源和林业企业的研究指出，在欧洲排放交易计划规制的情况下，由于政府政策的模糊性阻止了企业做出面对排放计划的长期战略，诱发了延迟项目投资的财务激励，使大部分支持排放交易计划的企业在实践中缺乏主动性。Yang 等（2008）的研究表明，如果政府气候政策仅仅是短期的，企业做出的投资决策将面临较大的气候政策变化风险，并且风险随所运用的技术而变化；CO_2 排放和燃料价格波动传递到电价波动的方式是企业总投资风险的重要决定因素，政策不确定性的风险溢价取决于不确定性如何向电价传递，并可能导致企业延迟投资新项目。Volker H. 等（2008）对已在 EU ETS 注册、覆盖了碳排放产业 70% 的 175 家样本企业的研究发现，受 EU ETS 影响的企业在做出投资决策时将面临很高的规制方向不确定性，可能引起企业延迟投资甚至完全拒绝投资。Christian 等（2009）的实证研究发现，在后京都议定书目标下，有 1/3 的企业做出了延期投资的回应，企业对规制不确定性的认知程度越高越有可能引起延期投资。由于国际环境规制框架不稳定的风险会增加企业的直接成本和收益不确定性，印度、巴西企业在准备 CDM 项目投资时显示出犹豫态度（Nathan E. Hultman et al.，2012）。

环境规制不确定性激励企业先动投资。基于权变资源观（contingent resource-based view），Aragón-Correa 和 Sharma（2003）指出，在弹性环

境规制下，管理者确定积极的污染控制战略的选择和机会扩大了，主动采取环境战略的企业与被动适应环境规制的企业相比更可能增加投资，以便在产品、市场及竞争方式上减少负面的环境影响，并形成相应的动态能力。Christian Engau 等（2011）证实，认识到与 CO_2 排放规制相联系的不确定性程度很高的企业，一般地具有应对这种不确定性的投资行为以减少 CO_2 排放。根据企业资源理论和制度理论的整合方法，Volker H. 等（2009）通过档案数据和访谈对德国电力产业的案例研究指出，环境规制不确定性条件下企业不仅不会延迟投资，还会激发先动投资行为，其动因包括，保证竞争性资源（securing competitive resources）、资源互补杠杆效应（leveraging complementary resources）和减轻制度压力（alleviating institutional pressure）。

（四）具体政策工具与企业投资行为

基于市场的环境政策工具对企业投资行为的影响。在 Milliman 和 R. Prince 研究的基础上，C. Jung，Krutilla 等（1996）的理论模型表明，拍卖许可证、排放税和补贴、发放可交易许可、绩效标准在激励企业的 R&D 投资方面，拍卖许可证和税收是最有效的政策工具；而由于规制者没有可能完全掌握受规制企业的减排绩效，减排绩效标准、发放可交易许可则是效率较差的激励政策工具。Till Requate（2005）指出，在短视（myopic）的环境政策或对政策工具水平有长期承诺的情况下，排放税比减排津贴能更好地激励企业采纳新技术和进行 R&D 投资。在战略性规制者与非策略企业关于减排成本存在不对称信息的情况下，Karp 和 Zhang（2012）说明，由于规制者不能对未来的减排政策水平做出可信承诺，非策略企业对未来政策具有理性预期，因而规制者使用税收比排放配额更能有效地激励企业做出减排投资。与多数研究不同，Enrico Saltari 等（2011）认为补贴对企业减排投资的影响是不确定的。因为补贴对企业减排投资决策有两个互相矛盾的影响：一方面，高的补贴将减少企业的投资成本，促进企业进行投资；另一方面，补贴的资金是来源于企业当前的税收。Raphael Calel（2011）提出，由于较高的减排价格将提高企业生产的边际成本，进而导致企业限制产出，因而基于市场的政策工具不一定总是引导企业进行减排技术的投资。

命令控制型环境政策工具对企业投资行为的影响。通过减排标准、绩效标准、可交易许可证、拍卖许可证四种政策工具的比较，Juan-Pablo Montero（2002）发现，在引导企业进行环境 R&D 投资方面，减排标准能比许可证有更大的激励效应。在减排标准条件下，企业投资于环境 R&D 能减少企业自身的成本却不会减少竞争企业的成本，这就使企业可以通过增加产量来获得利润，因而战略方面的影响总是积极的；在可交易许可证条件下，企业投资于环境 R&D 取得的技术成果会通过许可证交易市场外溢，从而会减少竞争对手的成本，帮助竞争对手提高产量，战略影响则是消极的。Donald G. Ross 等（2008）对澳大利亚 1000 个管理者的调查表明，由于管理者对披露要求的认识水平较低，强制性环境信息披露与企业主要的财务和战略因素相关性较小，对管理者资本投资决策的影响甚微。

（五）市场力量、技术外溢作用下具体政策工具与企业投资行为

在竞争性市场中，Ian W. H. Parry（1998）分析了环境政策工具对环境 R&D 市场的福利效应发现，排放税比排放许可证能更有效地激励企业投资减排技术，二者相差 4 个百分点，但这种激励效率的差异依赖于潜在的技术创新规模；而排放税与固定绩效标准相比，前者对企业环境 R&D 投资的激励要大得多。在完全竞争的市场中，可交易许可证和拍卖许可证为企业投资 R&D 提供的激励是等效的，并与减排技术标准提供的激励程度基本相近，但比绩效标准提供的激励更大（Juan‐Pablo Montero，2002）。

存在技术外溢的情况下，Nori Tarui 等（2006）证明，技术外溢会

降低竞争对手的成本，企业可能会进行过度投资从而在排放许可证拍卖中获得收益。当环境政策承诺不变时，随着技术外溢水平和边际减排成本的不断增大，许可证拍卖比排放税、减排标准和可交易许可证能更好地激励企业的减排投资；当环境政策随污染程度调整时，排放税和许可证拍卖具有相同的激励效果，但比减排标准对企业减排投资的激励更好。Geoffrey Heal 等（2010）认为，已有研究对边际减排成本随企业减排投资减少的假定存在缺陷，当技术外溢足够小和边际减排成本随投资增加时，可能引起企业减排技术的过度投资；环境政策工具对减排投资的激励依赖于技术类型和技术外溢的程度，尤其是从一种污染减排技术到另一种污染减排技术转换的补贴很难获得好的效果，而在减排技术合作中增加环境 R&D 补贴则是有效的政策工具选择。

三、简要评论与研究拓展

综观以上国外学者关于环境规制下企业投资行为研究的发展脉络，可以看出一个从环境规制的多维度探讨企业投资行为的理论框架。该框架的理论基础主要包括环境规制的企业竞争优势理论、权变资源理论、企业国际化过程理论和制度理论；同时，在分析企业回应某一具体工具的投资行为时，逐步引入市场结构和技术外溢等产业组织层面的因素，使推出的结论更加接近现实。应该说，这些理论贡献不仅为企业回应环境规制的投资行为提供了多维度的理论解释，而且能够使环境规制更有效地激励企业进行清洁生产、绿色生产的实际投资。

但是，这些文献的成果主要以发达的市场体系为背景展开的，而我国经济转轨市场化进程不同于发达的市场经济体系，企业的能力特征、减排成本等有明显的差异。为了细化减排政策，在企业层面通过有效的财务激励引导企业环境友好技术创新，促进企业绿色发展，有必要进行研究拓展：一是节能减排管制政策，如减排指标、减排补贴以及环境税等对企业投资均衡影响的理论模型；二是运用经济转型过程中企业经营的实际运行数据寻找经验证据，为政策设计提供参考。

第二节　节能减排管制下的企业投资均衡模型

与 Larry 和 Jiangfeng（2001）与 D. P. van Soest（2005）的理论模型不同，这里考虑了市场与企业能力异质的因素，即企业的环境友好投资会减少其污染排放量，进而降低企业的环境治理成本；同时，引入市场结构，并考虑企业产品价格、生产规模以及由于企业投资新技术引起生产效率的提高和企业投资收益的增加。以此为基础，对模型做出以下基本假设：（1）市场是完全竞争的，市场上共有 N 个完全相同的企业，即每个企业的产品没有差异。企业是产品价格的接受者并且企业间的信息是完全对称的；（2）研究投资时，企业投入的生产要素只考虑单一的资金；（3）企业响应节能减排管制是没有策略性行为的，税率不由企业的投资水平决定。

一、基本模型：没有环境监管的企业投资均衡

在不考虑节能减排管制的情况下，设在 t 时期，企业 i 投入资金 k_t，资金 k_t 的成本为 $C_t(k_t)$。企业 i 在 t 时期的产量为 $q_t(k_t)$，产品的价格为 P_t。企业 t 时期取得的收益为 h_t。那么，它们之间的关系如下：

$$C_t(k_t) = \frac{c_1}{2}k_t^2 + c_2 k_t + c_0 \tag{3.1}$$

其中 c_1、c_2 均大于 0，式（3.1）为资金使用的总成本 。$C_t(k_t)$ 对 k_t 的一阶、二阶导数均大于零。就是说，随着资金投入的增加，资金的边际成本逐渐增加，并且增加的幅度不断增大，因为企业选择融资工具时是

按照资本成本由低到高的顺序进行的。

$$q_t(k_t) = a(k_t)k_t \qquad (3.2)$$

式（3.2）是资金投入量与企业产出间的关系函数。其中 $a(k_t) > 0$，是生产力系数，$a(k_t)' > 0$，$a(k_t)'' < 0$。随着企业投资的增加，企业能够引入更先进的生产技术，并能够有一定比例的资金用于技术创新，通过技术创新又提高了企业的生产率。但随着资金的逐步投入，企业生产力提高的幅度逐渐下降。假设企业投资 k_t 与生产力系数 $a(k_t)$ 的关系如下：

$$\begin{aligned} a(k_t) &= a_0 + a_0 \partial \ln(\partial k_t) \\ &= a_0(1 + \partial \ln(\partial k_t)) \end{aligned} \qquad (3.3)$$

其中，$\partial > 0$，a_0 是企业基期的生产力系数。将式（3.3）代入式（3.2）可得：

$$q_t(k_t) = a_0(1 + \partial \ln(\partial k_t))k_t$$

假设企业在产品市场是出清的，则企业所在行业的产量之和决定企业产品的价格。单个企业是价格的接受者。价格 P_t 的函数关系如下：

$$P_t = A_0 - A_1 Q_t \qquad (3.4)$$

$$Q_t = nq_t \qquad (3.5)$$

式（3.4）中，$A_0 > 0$，$A_1 > 0$，n 是企业的个数。这样，可以得到企业 i 在 t 时期的收益函数 h_t：

$$h_t = p_t q_t - C_t \qquad (3.6)$$

将式（3.1）~（3.5）代入式（3.6）得：

$$h_t = p_t a_0(1 + \partial \ln(\partial k_t))k_t - \left(\frac{c_1}{2}k_t^2 + c_2 k_t + c_0 \right) \qquad (3.7)$$

假设 p_t、a_0、∂、c_1、c_2、c_0 的值是确定的，企业要选择一定的投资

规模来实现利润最大。将式（3.7）对 k_t 求一阶导数则有：

$$\frac{\partial h_t}{\partial k_t} = 0 \tag{3.8}$$

将式（3.7）代入式（3.8）可得 Euler 方程：

$$p_t a_0 (1 + \partial + \partial\ln(\partial k_t)) - (c_1 k_t + c_2) = 0 \tag{3.9}$$

设 k^* 是上式的解。式（3.9）左边的值随 k 值变化的情况取决于 $\frac{p_t a_0 \partial}{k^*}$ 与 c_1 的大小。若 $\frac{p_t a_0 \partial}{k_t} \geq c_1$，则式（3.9）左边是增函数，但随着 k 增加，$\frac{p_t a_0 \partial}{k_t}$ 的值会减少，将会出现 $\frac{p_t a_0 \partial}{k_t} < c_1$。若 $\frac{p_t a_0 \partial}{k_t} < c_1$，则式（3.9）左边是减函数。

二、引入环境污染税的企业投资均衡

自庇古提出用税收（庇古税）解决污染企业的负外部性问题以来，运用税收手段改善环境质量的政策设计逐步进入政府视野。环境污染税的意图是将环境污染及生态破坏的社会成本内化到企业生产成本和市场价格中去，其计税的依据是企业所排放污染物的浓度或总量。引入环境污染税以后，单位净化成本小于单位污染物排放费（税）的企业将自行削减其排放量，而单位净化成本大于单位污染物排放费（税）的企业将选择缴纳污染物排放费（税）。

在这里，企业污染物排放税额（费）＝企业的污染排放量×环境污染税税率。

在 t 时期，企业污染排放的环境污染税税率为 τ，企业 i 在投资额为 k_t 的情况下，每单位产量的污染排放率设为 $\gamma(k_t)$，在末端治理之前企业的污染排放为 E_t。其中，$\gamma'(k_t) < 0$，$\gamma''(k_t) > 0$，也就是说，随着企业投资规模的增加，先进生产技术得到采用，加上替代清洁能源的利用，均会在一定程度提高企业的能源和资源利用率，减少企业单位产品的污染排放率。但是，这种减排效应会随着企业资金规模的逐步投入，污染排放率降低的幅度会逐渐减少。污染排放量函数为式（3.10），$\gamma(k_t)$ 的变化为式（3.11）。

$$E_t = \gamma(k_t) q_t \tag{3.10}$$

$$\gamma(k_t) = \gamma_0 e^{-\beta\sqrt{k_t}} \tag{3.11}$$

在式（3.11）中，$\beta > 0$，γ_0 代表基期的单位产品污染排放率。不难得出，企业因为使用新技术而使单位产品减排 $1 - e^{-\beta\sqrt{k_t}}$，则企业由于使用新技术而减少的污染排放量为 $B(k_t)$：

$$\begin{aligned}
B(k_t) &= (1 - e^{-\beta\sqrt{k_t}}) r_0 q_t \\
&= a_0 r_0 (1 - e^{-\beta\sqrt{k_t}})(1 + \partial\ln(\partial k_t)) k_t \tag{3.12}
\end{aligned}$$

在节能减排的管制下，企业为了应对环境监管会考虑运用一定比例的资金，投资于末端治理。设单位产品污染排放物末端治理的比例为 $g(k_t)$，其中 $g'(k_t) > 0$，$g''(k_t) < 0$，这意味着，随着投资规模 k_t 的增加，投资于末端治理的比例也会增加，这些增加的投资用于引进新的技术或企业自己用于研究和开发新技术。

设 $g(k_t)$ 的关系表达式如下：

$$g(k_t) = 1 - e^{-\eta\sqrt{k_t}}, \quad \eta > 0 \tag{3.13}$$

假设企业污染治理量为 $A(k_t)$，则有式（3.14）成立：

$$A(k_t) = g(k_t) E_t(k_t) \tag{3.14}$$

将式（3.2）、（3.3）、（3.11）代入式（3.10），再将式（3.10）、（3.12）代入式（3.14）可得：

$$A(k_t) = a_0 \gamma_0 (1 - e^{-\eta\sqrt{k_t}}) e^{-\beta\sqrt{k_t}} (1 + \partial\ln(\partial k_t)) k_t \tag{3.15}$$

企业 i 在 t 时期最终对外排放的污染物 D_t 等于企业产品排放的污染物减去企业治理的污染物，可以表示如下：

$$D_t = E_t - A_t \qquad\qquad (3.16)$$

将式（3.11）、（3.10）、（3.14）、（3.15）代入式（3.16）可得：

$$
\begin{aligned}
D_t &= E_t(k_t) - g(k_t)E_t(k_t) \\
&= (1 - g(k_t))E_t(k_t) \\
&= (1 - (1 - e^{-\eta\sqrt{k_t}}))\gamma_0 e^{-\beta\sqrt{k_t}}a_0(1 + \partial\ln(\partial k_t))k_t \\
&= \gamma_0 a_0 e^{-(\eta+\beta)\sqrt{k_t}}(1 + \partial\ln(\partial k_t))k_t \qquad (3.17)
\end{aligned}
$$

运用 MATLAB 模拟式（3.17），结果如图 3 - 1 所示。

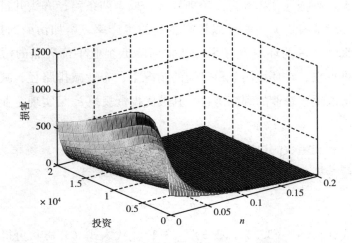

图 3 - 1　企业污染排放与投资规模的变化

图 3 - 1 与式（3.17）从企业的生产能力与污染治理效果两个方面说明：

（1）企业污染排放物损害在初始阶段随投资的增加而增加；之后，由于投资的增加带动了企业的技术进步，企业的污染排放量逐步趋于稳定，甚至呈现下降的趋势。企业最终的污染物排放量变化情况是：随企业基期单位产品的污染排放系数、企业的生产力系数增加而增加；随企业的污染治理效果、污染排放系数降低而减少。这也就表明，随着生产力系数的提高，企业生产的产品越多，向外界环境排放的污染物逐步增加；企业单位产品污染排放量越高，向外界环境排放的污染物也越多。

（2）企业污染治理的主要表现是采用先进的环境友好技术，投资的增加促进企业加快采纳环境友好技术，污染治理的效果将逐步提升。随着环境友好技术的运用，企业单位产品的污染排放量逐步降低，企业对外界环境的污染排放量也相应地降低。

由此可知，降低企业的污染排放量有两条路径：一是选择降低企业产品的生产量，或者是降低单位产品的污染排放量；二是运用环境友好技术加大污染治理，提高污染治理效果，或者两条路径齐头并进。对企业来说，增加投资 k_t，既可以提高企业的生产率，增加污染的排放量，又会因采纳先进的环境友好生产技术而降低企业单位产品的污染排放量。不难得出，在环境污染税管制的情况下，企业减排路径、减少污染的排放量取决于企业的利润函数，其最优投资规模 k_t 是实现企业利润的最大化。

企业利润函数的决定。在 t 时期引入环境污染税后，税率为 τ，企业的单位污染排放税费为 τ，那么，企业利润函数为：

$$h_t = p_t q_t - C_t - \tau_t D_t \tag{3.18}$$

将式（3.1）、（3.2）、（3.3）、（3.17）代入式（3.18）可得：

$$h_t = p_t a_0 (1 + \partial \ln(\partial k_t)) k_t - \left(\frac{c_1}{2} k_t^2 + c_2 k_t + c_0 \right)$$

$$- \tau_t \gamma_0 a_0 e^{-(\eta + \beta)\sqrt{k_t}} (1 + \partial \ln(\partial k_t)) k_t \tag{3.19}$$

当企业利润最大时，必须满足 $\frac{\partial h_t}{\partial k_t} = 0$，则有：

$$p_t a_0 (1 + \partial + \partial \ln(\partial k_t)) - (c_1 k_t + c_2)$$

$$-\tau_t \gamma_0 a_0 e^{-(\eta+\beta)\sqrt{k_t}} \left[-0.5(\eta+\beta)(1+\partial\ln(\partial k_t))\sqrt{k_t} + 1 + \partial + \partial\ln(\partial k_t) \right] = 0$$

$$(3.20)$$

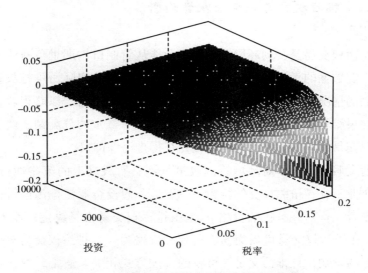

图 3 - 2 环境污染税与企业投资均衡的变化

比较式（3.20）与式（3.9），可以看出，环境污染税对企业投资均衡的影响取决于式（3.20）的第三项，用 MATLAB 模拟第三项，结果如图 3 - 2 所示。

图 3 - 2 表明：（1）方程式存在一个值 $M > 0$，当企业的初始投资 $k^* < M$ 时，随着环境污染税的税率增大，第三项的数值越小，而且小于零，企业的投资均衡发生了变化。若 $\dfrac{p_t a_0 \partial}{k_t} \geqslant c_1$，企业的投资均衡值相应地增加；若 $\dfrac{p_t a_0 \partial}{k_t} < c_1$，当两项数值小于零时，企业的投资均衡值相应地减少。（2）当企业的初始投资 $k^* > M$ 时，环境污染税的变化对第三项的值基本没有影响；换句话说，在企业的投资达到一定规模以后，在污染治理方面积累了相当的能力，环境污染税率的变化不会改变企业

的投资均衡，企业投资不足的问题不会发生。

三、排污权交易与企业投资均衡

排污权交易是受到环境管制的企业能从管制机构那里免费或者拍卖获得一定数额的污染排放许可权。在受管制企业的实际污染排放量低于分配额的情况下，可以将剩余的污染排放权进行出售，以获得收益；反之，如果受管制企业的实际污染排放量超过了额定的分配额，就必须在排污权交易市场购买排污许可额度，获得排污许可权。

前文假设企业面对环境管制政策是不具有战略上的策略性行为的，因而企业不存在扭曲投资的行为。一般地，假设企业是排污许可权价格的接受者，排污许可权的价格 p_e 是由排污权交易市场决定；设 t 时期，企业 i 在排污权交易市场交易许可权的价格为 p_e。排污权交易对企业投资均衡的影响，与排污交易许可权的分配方式相关。通常，存在免费分配排污许可权、拍卖排污许可权两种基本情形。

情形 1：在免费分配排污许可权的情况下，环境管制机构以免费方式给受管制企业分配一定数量的可交易污染排放权。假设企业 i 在 t 时期，通过免费方式获得的可交易污染排放权数量为 f_i。

基于前文的假设和推导，可得到企业 i 在 t 时期的利润函数 h_t 为：

$$h_t = p_t q_t - C_t - p_e(D_t - f_t) \qquad (3.21)$$

将式（3.1）、（3.2）、（3.3）、（3.17）代入式（3.21）可得：

$$h_t = p_t a_0 (1 + \partial \ln(\partial k_t)) k_t - \left(\frac{c_1}{2} k_t^2 + c_2 k_t + c_0 \right)$$
$$- p_e (\gamma_0 a_0 e^{-(\eta + \beta)\sqrt{k_t}} (1 + \partial \ln(\partial k_t)) k_t - f_t) \qquad (3.22)$$

假定其他因素不变，企业选择最优投资规模的利润函数必须满足投资的边际收益为零，即有 $\frac{\partial h_t}{\partial k_t} = 0$，那么：

$$p_t a_0 (1 + \partial + \partial\ln(\partial k_t)) - (c_1 k_t + c_2)$$

$$-p_e \gamma_0 a_0 e^{-(\eta+\beta)\sqrt{k_t}} [-0.5(\eta+\beta)(1+\partial\ln(\partial k_t))\sqrt{k_t} + 1 + \partial + \partial\ln(\partial k_t)] = 0$$

$$(3.23)$$

对式 (3.18) 与式 (3.19)、(3.20) 与式 (3.23) 两组函数模型进行比较, 可以得出:

(1) 征收环境污染税时, 企业需要为每单位污染排放支付费用, 在免费分配排污许可权的情境下, 企业可以免费排放 f_t 的污染物, 企业利润也因此增加了 $p_e f_t$ 项, 且边际排污收益也发生了变化。

(2) 征收环境污染税时, 企业边际排污收益等于环境污染税税率, 由于税率的固定性, 对企业利润的影响是可预期的; 而在排污权交易许可的情境下, 企业边际排污收益等于许可权价格, 该交易价格也会随企业环境友好技术的采纳和进步逐渐降低, 因为技术进步减少了企业排污交易许可权的需求。反过来, 这种机制又可能影响企业进一步投资环境友好技术的积极性。

(3) 当环境污染税的税率等于单个企业边际减排成本等于排污权交易的价格时, 企业投资均衡点是相同的。

情形 2: 在拍卖分配排污许可权的情况下, 环境监管机构通常是根据环境标准或一个特定时期的减排总目标确定污染排放的总量, 然后以拍卖的方式在各企业间进行分配。假设竞争投标企业参与拍卖的最终可交易排污许可权的价格为 p_e。

类似地, 可以给出企业的投资收益函数为:

$$h_t = p_t q_t - C_t - p_e D_t \qquad (3.24)$$

将式 (3.1)、(3.2)、(3.3)、(3.17) 代入式 (3.24) 可得:

$$h_t = p_t a_0 (1 + \partial\ln(\partial k_t)) k_t - \left(\frac{c_1}{2} k_t^2 + c_2 k_t + c_0\right)$$

$$-p_e \gamma_0 a_0 e^{-(\eta+\beta)\sqrt{k_t}} (1 + \partial\ln(\partial k_t)) k_t \qquad (3.25)$$

同样假定其他因素不变，企业选择最优投资规模的利润函数必须满足投资的边际收益为零，即有 $\frac{\partial h_t}{\partial k_t} = 0$，那么：

$$p_t a_0 (1 + \partial + \partial \ln(\partial k_t)) - (c_1 k_t + c_2)$$

$$-p_e \gamma_0 a_0 e^{-(\eta + \beta)\sqrt{k_t}}[-0.5(\eta + \beta)(1 + \partial \ln(\partial k_t))\sqrt{k_t} + 1 + \partial + \partial \ln(\partial k_t)] = 0$$

$$(3.26)$$

对式（3.25）与式（3.21）、式（3.23）与式（3.26）两组函数模型进行比较，可以得出：

（1）通过拍卖分配排污许可权，企业要为其单位污染排放物支付费用，环境监管机构能够从排污权交易中获得更多的拍卖费用。免费分配排污许可权，企业最初的那份排污权是免费的，如果企业的技术装备比较先进，减排成本低于平均成本，还可能将其剩余的排污许可权出售获取额外的利润。

（2）排污权的拍卖方式与免费方式相比，企业的投资均衡并不会发生改变，但企业的投资收益有所变化。因为免费分配排污许可权，企业利润函数增加了 $p_a f_t$ 项，相当于环境监管机构分配给企业的一笔初始利润。这对于那些有采纳环境友好技术动力却财务能力不足的企业来说，相当于初期的财务激励。

四、节能减排补贴政策与企业投资均衡

假设环境监管机构只是运用补贴来鼓励企业进行污染减排。设 t 时期环境监管机构对企业 i 每单位减排提供 s 数量的补贴，则企业的补贴金额为 sA_t。那么，企业的利润函数如下：

$$h_t = p_t q_t - C_t + s(A_t + B_t) \tag{3.27}$$

将式（3.1）、（3.2）、（3.3）、（3.12）、（3.15）代入式（3.27）可得：

$$h_t = p_t a_0 (1 + \partial \ln(\partial k_t)) k_t - \left(\frac{c_1}{2} k_t^2 + c_2 k_t + c_0 \right) + s\gamma_0 a_0 \big[(1 - e^{-\beta\sqrt{k_t}})$$

$$+ (1 - e^{-\eta\sqrt{k_t}}) e^{-\beta\sqrt{k_t}} \big] (1 + \partial \ln(\partial k_t)) k_t \tag{3.28}$$

当企业的投资收益最大时，有 $\dfrac{\partial h_t}{\partial k_t} = 0$，则：

$$p_t a_0 (1 + \partial + \partial \ln(\partial k_t)) - (c_1 k_t + c_2)$$

$$+ s\gamma_0 a_0 \big\{ (1 + \partial + \partial \ln(\partial k_t)) \big[(1 - e^{-\beta\sqrt{k_t}}) + (1 - e^{-\eta\sqrt{k_t}}) e^{-\beta\sqrt{k_t}} \big]$$

$$+ \frac{\sqrt{k_t}}{2} (1 + \partial \ln(\partial k_t)) \big[\beta e^{-\beta\sqrt{k_t}} - \beta(1 - e^{-\eta\sqrt{k_t}}) e^{-\beta\sqrt{k_t}} + \eta e^{-(\eta+\beta)\sqrt{k_t}} \big] \big\} = 0$$

$$\tag{3.29}$$

比较式（3.29）与式（3.9），可以看出，减排补贴对投资均衡的影响取决于式（3.29）的第三项，用 MATLAB 模拟式（3.29）第三项，结果如图 3 - 3 所示。

图 3 - 3 表明，模型中存在某一值 *M*，使当企业初始投资量 $k_t \leqslant M$ 时，式（3.29）第三项的值随着投资量的增加而增加；当初始投资量

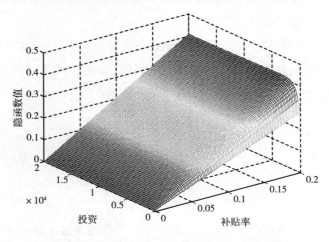

图 3 - 3　减排补贴与企业投资均衡的变化

$k_t > M$ 时，式（3.29）第三项的值相对稳定，基本不会随着投资量的变化而发生显著变化。随着补贴水平的提高；式（3.29）第三项的值逐渐增加，且该值总为正数。因此，该模型在理论上说明，当减排补贴在财务上使企业的初始投资量达到一定的规模时，企业具有进一步投资环境友好技术的激励。

五、减排政策工具组合与企业投资均衡

在我国，减排补贴是最常见的激励政策。但从减排激励政策的实践来看，各种政策工具往往组合使用，这里主要讨论减排补贴与其他工具组合使用对企业投资均衡的影响。

（一）减排补贴与环境污染税组合对企业投资均衡的影响

减排补贴方式一般分为数量补贴和价格补贴两种。数量补贴是环境管制机构对企业每单位污染减排量提供相应的补贴额度；价格补贴则是环境管制机构对企业每单位污染减排量核定相应的价格补贴。减排补贴实际上是一种环境监管的财务激励。

情形1：在数量补贴与环境污染税组合使用的情况下，环境管制机构要对被监管企业排放的单位污染物征收一定的税费，同时又对那些自主减排企业的单位污染物减排量提供一定的补贴。那么，企业的利润函数如下：

$$h_t = p_t q_t - C_t + s(A_t + B_t) - \tau_t D_t \tag{3.30}$$

将式（3.1）、（3.2）、（3.3）、（3.12）、（3.15）代入式（3.30）可得：

$$
\begin{aligned}
h_t = {} & p_t a_0 (1 + \partial \ln(\partial k_t)) k_t - \left(\frac{c_1}{2} k_t^2 + c_2 k_t + c_0 \right) \\
& + s \gamma_0 a_0 \left((1 - e^{-\beta \sqrt{k_t}}) + (1 - e^{-\eta \sqrt{k_t}}) e^{-\beta \sqrt{k_t}} \right) (1 + \partial \ln(\partial k_t)) k_t \\
& - \tau_t \gamma_0 a_0 e^{-(\eta + \beta) \sqrt{k_t}} (1 + \partial \ln(\partial k_t)) k_t
\end{aligned}
\tag{3.31}
$$

类似地，企业利润最大化时，满足条件$\dfrac{\partial h_t}{\partial k_t}=0$，则有：

$$p_t a_0(1 + \partial + \partial\ln(\partial k_t)) - (c_1 k_t + c_2)$$

$$+ s\gamma_0 a_0\{(1 + \partial + \partial\ln(\partial k_t))[(1 - e^{-\beta\sqrt{k_t}}) + (1 - e^{-\eta\sqrt{k_t}})e^{-\beta\sqrt{k_t}}]$$

$$+ \frac{\sqrt{k_t}}{2}(1 + \partial\ln(\partial k_t))[\beta e^{-\beta\sqrt{k_t}} - \beta(1 - e^{-\eta\sqrt{k_t}})e^{-\beta\sqrt{k_t}} + \eta e^{-(\eta+\beta)\sqrt{k_t}}]\}$$

$$- \tau_t\gamma_0 a_0 e^{-(\eta+\beta)\sqrt{k_t}}[-0.5(\eta+\beta)(1 + \partial\ln(\partial k_t))\sqrt{k_t} + 1 + \partial + \partial\ln(\partial k_t)] = 0$$

$$(3.32)$$

情形2：在价格补贴与环境污染税组合使用的情况下，环境监管机构为企业每单位减排提供价格补贴 $s\tau_t$，同时对排放的单位污染物收取税费 τ_t。那么，企业的利润函数为：

$$h_t = p_t q_t - C_t + s\tau_t(A_t + B_t) - \tau_t D_t \tag{3.33}$$

将式（3.1）、（3.2）、（3.3）、（3.12）、（3.15）代入式（3.33）可得：

$$h_t = p_t a_0(1 + \partial\ln(\partial k_t))k_t - \left(\frac{c_1}{2}k_t^2 + c_2 k_t + c_0\right)$$

$$+ s\tau_t\gamma_0 a_0((1 - e^{-\beta\sqrt{k_t}}) + (1 - e^{-\eta\sqrt{k_t}})e^{-\beta\sqrt{k_t}})(1 + \partial\ln(\partial k_t))k_t$$

$$- \tau_t\gamma_0 a_0 e^{-(\eta+\beta)\sqrt{k_t}}(1 + \partial\ln(\partial k_t))k_t \tag{3.34}$$

类似地，对式（3.34）k_t 求一阶导数，$\dfrac{\partial h_t}{\partial k_t}=0$，则有：

$$p_t a_0(1 + \partial + \partial\ln(\partial k_t)) - (c_1 k_t + c_2)$$

$$+ s\tau_t\gamma_0 a_0\{(1 + \partial + \partial\ln(\partial k_t))[(1 - e^{-\beta\sqrt{k_t}}) + (1 - e^{-\eta\sqrt{k_t}})e^{-\beta\sqrt{k_t}}]$$

$$+ \frac{\sqrt{k_t}}{2}(1 + \partial\ln(\partial k_t))[\beta e^{-\beta\sqrt{k_t}} - \beta(1 - e^{-\eta\sqrt{k_t}})e^{-\beta\sqrt{k_t}} + \eta e^{-(\eta+\beta)\sqrt{k_t}}]\}$$

$$- \tau_t\gamma_0 a_0 e^{-(\eta+\beta)\sqrt{k_t}}[-0.5(\eta+\beta)(1 + \partial\ln(\partial k_t))\sqrt{k_t} + 1 + \partial + \partial\ln(\partial k_t)] = 0$$

$$(3.35)$$

（二） 减排补贴与可交易排污权组合对企业投资均衡的影响

情形1：在数量补贴与免费分配排污权组合使用的情况下，企业可以从环境监管机构免费获得一定数量的污染排放权，但企业超过免费部分的污染排放必须在排污权交易市场购买；同时，环境监管机构对企业自主减排的部分进行适当补贴。这时，企业投资的利润函数为：

$$h_t = p_t q_t - C_t - p_e(D_t - f_t) + s(A_t + B_t) \qquad (3.36)$$

将式（3.1）、（3.2）、（3.3）、（3.12）、（3.15）、（3.17）代入式（3.36）可得：

$$
\begin{aligned}
h_t = {} & p_t a_0 (1 + \partial \ln(\partial k_t)) k_t - \left(\frac{c_1}{2} k_t^2 + c_2 k_t + c_0 \right) \\
& - p_e (\gamma_0 a_0 e^{-(\eta+\beta)\sqrt{k_t}} (1 + \partial \ln(\partial k_t)) k_t - f_t) \\
& + s \gamma_0 a_0 ((1 - e^{-\beta\sqrt{k_t}}) + (1 - e^{-\eta\sqrt{k_t}}) e^{-\beta\sqrt{k_t}})(1 + \partial \ln(\partial k_t)) k_t
\end{aligned}
$$

$$(3.37)$$

同样地，在式（3.37）中，满足均衡的条件时，$\frac{\partial h_t}{\partial k_t} = 0$，即：

$$
\begin{aligned}
& p_t a_0 (1 + \partial + \partial \ln(\partial k_t)) - (c_1 k_t + c_2) \\
& - p_e \gamma_0 a_0 \Big\{ (1 + \partial + \partial \ln(\partial k_t)) \big[(1 - e^{-\beta\sqrt{k_t}}) + (1 - e^{-\eta\sqrt{k_t}}) e^{-\beta\sqrt{k_t}} \big] \\
& + \frac{\sqrt{k_t}}{2} (1 + \partial \ln(\partial k_t)) \big[\beta e^{-\beta\sqrt{k_t}} - \beta(1 - e^{-\eta\sqrt{k_t}}) e^{-\beta\sqrt{k_t}} + \eta e^{-(\eta+\beta)\sqrt{k_t}} \big] \Big\} \\
& + s \gamma_0 a_0 e^{-(\eta+\beta)\sqrt{k_t}} \big[-0.5(\eta+\beta)(1 + \partial \ln(\partial k_t))\sqrt{k_t} + 1 + \partial + \partial \ln(\partial k_t) \big] = 0
\end{aligned}
$$

$$(3.38)$$

情形2：在数量补贴与拍卖排污许可权组合使用的情况下，一方面，企业作为竞标者在排污权交易市场通过拍卖竞价获得污染排放权；另一方面，环境监管机构又根据企业的自主减排量为企业提供一定的污染排放数量补贴。这时，企业单位减排量获得的收益为 sA_t。那么企业投资的利润函数如下：

$$h_t = p_t q_t - C_t - p_e D_t + s(A_t + B_t) \tag{3.39}$$

将式（3.1）、（3.2）、（3.3）、（3.12）、（3.15）、（3.17）代入式（3.39）可得：

$$
\begin{aligned}
h_t = {} & p_t a_0 (1 + \partial \ln(\partial k_t)) k_t - \left(\frac{c_1}{2} k_t^2 + c_2 k_t + c_0 \right) \\
& - p_e (\gamma_0 a_0 e^{-(\eta+\beta)\sqrt{k_t}} (1 + \partial \ln(\partial k_t)) k_t) + s \gamma_0 a_0 ((1 - e^{-\beta\sqrt{k_t}}) \\
& + (1 - e^{-\eta\sqrt{k_t}}) e^{-\beta\sqrt{k_t}}) (1 + \partial \ln(\partial k_t)) k_t
\end{aligned}
\tag{3.40}
$$

类似地，在式（3.40）中，满足均衡的条件时，$\dfrac{\partial h_t}{\partial k_t} = 0$，即：

$$
\begin{aligned}
& p_t a_0 (1 + \partial + \partial \ln(\partial k_t)) - (c_1 k_t + c_2) \\
& - p_e \gamma_0 a_0 \Big\{ (1 + \partial + \partial \ln(\partial k_t)) [(1 - e^{-\beta\sqrt{k_t}}) + (1 - e^{-\eta\sqrt{k_t}}) e^{-\beta\sqrt{k_t}}] \\
& + \frac{\sqrt{k_t}}{2} (1 + \partial \ln(\partial k_t)) [\beta e^{-\beta\sqrt{k_t}} - \beta(1 - e^{-\eta\sqrt{k_t}}) e^{-\beta\sqrt{k_t}} + \eta e^{-(\eta+\beta)\sqrt{k_t}}] \Big\} \\
& + s \gamma_0 a_0 e^{-(\eta+\beta)\sqrt{k_t}} [-0.5(\eta+\beta)(1 + \partial \ln(\partial k_t)) \sqrt{k_t} + 1 + \partial + \partial \ln(\partial k_t)] = 0
\end{aligned}
\tag{3.41}
$$

情形 3：在价格补贴与免费分配排污许可权组合使用的情况下，企业能够从环境监管机构免费分配到污染排放权；同时，环境监管机构又有配套的激励政策，为企业的自主减排量提供一定的价格补贴。该激励政策相当于为企业单位减排提供的收益为 $p_e(1 + s)A_t$。这时，企业投资的利润函数如下：

$$h_t = p_t q_t - C_t - p_e (D_t - f_t) + p_e s(A_t + B_t) \tag{3.42}$$

将式（3.1）、（3.2）、（3.3）、（3.12）、（3.15）、（3.17）代入式（3.42）可得：

$$h_t = p_t a_0 (1 + \partial \ln(\partial k_t)) k_t - \left(\frac{c_1}{2} k_t^2 + c_2 k_t + c_0\right)$$

$$- p_e (\gamma_0 a_0 e^{-(\eta + \beta)\sqrt{k_t}} (1 + \partial \ln(\partial k_t)) k_t - f_t)$$

$$+ p_e s \gamma_0 a_0 ((1 - e^{-\beta\sqrt{k_t}}) + (1 - e^{-\eta\sqrt{k_t}}) e^{-\beta\sqrt{k_t}}) (1 + \partial \ln(\partial k_t)) k_t$$

$$\text{(3.43)}$$

同样地，在式（3.43）中，满足企业投资均衡的条件为：

$$p_t a_0 (1 + \partial + \partial \ln(\partial k_t)) - (c_1 k_t + c_2)$$

$$- p_e \gamma_0 a_0 \{ (1 + \partial + \partial \ln(\partial k_t)) [(1 - e^{-\beta\sqrt{k_t}}) + (1 - e^{-\eta\sqrt{k_t}}) e^{-\beta\sqrt{k_t}}]$$

$$+ \frac{\sqrt{k_t}}{2} (1 + \partial \ln(\partial k_t)) [\beta e^{-\beta\sqrt{k_t}} - \beta (1 - e^{-\eta\sqrt{k_t}}) e^{-\beta\sqrt{k_t}} + \eta e^{-(\eta+\beta)\sqrt{k_t}}] \}$$

$$+ p_e s \gamma_0 a_0 e^{-(\eta+\beta)\sqrt{k_t}} [-0.5(\eta + \beta)(1 + \partial \ln(\partial k_t)) \sqrt{k_t} + 1 + \partial + \partial \ln(\partial k_t)] = 0$$

$$\text{(3.44)}$$

情形4：在价格补贴与拍卖排污许可权组合使用的情况下，企业作为竞标者在排污权交易市场通过拍卖竞价获得污染排放权；同时，环境监管机构为鼓励企业自主减排，又为企业的自主减排量提供一定的价格补贴。该激励政策相当于为企业的单位减排量提供 $p_e(1+s)A_t$ 的收益。这时，企业的投资利润函数如下：

$$h_t = p_t q_t - C_t - p_e D_t + p_e s (A_t + B_t) \tag{3.45}$$

将式（3.1）、（3.2）、（3.3）、（3.12）、（3.15）、（3.17）代入式（3.45）可得：

$$h_t = p_t a_0 (1 + \partial \ln(\partial k_t)) k_t - \left(\frac{c_1}{2} k_t^2 + c_2 k_t + c_0\right)$$

$$- p_e (\gamma_0 a_0 e^{-(\eta+\beta)\sqrt{k_t}} (1 + \partial \ln(\partial k_t)) k_t) + p_e s \gamma_0 a_0 ((1 - e^{-\beta\sqrt{k_t}})$$

$$+ (1 - e^{-\eta\sqrt{k_t}}) e^{-\beta\sqrt{k_t}}) (1 + \partial \ln(\partial k_t)) k_t \tag{3.46}$$

类似地，在式（3.46）中，满足企业均衡条件时，$\dfrac{\partial h_t}{\partial k_t}=0$，即：

$$p_t a_0(1+\partial+\partial\ln(\partial k_t))-(c_1 k_t+c_2)$$

$$-p_e\gamma_0 a_0\{(1+\partial+\partial\ln(\partial k_t))[(1-e^{-\beta\sqrt{k_t}})+(1-e^{-\eta\sqrt{k_t}})e^{-\beta\sqrt{k_t}}]$$

$$+\frac{\sqrt{k_t}}{2}(1+\partial\ln(\partial k_t))[\beta e^{-\beta\sqrt{k_t}}-\beta(1-e^{-\eta\sqrt{k_t}})e^{-\beta\sqrt{k_t}}+\eta e^{-(\eta+\beta)\sqrt{k_t}}]\}$$

$$+p_e s\gamma_0 a_0 e^{-(\eta+\beta)\sqrt{k_t}}[-0.5(\eta+\beta)(1+\partial\ln(\partial k_t))\sqrt{k_t}+1+\partial+\partial\ln(\partial k_t)]=0$$

$$(3.47)$$

以上各种情形导出的函数模型式（3.32）、（3.35）、（3.38）、（3.41）、（3.44）和式（3.47）与基本模型式（3.9）比较，可以得出：

（1）当$\dfrac{p_t a_0\partial}{k_t}\geqslant c_1$，且后两项值大于零时，企业的投资规模减少，而随着企业投资规模的减少，企业进行环境友好技术采纳和创新的动力不足；当$\dfrac{p_t a_0\partial}{k_t}<c_1$时，且后两项值大于零时，企业的投资增加，环境监管的政策组合有效地激励了企业进行环境友好技术的采纳和创新。

（2）当$\dfrac{p_t a_0\partial}{k_t}\geqslant c_1$，且后两项值小于零时，企业的投资规模增加，而随着企业投资规模的增加，企业具备进行环境友好技术采纳和创新的动力和激励；当$\dfrac{p_t a_0\partial}{k_t}<c_1$时，且后两项值小于零时，企业的投资减少，而随着投资的减少，企业进行环境友好技术投资的动力不足，已有的政策措施不能现实预期的政策目标。

六、简要的理论说明及政策意义

根据节能减排管制下企业投资收益函数的均衡模型，企业降低污染排放量的基本路径是：可以选择降低企业产品的生产量，或者是降低单位产品的污染排放量；也可以选择运用环境友好技术加大污染治理，提高污染治理效果，或者两条路径齐头并进。对企业来说，增加投资 k_t，既可以提高企业的生产率，增加污染的排放量，又会因采纳先进的环境友好生产技术而降低企业单位产品的污染排放量。因此，节能减排管制下企业投资机制和条件的理论归纳如下：

1. 企业投资规模与污染排放的一般变动规律

随着企业投资规模的增加，企业产能增加，相应地污染排放量增加，投资对环境的损害不断扩大。在函数模型式（3.17）中，企业的污染物排放量与企业基期单位产品的污染排放系数、企业的生产力系数存在密切的正相关关系，企业生产力系数的提高引起产能增加，导致污染物排放增加；即使在单位产品污染排放降低的情况下，污染排放总量也可能增加。但也应该看到，企业投资规模的增加会带动环境友好技术的采纳和创新，增强企业的污染治理能力，企业单位产品的污染排放量会有显著的降低，当企业投资规模达到一个稳定比率用于环境友好技术的采纳和创新时，污染排放总量呈现逐渐降低的趋势。这在理论上说明，企业污染源减排的产能调整政策，应考虑企业能达到的投资规模，以实现企业发展与减排目标的统一。

2. 环境污染税与企业投资的变动趋势

在征收环境污染税的情况下，企业减排路径、减少污染的排放量取决于企业的利润函数，其最优投资规模 k_t 是实现企业利润的最大化。当企业的初始投资没有达到一定规模（$k^* < M$）时，随着环境污染税的税率增大，企业的投资均衡发生了变化，可能引起投资不足；当企业的初始投资达到一定规模（$k^* > M$）时，企业在污染治理方面积累了相当的能力，环境污染税率的变化不会驱动企业增加投资，不会产生企业投资不足的问题。因此，对有一定规模的企业征收环境污染税不仅不会影响企业发展，而且为企业采纳和创新环境友好技术提供了激励。

3. 排污权交易与企业投资的变动趋势

排污权的拍卖方式与免费方式相比，企业的投资均衡并不会发生改变，但企业的投资收益有所变化。因为免费分配排污许可权，企业利润函数增加了，实际上是环境监管机构分配给企业的一笔初始利润；这对于那些有采纳环境友好技术动力却财务能力不足的企业来说，相当于初期的财务激励。

4. 减排补贴与企业投资的变动趋势

减排补贴作用于企业投资行为有一定条件。当企业的投资能力不足，在初始投资量 $k_t \leqslant$ 某个特定的数值 M 时，补贴对企业增加投资总量及分配用于采纳和创新环境友好技术的资金比率有明显的激励作用；当初始投资量 $k_t >$ 特定值 M 时，企业投资均衡点基本不会随着投资量的变化而发生显著变化。随着补贴水平的提高，不同规模企业对补贴的激励效果有显著差异。因此，该模型在理论上说明，当减排补贴在财务上使企业的初始投资量达到一定的规模时，企业具有进一步投资环境友好技术的激励。减排补贴作用于企业投资均衡的机制有重要的政策意义：以企业的投资能力为基础，实施分类补贴政策，有利于提高环境监管机构补贴政策的绩效。

5. 减排政策工具组合使用与企业投资的变化趋势

减排政策工具组合使用对企业投资均衡的影响是复杂的，既可能引起企业投资不足又有可能对企业形成有力的减排激励，但企业最终投资于环境友好技术的比率取决于投资利润函数的变化。一般地，随着节能减排管制强度的提高，企业具有增大投资的动机，其目的是逐步摆脱环境管制机构执行减排管制对企业经营的约束，降低合规成本，同时又可以充分享受环境管制机构提供的减排补贴。

第三节　节能减排管制下企业投资行为的经验证据

发达市场国家经济发展的实践表明，环境管制强度与一国经济发展的阶段密切相关。从我国环境监管的变革历程来看，20 世纪 70 年代就开始对污染治理采取了重要措施，如 1978 年针对超过某一最大允许水平的排放量设置了污染征税制度；而到 2003 年，这一制度修改为对所有的污染排放征税。随着市场化改革的推进，经济增长与环境的矛盾越来越突出，环境管制强度不断升级。在理论上，提高环境管制强度可以引导企业增加投资总量、重视环境友好技术的采纳和创新以及缩减其他生产设备投资等系列投资行为的变化，但二者的关系仍需要进一步的经验证据。

一、假说发展

已有的经验研究证实，环境管制强度对企业投资行为的影响是复杂的，研究结论一直处于争论中。Pablo del Río 等（2011）对 2000～2006 年西班牙工业部门面板数据的研究证实，政府加强管制的决心或更有效地强制执行现有的管制以提高环境管制强度，可以引导企业增加环境技术方面的投资。Andrea 等（2011）以企业当前环境保护支出总额和环境税收收入度量环境管制强度，通过对欧洲制造行业 1998～2007 年的数据研究证实，环境管制对企业各类投资均有不同程度的积极反应，随着环境管制强度的提高企业投资会增加，但增加的幅度逐渐减弱，部分地支持了环境管制强度对企业投资的积极影响。但是，随着研究的深入，环境管制激励企业增加投资的观点受到挑战。Wayne 和 Ronald（1998）的实证研究指出，提高环境管制强度可以引导新建公司选择低污染技术投资，但对现有企业而言，较高的经营维持成本使环境管制强度与企业每年的投资支出基本没有关系。

Alistair Ulph 和 David Ulph（1999）认为，严格的环境管制对企业投资行为的影响存在相互矛盾的关系：一方面，提高环境管制强度可以引导企业更加关注生产的负面环境影响，鼓励企业增加污染治理投资，尤其是增加了环境友好技术的研发支出；另一方面，严格的环境管制提高了企业的生产成本，可能导致企业减少产量，从而引起企业投资不足。

根据前文提出的节能减排管制下企业投资收益函数的均衡模型，企业降低污染排放量的基本路径是：可以选择降低企业产品的生产量，或者是降低单位产品的污染排放量；也可以选择运用环境友好技术加大污染治理，提高污染治理效果，或者两条路径齐头并进。对企业来说，增加投资 k_t，既可以提高企业的生产率，增加污染的排放量，又会因采纳先进的环境友好生产技术而降低企业单位产品的污染排放量。环境管制强度会引导企业投资均衡值的上升；管制政策工具组合使用的情况下，具体依赖于那种工具的影响更大。总体来说，随着环境管制强度的提高，企业会增大投资，以便摆脱环境污染税、排污权交易许可对企业经营的约束，同时又可以获得环境管制机构的减排补贴，直接增加财务收益。基于以上分析，提高环境管制强度，企业的环境合规成本就不断提高，通过增加投资来降低污染排放量的激励越强。以此为依据提出假设1：

H1：节能减排管制强度与企业投资支出水平正相关。

企业 R&D 投资是推动企业环境友好技术创新、改进工艺流程的直接动力。在竞争性市场中，Ian W. H. Parry（1998）证实，污染排放税比排污许可权能更有效地激励企业投资减排技术；污染排放税与固定绩效标准（减排指标）相比，更能够激励企业投资环境友好技术。Nori Tarui 等（2006）提出，环境友好技术外溢会降低竞争对手的成本，随着环境政策随污染程度不断调整，引导企业投资环境友好技术的诸多政策工具中，污染排放税是最具有激励作用的。

以 R&D 投资为基础的环境友好技术创新，不仅是污染预防和治理的持续改进，更重要的是改进流程，提高资源能源的利用效率，重新确立企业以环境友好技术为依托的内在竞争力（斯图尔特·L.哈特，2008），获得生态溢价。从企业竞争优势和价值创造来看，Poter（1991）和 Martin（2005）指出，严格环境管制下企业的环境友好技术创新不仅不会降低企业的竞争力，反而能够增强企业的竞争力，增加企业的价值创造。例如，企业生产流程中一些高成本的化学材料大大减少，污染物的再利用降低排污费用等。此外，前文的投资均衡模型也说明，运用环境友好技术加大污染治理，提高污染治理效果是企业适应环境管制强度的基本路径。以此为依据，提出假设 2：

H2：节能减排管制强度与企业的环境友好技术创新正相关。

由于企业技术能力的差异，环境管制机构为了鼓励企业在环境友好技术方面的研发，往往提供一定的政府补贴。政府补贴主要是企业为了改造工艺和技术创新从政府无偿获得的货币性资产或非货币性资产，政府补贴不包括政府作为企业所有者投入的资本。在我国产业体系的转型升级过程中，政府对企业减排和绿色发展有多种形式，包括财政贴息、研究开发补贴、政策性补贴等。前文的理论模型说明，当减排补贴在财务上使企业的初始投资量达到一定的规模时，企业具有进一步投资环境友好技术的激励。

Geoffrey Heal 等（2010）证实，企业的环境友好技术创新存在外溢效应，当边际减排成本随投资增加时，可能引起企业在减排技术方面的过度投资，从而影响其他方面的投资，甚至损害企业在环境友好技术方面进行创新的持续性。减排补贴作为一种最常用的环境政策工具，它对减排投资的激励依赖于技术类型和技术外溢效应的程度。在企业经营实践中，从一种污染减排技术到另一种污染减排技术转换的减排补贴政策很难收获好的效果，而在企业减排技术合作中增加环境 R&D 补贴，是非常有效的政策激励（Buonanno et al.，2003；Geoffrey Heal et al.，2010）。Enrico Saltari 等（2011）指出，在减排补贴的情境下，由于减排资本的补贴依赖于企业收益的现值，隐含的污染成本抵销了补贴政策的收益，并可能引起企业减少投资；当减排补贴能够增加企业的财务收益时，企业就产生了投资环境友好技术的激励。基于此，我们提出假设3：

H3：减排补贴与企业环境友好技术创新正相关。

在同样的污染管制情境下，不同企业的减排能力和减排成本存在异质性（斯纳德，2005）。随着减排管制强度的提高，污染源企业的污染治理成本上升，占用企业的长期及短期资金，这在短期内会对污染源企业的经营产生不良影响。换言之，当一个企业在减排方面花费了大量资金，就会减少生产性资金的投入，企业的减排设备投资的增加，可能挤占企业的生产性设备投资量。

Jaffe 等（1995）对美国制造企业的研究证实，环境管制机构的污染减排管制给企业造成额外的成本负担，随着成本的增加会引起挤出效应（crowing-out effect），使企业减少其他方面的投资。Wayne 和 Ronald（1998）对美国造纸企业的实证研究表明，污染减排投资与生产性非减排投资显著负相关，一个企业在减排方面花费大量资金就会挤出非减排生产性投资，企业投资减排新设备的能力主要取决于企业的利润水平。Nathan E. Hultman 等（2012）对印度、巴西企业的研究证实，预期财务收益是管理者做出 CDM 投资的基本动机。前文的企业投资均衡也表明，企业最终投资于环境友好技术的比率是由投资的利润函数决定的。基于以上分析，提出假设4：

H4：减排管制强度与企业生产性设备投资负相关。

二、样本选择、变量定义与模型构建

（一）样本选择与变量定义

节能减排管制政策对污染源企业的投资影响相对比较明显，这里选择我国重污染行业中的上市公司为研究对象。根据国家统计局的统计公报，六大高耗能行业为：有色金属冶炼及压延加工业、非金属矿物制品业、石油加工炼焦及核燃料加工业、黑色金属冶炼及压延加工业、化学原料及化学制品制造业、电力热力的生产和供应业。同时，《上市公司环境信息披露指南》中将重污染行业定义为：钢铁、火电、水泥、煤炭、化工、电解铝、石化、酿造、建材、造纸、发酵、制药、纺织、制革和采矿业、冶金。此外，环境保护部办公厅函环办函〔2008〕373号关于印发《上市公司环保核查行业分类管理名录》也对污染行业进行了规定。结合以上标准和规定，这里将重污染行业界定为塑料制造业，电力、蒸汽热水的生产和供应业，石油和天然气开采业，煤炭采选业，有色金属矿采选业，有色金属冶炼及压延加工业，化学原料及化学制品制造业，造纸印刷业，黑色金属冶炼及压延加工业，纺织业，橡胶制造业，医药制造业等12个具体的行业类型。

我国国家统计局自2008年开始单独公布污染减排补贴指标，考虑到数据的可得性及统计口径的一致性。同时，行业污染废弃物排放情况、地区废弃物排放情况等重要指标数据到目前为止只能收集到2011年，这里选择了2008~2011年样本数据，剔除资料不全、数据缺失以及财务亏损的企业，获得1117个样本公司。样本公司的数据来自上海证券交易所和深圳证券交易所及相应年度的《中国环境年鉴》《中国统计年鉴》《中国环境统计公报》，其他财务数据来源于国泰安（CSMAR）数据库。

在实证研究中，固定资产增长率，固定资产增加值，本期购建固定资产、无形资产及其他长期资产支付的现金减去处置固定资产、无形资产和其他长期资产收回的现金净额的差额与上期期末总资产的比值指标，常常作为投资的替代变量。在这里，用"本期购建固定资产、无形资产及其他长期资产支付的现金减去处置固定资产、无形资产和其他长期资产收回的现金净额的差额与上期期末总资产的比值"来度量企业的投资。与大多数学者一致，我们用资产负债表中的无形资产净额和研究开发支出之和与上期期末企业总资产之比，作为企业减排技术创新能力的替代变量。企业投资总额与新企业技术创新研发支出之差被用来度量企业生产设备投资。

此外，借鉴已有的研究，将企业成长能力、自由现金流量、资产负债率、企业规模、政府补贴、现有技术能力作为控制变量。对企业来说，自由现金流越多，投资越灵活，投资成本也相对较低（童盼、陆正飞，2005）。资产负债率较高的企业，抑制公司投资低效率的可能性大，企业投资水平与资产负债率负相关（Aivazian，2005；童盼、陆正飞，2005）。政府补贴与企业投资水平及技术创新能力正相关（Falk，2004），减排补贴与政府其他补贴之和可以用来替换企业获得的政府补贴水平（朱平芳、徐伟民，2003）。在相同的减排管制情境下，企业已有的技术能力差异会导致减排成本的显著不同。在主流的研究中，用专利申请数度量企业已有的技术能力是比较可靠的（Acs et al.，2002）。考虑到数据的可得性，我们使用三种专利申请数和授权数来度量企业的现有技术能力。各个变量的具体含义及其度量方法如表 3 – 1 所示。

表 3 – 1　　　　　　　　变量及其定义和度量方法

变量类型	变量名称	变量符号	定义及度量
内生变量	企业投资支出	$I_{i,t}/K_{i,t-1}$	（本期购建固定资产＋无形资产＋其他长期资产支付的现金－处置固定资产、无形资产和其他长期资产收回的现金净额）/上期期末总资产
	企业研发支出	$R\&D_{i,t}/K_{i,t-1}$	本期期末无形资产净额和开发支出/上期期末总资产
	生产性设备支出	$\Pr_{i,t}/K_{i,t-1}$	（企业投资总额－企业研发支出）/上期期末总资产
外生变量 1	减排管制强度	$ERS_{i,t}$	减排管制强度综合指标计算数据
外生变量 2	政府补贴	$Sub_{i,t}$	节能减排补贴＋其他补贴
控制变量	成长能力	$Tobin's\ Q_{i,t-1}$	（上期期末股权市值＋上期期末债务净市值（非流通股权市值用净资产替换））/上期期末总资产
	自由现金流量	$CF_{i,t-1}/K_{i,t-1}$	上期期末经营现金流量/上期期末总资产

续表

变量类型	变量名称	变量符号	定义及度量
控制变量	资产负债率	$FR_{i,t-1}$	上期期末总负债/上期期末总资产
	企业规模	$Size_{i,t-1}$	ln 上期期末总资产
	政府补贴	$Sub_{i,t}$	节能减排补贴 + 其他补贴
	技术能力	$TL_{i,t}$	三种专利申请与授权数

注：i，t 为 t 公司第 i 年度数据；i，$t-1$ 为 i 公司第 $t-1$ 年度数据。

（二）减排管制强度的度量

关于减排管制强度的度量，受数据可得性的影响，国内外学者运用的指标及指标内涵并非一致。李永友、沈坤荣（2008）以各地政府颁布的环保规章制度数量（或环保标准）来度量规制强度的高低。李胜文等（2010）用工业总成本与工业利润中排污费所占份额以及单位污染物的排污费征收额三个指标来度量环境规制强度。张成等（2011）的研究中使用两个指标度量环境管制强度：一是一省治理工业污染的总投资与规模以上工业企业主营成本的比值；二是一省治理工业污染的总投资与工业增加值的比值。一直以来，工业"三废"治理是我国政府所强调的，"三废"排放治理支出、工业污染治理项目完成投资额指标的数据比较容易获得，可用来度量环境管制强度（杨涛，2003）。Sonia Ben Kheder 和 Natalia Zugravu（2008）认为环境管制是一个综合指标，他们用每十亿美元 GDP 获得 ISO14001 证书的企业数、能源效率、政府签署的多边环境协议数量、每百万人口中非政府组织 INGO（International Non-Government Organization）的成员数四个指标度量环境管制强度。

不难发现，以上环境管制强度度量的研究主要是在产业或区域层面的视角，没有针对具体企业行为的微观视角。我国政府对企业节能减排的管制政策立足于经济发展的具体阶段，是一个强度不断提高演进的过程。对某个具体的企业而言，减排成本要受到自身技术能力和财务能力的制约，同时又受到行业与所处的地域省份关于减排指标的影响，因而其合规的减排监管强度既与它所处的行业相关，又与它所在的省份相联系。因此，我们用综合指标来度量企业必须合规的减排管制强度：（1）企业所处行业和省份的三废达标率；（2）污染治理投资总额占工业生产值的比重。

综合指标的具体计算方法如下：

$$废水达标率 = 废水达标排放量/废水排放量 \times 100\%$$

$$工业\ SO_2\ 去除率 = 工业\ SO_2\ 去除量/（工业\ SO_2\ 去除量 +$$
$$工业\ SO_2\ 排放量）\times 100\%$$

$$工业粉尘去除率 = 工业粉尘去除量/（工业粉尘去除量 +$$
$$工业粉尘排放量）\times 100\%$$

$$工业烟尘去除率 = 工业烟尘去除量/（工业烟尘去除量 +$$
$$工业烟尘排放量）\times 100\%$$

$$固体废物综合利用率 = 工业固体废物综合利用量/工业固体废物产生量$$
$$\times 100\%$$

$$污染治理投资总额 = 环境基础设施建设投资 + 环境污染治理投资$$
$$+ 建设项目"三同时"环保投资$$

$$单位产值污染治理额 = 污染治理投资总额/工业总产值$$

减排管制的具体度量指标如图 3 – 4 所示。

在图 3 – 4 中，ERS_{dh} 代表 d 地区 h 行业的污染源企业应该遵循的减排管制强度。在这里，按照不同省份和不同地区的三废达标率、单位产值污染治理额、单位产值研究与实验经费支出三个指标，并分别依据指标的影响赋予相应的权重。计算公式如下：

$$y_d = \frac{t_d}{g_d} \tag{3.48}$$

$$z_d = \frac{r_d}{g_d} \tag{3.49}$$

$$x_{dh} = \frac{0.5 \times (x_{1d} + x_{2d} + x_{3d}) + 0.5 \times (x_{1h} + x_{2h} + x_{3h})}{3} \quad (3.50)$$

$$x_{2d} = \frac{s_{1d} + s_{2d} + s_{3d}}{3} \quad (3.51)$$

$$x_{2h} = \frac{s_{1h} + s_{2h} + s_{3h}}{3} \quad (3.52)$$

$$t_d = t_{1d} + t_{2d} + t_{3d} \quad (3.53)$$

$$ERS_{dh} = 0.5 \times x_{dh} + 0.25 \times y_d + 0.25 \times z_d \quad (3.54)$$

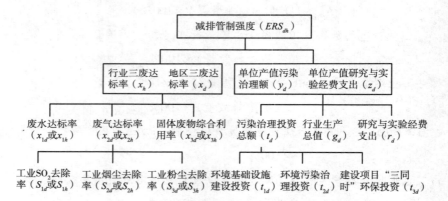

图 3-4 减排管制强度具体指标计算流程

（三）回归模型的构建

为了检验假设 1，采用的回归模型（1）为：

$$I_{i,t}/K_{i,t-1} = \partial + \beta_1 ERS_{i,t} + \beta_2 FR_{i,t-1} + \beta_3 Tobin's Q_{i,t-1} + \beta_4 CF_{i,t-1}/K_{i,t-1}$$
$$+ \beta_5 TL_{i,t} + \beta_6 Sub_{i,t} + \beta_7 Size_{i,t-1} + \varepsilon_{i,t} \quad (3.55)$$

其中：$I_{i,t}/K_{i,t-1}$ 是企业的投资支出，为被解释变量；污染源企业应该遵从的减排管制强度 $ERS_{i,t}$ 为解释变量。同时，模型还控制了企业的资产负债率、成长能力、自由现金流量、企业现有的技术能力、政府补贴及企业规模。i 代表企业，t 代表年份，ε 为随机扰动项。

为了检验假设2，采用的回归模型（2）为：

$$R\&D_{i,t}/K_{i,t-1} = \partial + \beta_1 ERS_{i,t} + \beta_2 FR_{i,t-1} + \beta_3 Tobin'sQ_{i,t-1} + \beta_4 CF_{i,t-1}/K_{i,t-1}$$
$$+ \beta_5 TL_{i,t} + \beta_6 Sub_{i,t} + \beta_7 Size_{i,t-1} + \varepsilon_{i,t} \qquad (3.56)$$

其中：$R\&D_{i,t}/K_{i,t-1}$是企业的研发支出，作为企业环境友好技术创新的替代变量。同时，模型也控制了企业的资产负债率、成长能力、自由现金流量、企业现有的技术能力、政府补贴及企业规模。i代表企业，t代表年份，ε为随机扰动项。

为了检验假设3，采用的回归模型（3）为：

$$R\&D_{i,t}/K_{i,t-1} = \partial + \beta_1 Sub_{i,t} + \beta_2 FR_{i,t-1} + \beta_3 Tobin'sQ_{i,t-1}$$
$$+ \beta_4 CF_{i,t-1}/K_{i,t-1} + \beta_5 TL_{i,t} + \beta_6 Size_{i,t-1} + \varepsilon_{i,t} \qquad (3.57)$$

其中：$R\&D_{i,t}/K_{i,t-1}$为被解释变量，是企业的研发支出，作为企业环境友好技术创新的替代变量；$Sub_{i,t}$是政府的节能减排补贴，为解释变量。模型同时控制了企业的资产负债率、成长能力、自由现金流量、企业现有的技术能力与企业规模。i代表企业，t代表年份，ε为随机扰动项。

为了检验假设4，采用的回归模型（4）为：

$$Pr_{i,t}/K_{i,t-1} = \partial + \beta_1 ERS_{i,t} + \beta_2 FR_{i,t-1} + \beta_3 Tobin'sQ_{i,t-1} + \beta_4 CF_{i,t-1}/K_{i,t-1}$$
$$+ \beta_5 TL_{i,t} + \beta_6 Sub_{i,t} + \beta_7 Size_{i,t-1} + \varepsilon_{i,t} \qquad (3.58)$$

其中：$Pr_{i,t}/K_{i,t-1}$是企业生产性设备支出，为被解释变量；污染源企业应该遵从的减排管制强度$ERS_{i,t}$为解释变量。模型同时控制了企业的资产负债率、成长能力、自由现金流量、现有技术能力、政府补贴与企业规模。i代表企业，t代表年份，ε为随机扰动项。

三、减排管制下企业投资行为的实证结果及分析

（一）减排管制强度对企业投资支出作用的检验

1. 变量的描述性统计特征

变量的描述性统计特征见表3-2。我们发现样本企业投资（$I_{i,t}/$

$K_{i,t-1}$）支出的均值为 0.09，标准差为 0.09，表明样本企业的投资在整体上相对平稳。企业遵从的减排管制强度（$ERS_{i,t}$）最大值为 3.36，均值为 1.06，标准差为 0.33，说明减排管制的强度在不同行业和地区省份之间有较大的差异，而这种差异直接影响减排成本。样本企业的资产负债率（$FR_{i,t-1}$）的均值为 0.50，说明企业的资产负债率处于合理的区间。企业成长能力（$Tobin's Q_{i,t-1}$）的均值为 1.93，标准差为 1.32，说明样本企业成长机会有较大的差异，而企业的成长能力直接影响未来的投资激励。自由现金流量（$CF_{i,t-1}/K_{i,t-1}$）的均值为 0.07，标准差为 0.08，表明样本企业的现金流相对平稳，但不充足。值得注意的是，样本企业的所在行业专利申请数（$TL_{i,t}$）及政府补贴（$Sub_{i,t}$）均有很大差异。此外，企业规模（$Size_{i,t-1}$）的标准差为 1.27，存在明显的规模差异。

表 3 - 2　　　　　　　　　模型（1）变量的描述性统计结果

变量	最小值	最大值	均值	标准差
$I_{i,t}/K_{i,t-1}$	-0.21	0.76	0.09	0.09
$ERS_{i,t}$	0.20	3.36	1.06	0.33
$FR_{i,t-1}$	0.04	0.96	0.50	0.17
$Tobin's Q_{i,t-1}$	0.00	11.46	1.93	1.32
$CF_{i,t-1}/K_{i,t-1}$	-0.24	0.38	0.07	0.08
$TL_{i,t}$	0.00	138382.00	28191.93	34886.25
$Sub_{i,t}$	0.00	41378.60	8541.18	7958.12
$Size_{i,t-1}$	18.90	27.49	21.74	1.27

模型（1）变量间的 Pearson 相关系数矩阵见表 3 - 3。可以看出，外生变量间的相关系数最大为 0.36，并在 1% 的水平上显著，表明外生变量间存在共线性的可能性小。企业投资与减排管制强度的相关系数为 0.06，但不显著，还需要进一步的探讨。

表 3 – 3　　　　　　　模型（1）变量之间的 **Pearson** 相关系数矩阵

	$I_{i,t}/K_{i,t-1}$	$ERS_{i,t}$	$FR_{i,t-1}$	$Tobin's Q_{i,t-1}$	$CF_{i,t-1}/K_{i,t-1}$	$TL_{i,t}$	$Sub_{i,t}$	$Size_{i,t-1}$
$I_{i,t}/K_{i,t-1}$	1							
$ERS_{i,t}$	0.06	1						
$FR_{i,t-1}$	0.02	0.04	1					
$Tobin's Q_{i,t-1}$	– 0.11 ***	0.01	– 0.30 ***	1				
$CF_{i,t-1}/K_{i,t-1}$	0.14 ***	0.02	– 0.20 ***	0.13 ***	1			
$TL_{i,t}$	– 0.05	0.36 ***	– 0.08 *	0.06	0.013	1		
$Sub_{i,t}$	0.06	0.20 ***	0.00	– 0.08 **	0.11 **	0.15 ***	1	
$Size_{i,t-1}$	0.14 ***	0.16 ***	0.36 ***	– 0.34 ***	0.12 **	– 0.03	0.04	1

注：*** 、** 、* 分别表示结果在 1%、5%、10% 的水平上显著。

为了进一步诊断共线性问题，进行共线性统计量分析。表 3 – 4 得出的共线性统计量 *VIF* 均小于 1.4，故模型（1）中不存在共线性问题。

表 3 – 4　　　　　　　　模型（1）的共线性统计量

变量	$ERS_{i,t}$	$FR_{i,t-1}$	$Tobin's Q_{i,t-1}$	$CF_{i,t-1}/K_{i,t-1}$	$TL_{i,t}$	$Sub_{i,t}$	$Size_{i,t-1}$
VIF	1.220	1.267	1.221	1.123	1.174	1.073	1.345

2. 模型（1）的回归结果及分析

减排管制强度与企业投资支出的回归结果见表 3 – 5。从结果可以发现，减排管制强度系数为 7.3%，并在 10% 的水平上显著正相关，表明减排管制强度有利于引导企业增加投资。这个结果说明企业的总投资支出与减排管制强度正相关，支持了假设 1，同时也验证了前文的减排管制下企业投资均衡的理论模型。

另外，从模型（1）的控制变量来看，企业的自由现金流量与投资规模正相关，并在 1% 的水平上显著，与预期一致。托宾 Q 值与企业投资规模负相关，出现了"反托宾"现象，这个结果与丁守海（2006）研究结论一致。可能的原因是：托宾 Q 值较大的企业大多为国民经济的基础行业，其资产的专用性和垄断性使进退的难度较大，降低了托宾 Q

值对投资的正面导向作用。而托宾 Q 值相对较低的企业主要是竞争性行业，托宾 Q 值可能位于失灵区，不能发挥投资的导向作用。企业现有的技术能力（$TL_{i,t}$）与企业投资规模负相关，说明技术能力差的企业需要大量的投资进行技术升级。企业规模与投资支出正相关，说明规模越大的企业投资能力越强。

表 3 - 5   模型（1）回归检验结果

变量	系数	标准差	T - 统计量	概率
$ERS_{i,t}$	0.073 *	0.013	1.786	0.073
$FR_{i,t-1}$	- 0.034	0.022	- 0.789	0.436
$Tobin's Q_{i,t-1}$	- 0.105 ***	0.006	- 2.783	0.005
$CF_{i,t-1}/K_{i,t-1}$	0.145 ***	0.041	3.765	0.000
$TL_{i,t}$	- 0.062 *	0.000	- 1.897	0.058
$Sub_{i,t}$	0.046	0.000	0.753	0.435
$Size_{i,t-1}$	0.098 **	0.003	2.215	0.029
常量 C	- 0.076	0.060	- 0.935	0.362

$R^2 = 0.052$，调整 $R^2 = 0.044$；F 值 $= 6.443$，$D - W = 1.979$，$P = 0.000$。

注：*** 、** 、* 分别表示结果在 1%、5%、10% 的水平上显著。

（二）减排管制强度对企业环境友好技术创新激励的检验

1. 变量的描述性统计特征

变量的描述统计见表 3 - 6。从表 3 - 6 可以看出，企业研发支出的均值为 0.06，且标准差仅为 0.07，说明样本企业的技术创新投入总体上是比较平稳的。减排管制强度、资产负债率、成长能力、自由现金流、企业规模、政府补贴与现有技术能力等变量的描述与模型（1）一致。

表 3 - 6   模型（2）变量的描述性统计结果

变量	最小值	最大值	均值	标准差
$R\&D_{i,t}/K_{i,t-1}$	0.00	0.68	0.06	0.07
$ERS_{i,t}$	0.20	3.36	1.06	0.33

续表

变量	最小值	最大值	均值	标准差
$FR_{i,t-1}$	0.04	0.96	0.50	0.17
$Tobin's Q_{i,t-1}$	0.00	11.46	1.93	1.32
$CF_{i,t-1}/K_{i,t-1}$	−0.24	0.38	0.07	0.08
$TL_{i,t}$	0.00	138382.00	28191.93	34886.25
$Sub_{i,t}$	0.00	41378.60	8541.18	7958.12
$Size_{i,t-1}$	18.90	27.49	21.74	1.27

　　模型（2）变量间的 Pearson 相关系数矩阵见表 3 – 7。从表 3 – 7 可以看出，模型中外生变量间最大的相关系数为 0.36，同时计算得出的 *VIF* 值均小于 1.4，可以判断模型（2）中多重共线性问题很小。企业研发支出与减排管制强度在 10% 的水平上显著正相关。

表 3 – 7　　　　　　模型（2）变量之间的 Pearson 相关系数矩阵

变量	$R\&D_{i,t}/K_{i,t-1}$	$ERS_{i,t}$	$FR_{i,t-1}$	$Tobin's Q_{i,t-1}$	$CF_{i,t-1}/K_{i,t-1}$	$TL_{i,t}$	$Sub_{i,t}$	$Size_{i,t-1}$
$R\&D_{i,t}/K_{i,t-1}$	1							
$ERS_{i,t}$	0.09 *	1						
$FR_{i,t-1}$	−0.05	0.04	1					
$Tobin's Q_{i,t-1}$	0.15 ***	0.01	−0.30 ***	1				
$CF_{i,t-1}/K_{i,t-1}$	0.08 **	0.02	−0.20 ***	0.13 ***	1			
$TL_{i,t}$	−0.07 *	0.36 ***	−0.08 **	0.06	0.013	1		
$Sub_{i,t}$	0.050	0.19 ***	0.00	−0.08 **	0.106 **	0.15 ***	1	
$Size_{i,t-1}$	−0.19 ***	0.16 ***	0.36 ***	−0.34 ***	0.12 ***	−0.03	0.04	1

　　注：*** 、** 、* 分别表示结果在 1% 、5% 、10% 的水平上显著。

2. 模型（2）的回归结果及分析

　　减排管制强度与企业研发支出的回归结果见表 3 – 8。结果显示，减排管制强度的系数为 15.6% ，并且在 1% 的水平上显著，说明减排管制强度对企业的环境友好技术创新有导向性的激励作用，支持了假设 2。

同时，该结果也进一步支撑了假设 1，随着节能减排政策措施的不断完善，企业在加大环境污染治理的基本前提下，应该采取主动的环境战略，通过环境友好技术的采纳和创新，超越合规成本，获得持续优势。

表 3 - 8   模型（2）的回归检验结果

变量	系数	标准差	T - 统计量	概率
$ERS_{i,t}$	0. 156 ***	0. 008	4. 243	0. 000
$FR_{i,t-1}$	0. 060	0. 016	1. 605	0. 109
$Tobin's Q_{i,t-1}$	0. 091 **	0. 002	2. 475	0. 014
$CF_{i,t-1}/K_{i,t-1}$	0. 102 ***	0. 033	2. 911	0. 004
$TL_{i,t}$	- 0. 137 ***	0. 000	- 3. 809	0. 000
$Sub_{i,t}$	0. 046	0. 000	1. 329	0. 184
$Size_{i,t-1}$	- 0. 221 ***	0. 002	- 5. 749	0. 000
常量 C	0. 277 ***	0. 046	6. 021	0. 000

$R^2 = 0.085$，调整 $R^2 = 0.078$，F 值 $= 11.045$，$D - W = 2.038$，$P = 0.000$。

注：***、**、* 分别表示结果在 1%、5%、10% 的水平上显著。

在模型（2）控制变量中，企业的资产负债率（$FR_{i,t-1}$）与研发投资正相关。在有限责任条件下，高负债公司倾向于技术创新投资，因为技术创新投资能够为企业带来超出负债的额外收益。企业的成长能力（$Tobin's Q_{i,t-1}$）、自由现金流量（$CF_{i,t-1}/K_{i,t-1}$）均与企业研发支出显著正相关，与预期结果一致。企业的现有技术能力（$TL_{i,t}$）及企业规模（$Size_{i,t-1}$）与研发支出显著负相关，与预期结果不一致。一般来说，企业规模越大、现有技术能力越强就越有实力进行新技术的采纳和创新。对这个结果的可能解释是：有较大规模和技术能力强的企业比较容易达到环境管制机构的减排指标，与中小企业相比，其减排成本具有明显优势，问卷调查也证实这一点（见表 1 - 2），因而这类企业缺乏进一步进行环境友好技术创新的动力。

（三）减排补贴对企业环境友好技术创新激励的检验

1. 变量的描述性统计特征

变量的描述统计见表 3 – 9。从表 3 – 9 可以看出，企业获得政府补贴的均值为 8541.18，且标准差为 7958.12，说明企业的政府补贴存在较大的差异。企业的研发支出、资产负债率、成长能力、自由现金流、企业规模与现有技术能力等变量的描述与模型（1）一致。

表 3 – 9　　　　　　　模型（3）变量的描述性统计结果

变量	最小值	最大值	均值	标准差
$R\&D_{i,t}/K_{i,t-1}$	0.00	0.68	0.06	0.07
$Sub_{i,t}$	0.00	41378.60	8541.18	7958.12
$FR_{i,t-1}$	0.04	0.96	0.50	0.17
$Tobin's Q_{i,t-1}$	0.00	11.46	1.93	1.32
$CF_{i,t-1}/K_{i,t-1}$	– 0.24	0.38	0.07	0.08
$TL_{i,t}$	0.00	138382.00	28191.93	34886.25
$Size_{i,t-1}$	18.90	27.49	21.74	1.27

模型（3）变量间的 Pearson 相关系数矩阵见表 3 – 10。从表 3 – 10 看出，企业获得的政府补贴与研发支出正相关，但不显著。模型中外生变量间的共线性问题诊断同模型（2）。

表 3 – 10　　　　　　模型（3）变量间的 Pearson 相关系数矩阵

变量	$R\&D_{i,t}/K_{i,t-1}$	$Sub_{i,t}$	$FR_{i,t-1}$	$Tobin's Q_{i,t-1}$	$CF_{i,t-1}/K_{i,t-1}$	$TL_{i,t}$	$Size_{i,t-1}$
$R\&D_{i,t}/K_{i,t-1}$	1						
$Sub_{i,t}$	0.05	1					
$FR_{i,t-1}$	– 0.05	0.000	1				
$Tobin's Q_{i,t-1}$	0.15 ***	– 0.08 **	– 0.30 ***	1			
$CF_{i,t-1}/K_{i,t-1}$	0.08 **	0.11 **	– 0.17 ***	0.13 ***	1		
$TL_{i,t}$	– 0.07	0.15 ***	– 0.08 **	0.06 **	0.013	1	
$Size_{i,t-1}$	– 0.19 ***	0.04	0.36 ***	– 0.34 ***	0.12 ***	– 0.03	1

注：***、**、*分别表示结果在 1%、5%、10% 的水平上显著。

2. 模型（3）的回归结果及分析

减排补贴与企业研发支出的回归结果见表 3 - 11。从结果可以看出，减排补贴系数为 6.8%，并且在 5% 的水平上显著，说明减排补贴对企业的环境友好技术创新有直接的激励作用，支持了假设 3。控制变量资产负债率、成长能力、自由现金流、企业规模与现有技术能力等对企业技术创新的作用方向与模型（2）基本一致。

表 3 - 11   模型（3）的回归检验结果

变量	系数	标准差	T - 统计量	概率
$Sub_{i,t}$	0. 068 **	1. 983	0. 000	0. 048
$FR_{i,t-1}$	0. 063 *	1. 658	0. 016	0. 098
$Tobin'sQ_{i,t-1}$	0. 102 ***	2. 746	0. 002	0. 006
$CF_{i,t-1}/K_{i,t-1}$	0. 098 ***	2. 753	0. 033	0. 006
$TL_{i,t}$	- 0. 084 **	- 2. 471	0. 000	0. 014
$Size_{i,t-1}$	- 0. 192 ***	- 5. 024	0. 002	0. 000
常量 C	0. 271 ***	0. 046	5. 839	0. 000

$R^2 = 0.065$，调整 $R^2 = 0.059$；F 值 = 9.687，$D - W = 2.011$，$P = 0.000$。
注：***、**、* 分别表示结果在 1%、5%、10% 的水平上显著。

（四）减排管制强度挤占企业生产设备投资的检验

1. 变量的描述性统计特征

变量的描述性统计特征见表 3 - 12。从表 3 - 12 可以看出，企业生产性设备投资的最大值为 0.66，最小值为 - 0.55，标准差为 0.11，说明样本企业的生产性设备投资有较大的差异。减排管制强度、资产负债率、成长能力、自由现金流、企业规模、政府补贴与现有技术能力等变量的描述与模型（1）一致。

表 3 – 12   模型（4）变量的描述性统计结果

变量	最小值	最大值	均值	标准差
$Pr_{i,t}/K_{i,t-1}$	– 0. 55	0. 66	0. 03	0. 11
$ERS_{i,t}$	0. 20	3. 36	1. 06	0. 33
$FR_{i,t-1}$	0. 04	0. 96	0. 50	0. 17
$Tobin's Q_{i,t-1}$	0. 00	11. 46	1. 93	1. 32
$CF_{i,t-1}/K_{i,t-1}$	– 0. 24	0. 38	0. 07	0. 08
$TL_{i,t}$	0. 00	138382. 00	28191. 93	34886. 25
$Sub_{i,t}$	0. 00	41378. 60	8541. 18	7958. 12
$Size_{i,t-1}$	18. 90	27. 49	21. 74	1. 27

模型（4）变量间的 Pearson 相关系数矩阵见表 3 – 13。从表 3 – 13 可以看出，外生变量间最大的相关系数是 0. 36，并在 1% 的水平上显著，表明解释变量间基本不存在相关性。企业生产性设备投资与企业遵从的减排管制强度的相关系数为 – 0. 01，但不显著。需要通过控制变量进一步研究二者的关系。

表 3 – 13   模型（4）变量间的 Pearson 相关系数矩阵

变量	$Pr_{i,t}/K_{i,t-1}$	$ERS_{i,t}$	$FR_{i,t-1}$	$Tobin's Q_{i,t-1}$	$CF_{i,t-1}/K_{i,t-1}$	$TL_{i,t}$	$sub_{i,t}$	$Size_{i,t-1}$
$Pr_{i,t}/K_{i,t-1}$	1							
$ERS_{i,t}$	– 0. 01	1						
$FR_{i,t-1}$	0. 04	0. 04	1					
$Tobin's Q_{i,t-1}$	– 0. 18 ***	0. 01	– 0. 30 ***	1				
$CF_{i,t-1}/K_{i,t-1}$	0. 06 ***	0. 02	– 0. 17 ***	0. 13 ***	1			
$TL_{i,t}$	0. 01	0. 36 ***	– 0. 08 **	0. 06	0. 01	1		
$Sub_{i,t}$	0. 01	0. 20 ***	0. 00	– 0. 08 **	0. 11 **	0. 15 ***	1	
$Size_{i,t-1}$	0. 23 ***	0. 16 ***	0. 36 ***	– 0. 34 ***	0. 12 ***	– 0. 03	0. 04	1

注：*** 、** 、* 分别表示结果在 1%、5%、10% 的水平上显著。

表 3 – 14 得出的共线性统计量 *VIF* 均小于 1. 4，故模型（4）中外生变量间的多重共线性问题很小。

表 3 - 14　　　　　　　　**模型（4）外生变量的共线性统计量**

变量	$ERS_{i,t}$	$FR_{i,t-1}$	$Tobin'sQ_{i,t-1}$	$CF_{i,t-1}/K_{i,t-1}$	$TL_{i,t}$	$Sub_{i,t}$	$Size_{i,t-1}$
VIF	1.220	1.267	1.221	1.123	1.174	1.073	1.345

2. 模型（4）的回归结果及分析

减排管制强度与企业生产性设备投资的回归结果见表 3 - 15。从结果可以看出，减排管制强度的系数为 - 4.5%，但不显著，说明目前情况下，我国的减排管制强度没有明显的挤占企业生产设备投资的效应，假设 4 没有得到支持。

表 3 - 15　　　　　　　　**模型（4）的回归检验结果**

变量	系数	标准差	T - 统计量	概率
$ERS_{i,t}$	- 0.045	0.013	- 1.213	0.225
$FR_{i,t-1}$	- 0.062 *	0.025	- 1.648	0.100
$Tobin'sQ_{i,t-1}$	- 0.142 ***	0.003	- 3.837	0.000
$CF_{i,t-1}/K_{i,t-1}$	0.044	0.052	1.238	0.216
$TL_{i,t}$	0.031	0.000	0.849	0.396
$Sub_{i,t}$	- 0.008	0.000	- 0.226	0.821
$Size_{i,t-1}$	0.212 ***	0.003	5.466	0.000
常量 C	- 0.333 ***	0.073	- 4.554	0.000

$R^2 = 0.076$，调整 $R^2 = 0.068$；F 值 $= 9.770$，$D - W = 2.053$，$P = 0.000$。

注：*** 、** 、* 分别表示结果在 1% 、5% 、10% 的水平上显著。

在模型（4）的控制变量中，企业的资产负债率（$FR_{i,t-1}$）与生产设备投资负相关，系数为 - 0.062，且在 10% 的水平上显著。托宾 Q 值与企业生产性设备投资负相关，并在 1% 的水平上显著，出现了"反托宾"现象，这与模型（1）的结果相同。企业规模（$Size_{i,t-1}$）与生产性设备投资正相关，说明规模大的企业，投资生产设备的能力强。企业生产设备投资与企业获得的政府补贴没有显著的关系。

四、稳健性检验

（一）模型（1）的稳健性检验

为了保证研究结果的可靠性，采用以下方法对模型（1）进行稳健性检验：（1）用（购建固定资产、无形资产和其他长期资产所支付的现金）/总资产替换企业投资支出；（2）用企业销售收入增长率（$GSR_{i,t}$）替换企业的托宾 Q 值。对模型（1）进行回归检验的结果如表 3 – 16 所示。

表 3 – 16　　　　　　　　模型（1）的稳健性检验结果

变量	系数	标准差	$T-$统计量	概率
$ERS_{i,t}$	0.060 *	0.010	1.615	0.107
$FR_{i,t-1}$	− 0.014	0.021	− 0.366	0.714
$GSR_{i,t}$	0.110 ***	0.004	3.227	0.001
$CF_{i,t-1}/K_{i,t-1}$	0.114 ***	0.042	3.220	0.001
$TL_{i,t}$	− 0.062 **	0.000	− 1.686	0.092
$Sub_{i,t}$	0.035	0.000	1.005	0.315
$Size_{i,t-1}$	0.126 ***	0.003	3.352	0.001
常量 C	− 0.133 *	0.055	− 2.420	0.016

$R^2 = 0.055$，调整 $R^2 = 0.047$；F 值 $= 6.839$，$D - W = 2.102$，$P = 0.000$。

注：*** 、** 、* 分别表示结果在 1%、5%、10% 的水平上显著。

表 3 – 16 的回归结果显示，企业的投资支出与减排管制强度正相关，并在 10% 的水平上显著，与模型（1）的研究结论一致；控制变量系数的符号也基本没有发生实质性的改变，说明模型（1）的结论是稳健的。

（二）模型（2）的稳健性检验

对模型（2）进行稳健性检验时，参照 Diego Prior 等（2009）的稳健性检验方法，将样本企业分为东部与中西部两组，分别进行回归检验，检验结果如表 3 – 17 所示。

表 3 – 17　　　　　　　　模型（2）的稳健性检验结果

变量	东部企业	中西部企业
$ERS_{i,t}$	0.010 *** (4.084)	0.016 * (1.955)
$FR_{i,t-1}$	0.024 ** (2.175)	0.022 ** (2.372)
$Tobin's Q_{i,t-1}$	0.003 (1.407)	0.003 ** (2.263)
$CF_{i,t-1}/K_{i,t-1}$	0.252 (1.191)	0.041 (1.240)
$TL_{i,t}$	- 0.034 *** (- 3.600)	- 0.012 ** (- 1.780)
$Sub_{i,t}$	0.021 (0.134)	0.017 ** (2.133)
$Size_{i,t-1}$	- 0.003 *** (- 4.126)	- 0.003 *** (- 4.550)
常量 C	0.275 *** (4.203)	0.358 *** (5.028)
R^2	0.073	0.118
F 值	5.725	7.780
P	0.000	0.000

注：*** 、** 、* 分别表示结果在 1% 、5% 、10% 的水平上显著，括号内数字为 t 值。

从表 3 – 17 的结果可以看出，企业研发投资与减排管制强度正相关，并在 1% 和 10% 的水平上显著，这与模型（2）的回归结论是一致的。同时，控制变量的系数的符号也没有发生实质性的改变，说明模型（2）的结论是稳健的。

（三）模型（3）的稳健性检验

参照 Diego Prior 等（2009）的稳健性检验方法，对模型（3）进行稳健性检验时，将样本企业分为东部与中西部两组，分别进行回归，检验结果如表 3 - 18 所示。

表 3 - 18　　　　　　　　模型（3）稳健性测试回归结果

变量	东部	中西部
$Sub_{i,t}$	0. 053 ** （2. 644）	0. 045 ** （2. 224）
$FR_{i,t-1}$	0. 024 * （2. 281）	0. 022 （0. 375）
$Tobin'sQ_{i,t-1}$	0. 093 * （1. 950）	0. 003 * （2. 265）
$CF_{i,t-1}/K_{i,t-1}$	0. 053 （0. 884）	0. 041 *** （3. 246）
$TL_{i,t}$	- 0. 074 ** （- 2. 310）	- 0. 012 * （- 1. 782）
$Size_{i,t-1}$	- 0. 023 *** （- 2. 995）	- 0. 003 *** （- 4. 578）
常量 C	0. 066 *** （3. 758）	0. 068 *** （3. 758）
R^2	0. 038	0. 105
F 值	5. 758	9. 099
P	0. 000	0. 000

注：***、**、* 分别表示结果在 1%、5%、10% 的水平上显著，括号内数字为 t 值。

从表 3 - 18 可以看出，企业研发支出与政府补贴正相关，并且在 5% 的水平上显著，与模型（3）的研究结论一致。控制变量系数的符号也没有发生实质性的改变，说明模型（3）的结论是可靠的。

（四）模型（4）的稳健性检验

为了验证模型（4）结果的可靠性，采用以下方法进行稳健性检验：（1）以企业的固定资产增长率替换企业的生产设备投资；（2）用企业的销售收入增长率（$GSR_{i,t}$）替换托宾 Q 值。对模型（4）进行回归检验的结果如表 3 - 19 所示。

表 3 - 19　　　　　　　模型（4）的稳健性检验结果

变量	系数	标准差	T - 统计量	概率
$ERS_{i,t}$	- 0.039	0.013	- 1.507	0.121
$FR_{i,t-1}$	- 0.042	0.025	- 1.070	0.302
$GSR_{i,t}$	- 0.021	0.013	- 1.020	0.308
$CF_{i,t-1}/K_{i,t-1}$	0.027	0.052	0.706	0.480
$TL_{i,t}$	0.022	0.000	0.664	0.520
$Sub_{i,t}$	- 0.009	0.000	0.225	0.824
$Size_{i,t-1}$	0.254 **	0.003	6.768	0.000
常量 C	- 0.580 ***	0.068	- 6.085	0.000

$R^2 = 0.061$，调整 $R^2 = 0.053$；F 值 $= 7.69$，$D - W = 2.051$，$P = 0.000$。
注：***、**、* 分别表示结果在 1%、5%、10% 的水平上显著。

从表 3 - 19 的结果可以看出，企业的生产设备投资与减排管制强度负相关，但不显著，与模型（4）的研究结论一致。控制变量系数的符号也并没有发生实质改变，进一步验证了模型（4）的研究结论。

五、结论及政策启示

以 2008 ~ 2011 年污染行业的 A 股上市公司为研究样本，基于企业所处行业和地区省份的减排管制政策，研究了减排管制强度对企业的投资支出、环境友好技术的研发投资支出、生产性设备投资支出等投资行为的影响。研究结果发现：

（1）企业的总投资支出与减排管制强度显著正相关，说明减排管制强度有利于引导企业增加投资。在现有减排管制条件下，规模越大的企业投资能力越强，而技术能力差的企业投资受到约束，需要增加大量的投资进行环境友好技术的采纳和升级。

（2）减排管制强度对企业的环境友好技术创新有导向性的激励作用。但是，规模大和技术能力强的企业比较容易达到环境管制机构的减排指标，与中小企业相比，其减排成本具有明显优势，这类企业反而缺乏进一步进行环境友好技术创新的动力。同时，减排补贴对企业的环境友好技术创新有直接的激励作用。而且，在目前情况下，我国的减排管制强度没有明显地挤占企业生产设备投资的效应。

减排管制强度对企业投资行为的影响的研究结论为节能减排激励政策的进一步细化提供了启示：在我国工业化的现实阶段，提高减排管制强度在微观上不会影响企业的投资规模，也不会挤占企业的生产性投资，而对企业的环境友好技术创新有明显的激励作用。但是，技术能力较好的规模企业由于减排成本的优势，在环境友好技术创新方面可能存在动力不足的问题。因而，在政策工具的选择上，技术能力较好的规模企业可以侧重于排污权交易；对中小规模的企业而言，由于节能减排涉及企业流程、生产技术和产品的全面转型升级，应成为政府减排补贴的重点支持对象。

第四章 节能减排与企业融资成本和杠杆选择

第一节 问题提出与文献回顾

一、问题的提出

200多年的工业发展促进了全球经济增长、在带来社会财富增加和经济繁荣的同时，也引起了既成事实的环境污染、生态破坏和气候变化。政府间气候变化专门委员会（Intergovernmental Panel on Climate Change，IPCC）报告称，引起气候变化的主要原因是人类行为对环境的影响，而企业组织作为主要的生态破坏者理应承担责任、并发挥作用以解决其对环境的负面影响。为推动企业节能减排，世界上许多国家运用了强制性的行政、法律手段和环境经济政策，尤其重视充分发挥以市场机制为基础的金融政策的激励作用，通过制定合适的环境金融政策，以更为灵活、有效的方式控制企业的污染排放、改善环境质量。环境金融政策在应对环境问题上的有效性已成为全球共识，因而从政策上建立和完善节能减排为导向的金融服务体系体现了国际金融服务一个引人关注的趋势。国际金融业为如何更好地履行环境保护责任提供了许多建设性的意见，如赤道原则①已经成为项目融资领域的国际惯例和行业标准，包括花旗、渣打、汇丰在内的 40 余家大型跨国银行已明确实行赤道原则，在贷款和项目资助中强调企业的环境和社会责任。在实践中，赤道原则虽不具备法律条文的效力，但却成为金融机构不得不遵守的行业准则，在很大程度上，赤道原则已成为国际项目融资市场的通行证。根据 Dealogic 提供的数据，遵循赤道原则的项目融资规模在 2003 ~ 2011 年翻了 3 倍，从 1134 亿美元增加至 4083 亿美元。环境管制法和环境金融激励政策使银行或金融机构将企业环境风险全面整合于信贷风险管理，在加拿大的商业银行，90% 以上的信贷资产、抵押贷款进行了系统的环境风险审查，具有良好环境业绩的借款人的借款能够获得更好的定价（O-laf Weber，2012）。由此可见，融资政策在环境保护中的作用日益显现出有效性。

我国转型期的经济增长方式在取得经济快速发展的同时，也付出了巨大的资源和环境代价，经济发展与资源环境的矛盾日趋尖锐，公众对环境污染问题（如大气污染、水污染、工业废弃物排放增多）反应强烈。随着两型社会和生态文明建设上升到国家战略层面，中央政府为了实现节能减排的战略目标对高耗能、高污染（"两高"）行业企业实施了越来越严格的融资管制②，商业银行通过"名单式"管理方式，以及差别化风险定价、经济资本占用系数调整、专项拨备等方法，严格控制对

---

① 赤道原则（the equator principles，EPs）是 2002 年 10 月世界银行下属的国际金融公司和荷兰银行，在伦敦召开的国际知名商业银行会议上，提出的一项企业贷款准则。这项准则要求金融机构在向一个项目投资时，要对该项目可能对环境和社会的影响进行综合评估，并且利用金融杠杆促进该项目在环境保护以及周围社会和谐发展方面发挥积极作用。

② 1995 年中国人民银行下发了《关于贯彻信贷政策与加强环境保护工作有关问题的通知》，较早地就企业环境影响的债务融资提出规制。2007 年中国银监会发布《节能减排授信工作指导意见》，对"两高"企业的授信作出了更为具体的规定，2010 年中国银监会联合人民银行出台《关于进一步做好支持节能减排和淘汰落后产能金融服务工作的意见》。在股权融资方面，2001 年、2003 年、2007 年中国证监会和环保总局相继对重污染行业的 IPO 融资、股权再融资提出环保核查。

高污染、高能耗和产能过剩行业的信贷投放，坚决清理和退出不符合国家产业政策的项目或行业的存量授信。2008 年以来，"两高"行业中钢铁、铁合金、水泥、电解铝、电石、焦炭、火力发电等贷款占全年贷款总额的比重连续下降，2008 年比 2007 年下降 0.2 个百分点，2010 年较 2009 年下降了 0.37 个百分点[①]。2013 年的钢铁、水泥、平板玻璃、常用有色金属冶炼、船舶五大过剩产业的信贷余额比 2012 年下降 3.26%。与之相反，绿色信贷的规模在不断增加。银监会年报显示，截至 2014 年 6 月，21 家主要银行机构节能环保项目和服务贷款余额占其各项贷款的 6.43%[②]。

在企业经营方面，近年来的"康菲漏油"、紫金矿业"污染门"等企业经营引起的环境事故频频发生，外部危害颇为严重，不仅关涉社会稳定，也影响到企业自身的持续发展。随着全社会环保意识的增强，利益相关者越来越关注公司的环保信息，企业环境风险会直接损害企业形象和声誉，并受到产品市场和资本市场的负面回应，影响利益相关者对企业未来收益的预期，降低企业价值甚至导致企业破产。事实上，我国企业的节能减排问题已越来越引起利益相关者的关注和重视。各种相关政策的出台和实施以及社会对企业环保期望的提高对企业的经营战略和融资行为都产生了一定的影响，企业感受到了前所未有的压力；而且，节能减排作为根本性的环境责任引入企业，必将导致企业调整原有的经营战略和财务决策，使企业在原来的生产工艺中充分考虑环境因素并进行新的成本与利润权衡，其结果可能与企业利润最大化的目标相违背。

从财务学的观点来看，政府以及利益相关者针对企业环保要求的融资规制，势必引起企业融资行为的变化，并诱导企业作出策略性的财务回应。一方面，由于环境问题或潜在的环境风险可以导致借入资金利息

---

① 中国银行业协会（http://www.china-cba.net）公布的中国银行业社会责任报告。
② 《中国银行业监督管理委员会 2013 年报》。

率的上升，进而导致计算股东价值的折现率的上升（史迪芬·肖特嘉、罗杰·希里特，2004），追求价值最大化的企业将调整融资结构，以降低融资成本。另一方面，企业潜在的环境损害往往具有长期性，不易被社会发现，且补偿的成本可能远远超出企业的财务能力。在这种情况下，只承担有限责任的企业伤害人会预期到巨大的财务赔偿，有可能从事更为严重的环境损害及过度的杠杆行为，从而增加银行信贷风险和环境损害的社会补偿成本。因此，在我国银行主导型的融资体系下，节能减排责任如何影响企业的融资成本及融资杠杆选择是一个极其重要的现实问题，它不仅关系到企业转型升级的价值创造和持续发展，而且关系到节能减排激励政策的执行效果。

二、文献回顾

企业环境责任（或环境风险）、环境管理与融资决策的联系在企业环境损害后的财务赔偿讨论和企业社会责任研究中受到重视，并在近年的碳会计研究中不断深化。按照研究内容可以归纳为两个方面：一是社会责任（包括环境业绩）与融资成本的关系；二是在环境管制下企业环境责任对财务杠杆的影响。

（一）社会责任、环境业绩与融资成本

环境管制与其他非政府利益相关者对企业社会和环境业绩的重视，使一些企业的融资需求受到约束而不能匹配其战略决策。有优良社会业绩的企业构建了与利益相关者互动合作机制，限制了短期机会主义的可能，进而减少全部契约成本（Jones，1995；Benabou and Tirole，2010）。良好的社会业绩往往会通过社会披露向市场发送信号，表明其对社会和环境的影响，显示其改进内部控制系统及进一步改进合规和增加报告的可信度，这就增加了数据的可得性，减少企业与投资者之间的信息不对

称，降低代理成本、交易成本和团队生产成本，从而减少企业的融资约束和融资成本（Benabou and Tirole，2010）。内涵环境业绩的企业社会业绩可以通过影响融资成本来作用于财务业绩，El Ghoul 等（2011）运用资本成本模型，以企业社会责任披露指数得分度量企业社会责任的履行情况，通过对美国 12915 家样本企业 1992～2007 年间的年观察值进行实证研究表明，社会责任可以改善雇员关系、环境政策、产品的可持续发展战略等，这些因素导致权益资本成本的降低；社会责任得分高的企业的资本成本要比社会责任得分低的企业低，企业社会责任在总体上与企业资本成本有显著负相关关系。在控制了行业、年份等影响因素之后进一步发现，由于烟草、核能源行业对环境影响的不确定性，而具有更高的权益资本成本。沈洪涛等（2010）研究证实，我国再融资环保审查政策及其执行力度能显著影响环境信息披露与权益资本成本的关系。

减少温室气体排放要求企业考虑碳许可交易、低碳排放技术的投资、碳合规成本及碳监管推高价格而增加的成本问题。Ratnatunga 和 Balachandran（2009）提出，对碳成本的忽视将在产品市场和补贴市场的竞争中成为失败者，这会恶化企业的融资条件，增加融资成本。

（二）环境责任、环境风险与企业融资决策

企业如何履行环境责任既反映了企业管理环境风险的能力也是获得外部融资的重要约束条件。Pollard 等（2004）从技术、社会与经济的角度分析了环境损害的空间、时间、不可逆性、潜伏性，刻画社会对企业引起的现实或潜在的环境损害风险及环境风险管理决策。但在有限责任条件下，企业产生的环境伤害可能超过其资产，在损害赔偿中企业变成"无能力履行判决"（judgment-proof）的"消失的被告人"（disappearing defendant）。在美国，1980 年的《全面环境反应、补偿和负债法（CER-CLA）》，导致有些银行不得不承担那些资不抵债的顾客（企业）发生的修复成本，即贷款人"负债"（史迪芬·肖特嘉、罗杰·希里特，

2004）。因而，企业环境损害增加了破产的可能性，并且由于企业环境损害风险的规模巨大和潜伏性，企业可能通过增大财务杠杆来规避巨大的环境损害赔偿。这方面的具体研究包括：

（1）企业承担完全环境损害情况下的融资决策。Ulph 和 Valentini（2004）在 Feess 和 Hege 的研究基础上构建了理论模型证实，如果仅仅对污染企业施加有限的环境责任会增加企业对银行借贷的使用。他们应用美国工业行业的企业数据得出，仅仅由企业承担环境责任会使银行贷款增加 15% ~20%。

（2）债权人承担连带责任对企业融资决策的影响。一方面，债权人将企业的环境损害风险纳入考虑范围并以此来提高其资金的价格，而利率的提高对企业最直接的影响就是债务融资成本的增加（史迪芬·肖特嘉、罗杰·希里特，2004）。Garber 和 Hammit（1998）运用 73 家化工企业的数据进行了回归分析实证，债权人承担连带责任会增加大企业的债务融资成本。Heyes（1996）认为，债权人承担连带环境责任对利率的影响是不确定的，当逆向选择的影响大于道德风险的影响时，利率的增加会导致融资成本的增加。另一方面，债权人承担连带责任影响企业的财务杠杆比率。Feess 和 Hege（2003）认为，面对可能的巨大和潜在的环境损害风险，通过发行公司债券向社会公众融资的企业将会大量借入债务，因为债权人监督企业的交易成本过高，选择公众债务的企业会利用外部监督弱化的优势，过度借债，导致企业债务融资过多，财务杠杆比率上升；同时，如果银行债务的成本低于向公众发行债务的成本，部分企业最初会选择银行债务融资，但随着银行监控企业环境风险的能力的增强，这些企业可能从银行债务转向向社会公众发行公司债务，财务杠杆比率会发生相应的调整。Ulph 和 Valentini（2004）研究指出，债权人承担连带责任情况下当银行债务的收益超过成本时企业会选择银行债务融资；如果将环境责任扩展至银行，企业借贷水平比只有企业承担责任的借贷水平低，企业财务杠杆比率下降，但与企业不承担责任相比，企业将较少利用银行债务融资，而倾向于向社会公众发行公司债务。

（3）强制财务担保条件下企业融资决策。Feess 和 Hege（2000，2003）引入了一个存在监督与激励的模型证明，基于风险中性假设，在企业承担全部环境责任时，强制性财务担保制度可以使企业财务杠杆达到最优或接近于最优水平，该最优水平与企业财富是否充足没有关系；如果企业只承担部分责任且愿意接受监督，那么企业财务杠杆可以实现次优。进一步，Feess 和 Hege（2003）将讨论延伸到了企业经理是风险规避者的情景，证实了只要补偿性的财富转移能够被允许，最优的责任制度设计还是企业承担全部责任时的强制财务担保。Kambia-chopin（2007）也证明了强制财务担保制度下企业承担全部责任与财务杠杆的最优水平具有一致性。陈银飞、茅宁（2007）分析了社会损害赔偿责任的延伸影响企业财务杠杆选择。

此外，强制性次级债务可以优先保证环境损害被害人的赔偿金，这种财务安排一方面意味着企业将不能通过大量增加债务融资甚至破产来逃避环境损害责任，有助于控制企业财务杠杆的过度升高并改善企业预防环境损害的激励，使企业的债务水平与项目实际需要的资金量相等，但将债务的清偿权从优先变为次优的转换也在一定程度上挫伤了企业的积极性（Che and E. Spire，2008）。

三、简要的评论与研究的拓展

环境风险、碳合规融资与碳市场的发展，使环境敏感行业企业的融资成为节能减排政策的重要关注点。环境敏感行业企业融资成本和杠杆选择既受到环境金融政策的影响，同时也在一定程度上影响一个国家或地区的环境金融政策走向。通过上述文献的梳理和总结发现：

（1）随着企业环境损害赔偿风险的增加，承担有限责任的企业伤害人会预期到巨大的财务赔偿，有可能从事更为严重的环境损害及过度的杠杆行为，从而增加银行信贷风险和环境损害的社会补偿成本。在严格的融资环保审查情况下，优良环境业绩的企业具有更好的融资通道；环境损害赔偿责任影响企业在银行债务与向公众发行公司债务之间做出决策，并进一步影响企业财务杠杆的选择。但已有的研究忽视了企业转型的制度背景，也没有考虑地方政府与同级环保机构监督的合谋问题。

（2）节能减排管制政策会引起企业融资的策略行为，并影响融资成本和杠杆选择，国内学者大都局限于从理论上分析环境经济政策执行效果、政府与企业的环境规制合约设计、环境管制下的融资约束等问题。有关减排绩效或环境风险管理与融资成本、减排管制下企业减排责任与财务杠杆选择等问题并未受到理论关注，也缺乏实证结论。

本书基于我国融资体系的特征，探讨企业节能减排绩效与融资成本的关系；引入合谋问题拓展了基于环境责任的企业融资决策模型，并以重污染行业上市公司进行实证检验，以便在融资市场方面提出更有针对性的节能减排激励政策，推动企业转型升级和持续价值创造。

第二节　节能减排绩效与融资成本

一、环境风险、融资条件与融资成本的关系

企业环境风险源于直接或潜在的不良环境行为，是企业经营活动所导致的排出物、排放物、废弃物以及资源枯竭等对生物体和环境造成不利影响的实际或潜在威胁（Maged M. Hamed et al.，1997），往往表现为企业不遵从现有与将来的相关法规和标准（Anghelache C.，2011）。与环境问题相关的风险具有很强的系统特征，这种风险一旦被确认，贷款人和保险公司将不会提供和签订那些面临系统性环境因素引起的财务风

险的贷款和保险合同（史迪芬·肖特嘉、罗杰·希里特，2004）。如今，以增强环境风险管理能力的节能减排绩效或称"碳管理业绩（carbon management performance）""经济—生态效益"成为最重要的融资条件。

在银行信贷市场，环境风险导致信贷违约的比率日趋上升。例如，银行接受房地产抵押作为贷款的担保而没有核查场地或建筑污染，所计算的担保价值会高于存在土壤污染情况下的市场价值。更具体地说，贷款人的环境风险会进一步放大银行信贷风险。首先，由于贷款企业的经营活动引起了土地或建筑物等的污染，面对巨大的污染修复成本，银行接受的被污染的土地或房地产抵押品的价值受到重大影响。其次，在环境管制的驱动下企业被迫进行环保技术投资，但由于财务能力的限制贷款企业可能处于财务困境（Olaf Weber et al.，2010）；而且，环境管制政策变革、消费者或产业的环境态度改变等因素使企业的一些产品不能再销售，甚至"关停并转"，进一步恶化贷款企业的现金流。最后，如果银行与企业的业务引起了环境或社会问题，利益相关者认为银行的融资项目在环境或社会方面存在较大的负面影响，银行将面临巨大的社会声誉风险。因而，大多数银行考虑将环境风险作为信贷风险的评估过程（Weber et al.，2008）。世界银行和国际金融公司（IFC）发布了综合环境风险进入信用风险评估的详细指南，为商业银行信贷风险管理提供参考。

以降低环境风险、提高银行环境声誉的融资条件的改变在多个方面影响着企业的融资成本。

（1）风险管理成本。在财务上，信贷管理全过程中的综合环境风险管理是银行日常程序，这个程序也就是实施更好的交易对手风险管理。

（2）银行合规成本。银行应将环境风险整合到它们的信贷风险管理过程使其业务具有合法性，而不会因为放款产生负面环境影响成为不负责任的企业公民。近几年，环保金融政策对企业分配的环境责任为企业融资设置了新的障碍。国家各项政策均要求银行业建立绿色信贷机制，把信贷结构调整与国家经济结构紧密结合，严格控制高耗能、高污染行业的信贷投放。各商业银行在国家环保授信指导意见的要求下，对各自原有的信贷政策作了改动，增加了环保项目评审作为信贷审批的必要条件。如国家开发银行严控高耗能高污染行业贷款、中国农业银行对企业信贷采取环保一票否决。这样一来，企业的融资就被环保问题锁住，增加了债权融资的难度，同时间接影响了企业的融资成本。

（3）利益相关者代理成本。银行有动机将环境风险的管理集成到信贷管理流程来满足它们的利益相关者，如客户、股东或社会公众。

如图 4-1 所示，环境风险进入银行信贷评估以后，企业的融资成本会随银行的环境信贷合规管理成本上升而有所上升。其中，C_0是没有环境风险情况下的融资成本；C_r表示银行信贷程序中环境风险审查的合规成本，也是监管机构关于银行环境信贷风险的强制性和日常审查所发生的成本，正常情况下银行信贷在环境评估方面的合规成本是不变的；C_s是利益相关者代理成本，在正常的环境信贷合规管理中，利益相关者对银行环境风险管理的认知处于稳定的满意状态，但随着环境信贷风险的增加，利益相关者的风险认知期望提高，利益相关者代理成本上升；C_m是银行信贷环境风险的管理成本，随着利益相关者代理成本的上升，银行的风险管理成本相应地上升。

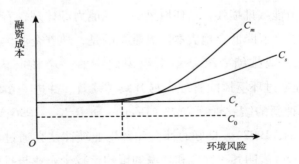

图 4-1　环境风险与融资成本的关系

对于污染源企业或者具有潜在的环境损害的企业来说，其股权融资要受到环境监管机构的环境审查（audit）。具体而言，企业在获得股权融资前，需要提供环境评审报告及现场审查，甚至需要对环境报告的多次反复修改，以达到国家规定的环境标准，企业在这个过程付出了管理成本和机会成本；当企业实现了既定的股权融资目标以后，资本市场将对企业的环境风险做出评估，进而影响企业进一步融资的成本。

二、节能减排绩效与融资成本相关性的研究假说

尽管金融机构、环境监管机构已经将环境风险管理纳入企业的融资条件，具有良好节能减排绩效，或者碳管理业绩（carbon management performance）等级的企业能够优先进入融资通道，获得发展所需要的资金。但在理论和实证上，环境风险与融资成本的关系仍然存在诸多争议。从企业持续发展的角度审视，全球价值链竞争与资本 市场的健康运行，要求企业重视社会和环境业绩，降低社会和环境风险；在一个有效的资本市场上，上市公司的减排绩效好，发生环境风险的概率就大大降低了，企业的市场表现会更好，投资者的风险回报率相应地降低，企业的总融资成本也因此下降。

企业的节能减排绩效，是环境风险管理能力的体现，有助于增进企业的环境合法性、降低合规成本。更重要的是，随着企业生态效率竞争优势的到来，减排绩效又是整个组织效率的一个核心内容（IIRC，2013）；企业通过环境风险管理来提升减排绩效、并进一步增进组织效率已成为一种新的绩效管理方法（Deephouse D. L.，1996；M. V. Russo and P. A. Fouts，1997）。良好的社会和环境业绩往往会通过社会披露向市场发送信号，表明其对社会和环境的影响，减少企业与投资者之间的信息不对称，降低代理成本、交易成本和团队生产成本，从而减少企业的融资约束和融资成本（Benabou and Tirole，2010）。El Ghoul 等

（2011）通过对美国企业的实证研究表明，企业社会责任在总体上与企业资本成本有显著负相关关系；烟草、核能源行业对环境的影响具有不确定性，有更高的权益资本成本。

从风险与收益的对称关系来看，企业提升减排绩效而降低环境风险，投资者将在相同的风险条件下获得更多的回报，或者在相同的报酬水平上降低了投资的系统风险，投资者所要求补偿的回报率下降。同时，随着企业减排绩效的提高，其经营行为和动态更能够得到利益相关者的认同，不仅增进了合法性，而且增加了企业的生态声誉（邓学衷，2014），因而，市场将以更低的权益成本来奖励这类具有合法性和生态声誉的企业。根据以上分析，提出假设1：

H1：节能减排绩效与企业的权益融资成本负相关。

公司财务理论表明，债务融资的成本主要源于企业的违约风险。企业的违约风险是企业未来经营过程所产生的不确定性给债权人带来的损失。企业未来经营活动的不确定性越大，负债质量就越低，债权人不能按时收回本金和利息的可能性越大，债务融资成本就越高。在环境管制日趋严格的情况下，第一，企业环境风险引起的损害增加并具有潜伏性，债权人将企业的环境损害风险纳入考虑范围并以此来提高其资金的价格，而利率的提高对企业最直接的影响就是债务融资成本的增加（史迪芬·肖特嘉、罗杰·希里特，2004）；而减排绩效优良的企业因环境风险引发的违约风险很小，债务融资的成本自然下降。第二，严格的环境监管往往迫使企业进行环保技术投资，但由于财务能力的限制债务企业可能处于财务困境（Olaf Weber et al.，2010）；环境政策变革、消费者的环境态度改变等因素使企业的一些产品不能再销售，甚至"关停并转"，会进一步恶化债务企业的现金流。相反，提高减排绩效，能够增强企业的环境风险管理能力，减少企业遭遇极端环境事件如石油泄漏、危险物倾倒等巨额补偿或清理成本支出的大量现金流出，降低企业的违约风险，进而降低债务融资成本。第三，减排绩效对企业债务融资成本的影响还表现为政府贴息补贴的作用。在各国的环境金融政策中，政府为减排重点企业提供一定的利息补贴是一种常见的激励手段，意在改进企业内部流程的环保设计项目，往往可以得到政府的补贴支持（N. Darnall et al.，2006）。从财务能力看，政府贴息不仅直接减少企业的债务融资成本，而且增加企业当期的可使用资金数量，促使企业增加当期的环境治理或者环境友好技术的投资支出，提高减排绩效，降低企业的环境风险管理；更进一步，政府贴息给市场发送了企业的积极信号，扩大了企业的债务融资通道，也有利于降低债务融资成本。既然良好的减排绩效降低了企业的环境风险，企业在债务市场的违约风险就相应地减少。正因为如此，市场就会通过更低的利率要求以及由此形成的较低的债务融资成本来补偿企业违约风险的减少。基于以上分析，提出假设2：

H2：节能减排绩效与企业的债务融资成本负相关。

在企业的债务和股权融资组合中，其最优杠杆水平随着风险管理水平而上升，风险管理又表现为企业运用权益资本的策略选择（Leland，1998）。当企业风险管理能力不断提高时，易于获得良好的市场声誉，市场对企业的风险认知降低；企业相应地将一部分权益融资转向债务融资增加财务杠杆，而提高债务水平会产生较高的税盾效应，这又将进一步激励企业增加债务融资以降低边际债务融资成本。为了向投资者和其他利益相关者表达环境友好公民的积极形象，有较高减排绩效的企业倾向于披露更多的社会和环境信息，以吸引了更多的投资者（El Ghoul S. et al.，2011；Dan S. Dhaliwal et al.，2011）。这就意味着，企业通过提高减排绩效增强了环境风险管理能力，减少了环境风险暴露，不仅降低了股权融资成本，而且可以有效利用财务杠杆，提高债务融资水平，进而降低加权融资成本。因此，随着减排绩效的提高，降低了企业的环境风险，将会使企业获得一个更低的加权融资成本。根据以上分析，提出假设3：

H3：减排绩效与企业的加权融资成本负相关。

三、节能减排绩效与企业融资成本相关性的实证检验

（一）样本选择与变量定义

本书按照证监会 2001 年颁布的《上市公司行业分类指引》，环境保护部 2008 年颁布的《上市公司环保核查行业分类管理名录》（环办函〔2008〕373 号）中规定的重污染行业，并将其合并成食品饮料业、石化塑胶业、水电煤企业、金属非金属业、造纸印刷业、生物医药业、纺织服装皮毛业和采掘业等八大类。样本筛选遵循以下标准：（1）我国节能减排政策"十一五"规划于 2006 年年底开始实行，深交所从 2007 年开始选取样本；上交所从 2008 年开始发布环境信息披露标准，因而上交所从 2008 年开始选取样本。（2）剔除资料不全公司、ST 或 PT 公司以及数据异常公司、金融保险类公司，最后得到 617 家研究样本。其中，2007 年 33 家公司，2008 年 160 家公司，2009 年 138 家公司，2010 年 144 家公司，2011 年 142 家公司。样本公司减排绩效的度量指标以年报内容分析法为基础，所有环境信息资料均通过阅读社会责任报告、企业年报、中国统计年鉴、企业可持续发展报告、环境报告书及中国环境网等渠道手工搜集整理而成；样本公司年度报告来自巨潮资讯网、深交所和上交所官方网站以及样本公司的官方网站，其他财务研究数据来源于 CSMAR 数据库。所有连续变量按照分布的 1% 和 99% 分位值进行了缩尾（winsorize），以控制异常值的影响。

估算企业的融资成本，需要理解融资成本原理及计算方法。按照融资成本理论，企业融资包括债务融资和权益融资，其加权融资成本是债务融资成本和权益融资成本的加权平均数。企业的税后加权平均融资成本可以表示为：

$$W_k = \left(\frac{E}{D+E}\right)r_E + \left(\frac{D}{D+E}\right)r_D(1-T) \qquad (4.1)$$

其中：E = 企业权益的市场价值，权益资本的市场价值等于该企业股票价格乘以其总股本数；D = 企业债务的市场价值，以账面价值替换；r_E = 企业权益融资成本；r_D = 企业债务融资成本；T = 企业所得税税率，为企业该年度平均所得税税率，根据年度损益表中的利润总额和净利润计算得出，即 T = (利润总额 − 净利润)/利润总额 ×100%。

关于债务融资成本的计算，国外学者主要是使用标准普尔的上市公司债务评级指标，通过分别赋值来计算得出的。根据国内通用的测量方法和实证数据的可获得性，这里用债务所支付的成本与年末计息负债的比值来估算债务融资成本。计算公式为：

债务融资成本 = (资本化利息 + 费用化利息)/年末计息负债

计息负债 = 长期借款 + 应付债券 + 长期应付款 + 短期借款

+ 一年内到期的长期债券 + 其他长期负债

在权益融资成本的估算中，剩余收益折现模型被研究者广泛采用，并已发展出 4 种变形的估算模型：CT 模型、PEG 模型、GLS 模型、OJN 模型之一的 PEG 模型。Plumlee 和 Botosan（2005）的研究发现，在这些常用的股权资本成本估计模型中，r_{PEG} 和 r_{DVI} 估计权益资本成本的效度最高。Easton（2004）证实，用盈余价格比（PE）和 PEG 方法来估计企业的权益资本成本，相对简便。本章采用 PEG 模型，即盈利增长和股票价格来计算权益资本成本，计算方法为：

$$r_E = \sqrt{(eps_2 - eps_1)/P_0} \qquad (4.2)$$

其中，eps_1 为分析师预测的每股盈利 1 年后的预测平均值，eps_2 为分析师预测的每股盈利 2 年后的预测平均值，P_0 为企业当年年末的股票价格。

为了使检验更加准确，在研究中对可能影响企业融资成本的其他因素加以控制。参考国内外的相关研究，如 Easton P. D.（2004）、L. Hassel 等（2005）、Sharfman M. P.（2008）、Jacobs B. W.（2010）、王立彦等（2006）、沈洪涛等（2010）、叶成刚等（2015）等人的成果，具体选择的控制变量包括市场波动性（β）、企业规模（CS）、盈利能力（ROA）、财务杠杆（Lev）、经营风险（$Oprisk$）、成长性（B/M）。各变量定义及度量方法如表 4 - 1 所示。

表 4 - 1　　　　　　　　　　变量定义及度量方法

变量类型	变量名称	变量符号	定义及计量
内生变量	债务融资成本	r_D	（资本化利息 + 费用化利息）/年末计息负债
	权益融资成本	r_E	$r_E = \sqrt{(eps_2 - eps_1)/P_0}$
	加权融资成本	W_k	方程（4.1）
外生变量	减排绩效	REP	根据节能减排绩效评价指标体系计算得出
控制变量	企业规模	CS	总资产的自然对数
	盈利能力	ROA	净利润/总资产
	财务杠杆	Lev	负债总额/资产总额
	经营风险	$Oprisk$	非流动资产/总资产
	成长性	B/M	总资产账面价值/市场价值
	市场波动性	β	年贝塔系数

（二）节能减排绩效的评价及度量

环境业绩、碳业绩是环境会计研究中最重要的实证研究变量，但其指标选取、内涵界定及计量方法在国际上并没有统一的口径，只有可供参考的指南。从已有的实证文献中发现，环境业绩、碳业绩（或减排绩效）等变量的度量指标在内容上存在差异，但一些主要指标是相同的（Sharfman M. P.，2008；Le Luo and Qingliang Tang，2014）。从环境风险的视角来评价企业减排绩效最主要的特点是，当一个企业具有良好的减排绩效时，利益相关者预期其发生环境风险的可能性很低。

对于减排绩效的具体度量，Konar S. 等（2001）运用有毒污染物释放总量指标（TRI）来反映企业的环境风险，而有毒污染物排放的减少既是环境风险的降低，也是减排绩效的提升。国际学界广泛运用的 KLD 指数选择了包括公司环境方面的罚款记录、废弃物处理、有毒物质排放、资源回收效果、废弃物和污染排放减排量效果、环保产品及服务等综合指标衡量企业环境业绩水平。近年来，一些研究者以化学排放物作为环境业绩的替代变量（Al-Tuwaijri et al.，2004；Clarkson et al.，2008）。加拿大和澳大利亚等发布国家污染排放目录（National Pollution Release Inventory，NPRI）数据或国家污染物目录（National Pollutant Inventory，NPI）数据库，以计量污染排放方面的绩效（Clarkson et al.，2011）。由于温室气体排放是公众关注的一个聚焦点，Le Luo 和 Qingliang Tang（2014）以碳排放水平度量碳业绩，具体包括碳排放业绩和碳减缓业绩两个方面，替代指标有：（1）CO_2 的总排放密度（即相对于一定经济产出量的碳排放量），用温室气体（GHG）排放总量占总销售收入的比来计量；与绝对排放量相比，该指标考虑了商品和服务产出的易变性。（2）经过调整的行业 CO_2 排放密度，用企业总排放密度减去行业均值。（3）排放指数，用于测量企业相对于历史上或其他排放标准是否降低了排放水平。（4）等值权重指数，考虑到排放指数权重的争议性，用等值权重指数作为附加变量。然而，他们关于碳业绩指标的核心内容仍然是反映资源能源的利用效率及污染物的减排水平。由于企业对环境的负面影响产生的环境风险是多维度的、具有不确定性和潜在性，且国内没有统一的排放目录数据库。参照学界已有的度量方法，基于企业环境风险管理的节能减排绩效用综合指标的模糊综合评价测量比较合适。按照数据的可得性，以 2008 年上海证券交易所发布的《上市公司环境信息披露指引》、环境保护部 2010 年的《上市公司环境信息披露指南》，将节能减排绩效指标分为三类：一级指标即环境管理、资源能源利用效率、污染和其他排放物减少；二级指标与具体因素指标的解析流程如表 4 – 2 所示。

表 4 – 2　　　　　　减排绩效三级指标解析及计算方法

一级指标	二级指标	因素指标	指标评分依据和方法
企业减排绩效 REP（A）	环境管理（B_1）	环境管理体系（含通过 ISO14000 认证，环保"三同时"制度及环境保护计划目标等）（C_1）	根据披露的环境管理体系的条数，包括环境保护计划、目标等评分
		环保培训（C_2）	根据一年中环保培训的次数来评分
		废物处理收入（C_3）	废物处理收入/主营业务收入
		环保产品研发收入（C_4）	环保产品收入/主营业务收入
		环保投资率（C_5）	环保投资/年总投资 ×100%
		环保公益（C_6）	根据每年做的环保公益的项目数来评分
	资源能源利用效率（B_2）	节约能源制度、措施（C_7）	节约能源制度和措施的条数来评分
		单位产值能耗（C_8）	主要原材料消耗/主营业务收入
		废物处理收入（C_9）	环保产品销售/主营业务收入
		环保产品研发（C_{10}）	环保产品研发成本/主营业务成本
		环保投资率（C_{11}）	环保投资/年总投资 ×100%
		环保公益（C_{12}）	根据每年做的环保公益的项目数来评分
	污染和排放物减少（B_3）	减少废气排放制度措施（C_{13}）	废弃排放制度和措施的条数
		废气减排量（C_{14}）	根据社会责任报告、可持续发展报告、环境保护部网站和环境报告等披露所得
		减少废水排放的制度措施（C_{15}）	废水排放制度和措施的条数
		废水减排量（C_{16}）	根据社会责任报告、可持续发展报告、环境保护部网站和环境报告等披露所得
		减少固体废弃物制度措施（C_{17}）	固体废弃物制度和措施的条数
		固体废弃物排放量（C_{18}）	根据社会责任报告、可持续发展报告、环境保护部网站和环境报告等披露所得
		"三废"综合利用率（C_{19}）	根据社会责任报告、可持续发展报告、环境保护部网站、环境报告和中国统计年鉴等披露所得
		减少温室气体排放制度措施（C_{20}）	温室气体排放制度和措施的条数
		温室气体减排量（C_{21}）	根据社会责任报告、可持续发展报告、环境保护部网站和环境报告等披露所得

在具体操作中，运用三级指标的综合评价方法有明显的优点：第一，克服了不同污染行业中各因素分级标准和达标标准不一致的问题。第二，所有定量指标均按企业披露的数据分成五个等级，每个等级的平均分及以上分为一类，平均分以下的与下一级的平均分以上的定义为一类，分数在五级以下的全部定为第五级，实现评价标准的统一。第三，根据会计信息的决策有用性，假定评分指标中的每一项对信息使用者的决策来说具有相同的效用，对每一级的平行指标赋予相同的权重，避免了层次分析中权重设置的主观性。

在以上分析的基础上，运用公式 $REP = \sum_{i=1}^{5} b_i \times d_i$ 得出企业减排绩效总分，其中：b_i 为通过计算得出的模糊评价隶属度向量；d_i 表示减排绩效各等级的数值。表 4 - 3 是减排绩效得分与等级之间的对应分值。同时，由于得出的绩效总分区间只是比较性的，最后的减排绩效指数用总得分与最优披露得分的比值来确定。

表 4 - 3　　　　　　　　减排绩效得分与等级区间对应分值

减排绩效得分	< 30	30 ~ 49	50 ~ 69	70 ~ 90	> 90
绩效等级	五级	四级	三级	二级	一级

（三）回归模型的构建

为了检验假设 1，采用的回归模型（1）为：

$$r_E = \alpha_0 + \alpha_1 REP + \alpha_2 ROA + \alpha_3 Lev + \alpha_4 \beta + \alpha_5 Oprisk + \alpha_6 CS + \varepsilon \quad (4.3)$$

其中：r_E 是企业的权益融资成本，为被解释变量；企业的减排绩效指数（REP）为解释变量。同时，模型还控制了对企业权益融资有重要影响的变量：市场波动性（β）、企业规模（CS）、盈利能力（ROA）、财务杠杆（Lev）、经营风险（$Oprisk$），ε 为随机扰动项。

为了检验假设 2，采用的回归模型（2）为：

$$r_D = \beta_0 + \beta_1 REP + \beta_2 Lev + \beta_3 Oprisk + \varepsilon \qquad (4.4)$$

其中：r_D 是企业的债务融资成本，为被解释变量；企业的减排绩效指数（*REP*）为解释变量。同时，模型还控制了对企业债务融资有重要影响的财务杠杆（*Lev*）、经营风险（*Oprisk*），ε 为随机扰动项。

为了检验假设 3，采用的回归模型（3）为：

$$W_k = \alpha_0 + \alpha_1 REP + \alpha_2 \beta + \alpha_3 Oprisk + \alpha_4 ROA + \alpha_5 Lev + \alpha_6 B/M + \varepsilon \quad (4.5)$$

其中：W_k 是企业的加权融资成本，为被解释变量；企业的减排绩效指数（*REP*）为解释变量。同时，模型还控制了对企业融资成本有重要影响的变量：市场波动性（β）、盈利能力（*ROA*）、财务杠杆（*Lev*）、经营风险（*Oprisk*）、企业成长性（*B/M*），ε 为随机扰动项。

在减排绩效与融资成本之间的关系检验中，考虑到企业环境披露行为决策中可能存在的内生性问题，研究将在最小二乘法（OLS）估计的基础上进一步采取两阶段最小二乘法（TSLS）。具体做法是：基于国内外已有的研究成果，将企业规模、经营风险、盈利能力、β 系数、财务杠杆和企业融资成本作为解释变量对企业减排绩效进行回归，根据主要影响变量的回归方程估计企业减排绩效指数；之后再以企业减排绩效指数的估计值作为解释变量代入回归模型（1）、（2）、（3）进行回归。

（四）描述性统计与回归结果及分析

1. 变量的描述性统计特征

变量的描述性统计特征见表 4－4。结果发现：样本企业债务融资成本的均值为 0.03，标准差为 0.11，表明样本企业的债务融资成本有较大的差异；权益融资成本的均值为 0.13，最大值为 0.45，标准差为 0.07，说明权益融资成本有很大差异；加权融资成本的均值为 0.07，标准差为 0.04，也有较大的差异。企业的减排绩效得分最大值是 29.15，均值为 23.70，标准差为 1.45，说明减排绩效在不同企业之间没有明显的差异，而且减排绩效得分区间值不高。样本企业的资产负债率的均值为 0.52，总体处于合理的区间。企业成长能力的均值为 0.68，成长性一般。此外，经营风险和规模均存在明显的差异。

表4-4 变量的描述性统计结果

变量	最小值	最大值	均值	标准差
r_D	-1.38	0.70	0.03	0.11
r_E	0.00	0.45	0.13	0.07
W_k	-0.03	0.29	0.07	0.04
REP	21.01	29.15	23.70	1.45
CS	20.00	27.75	22.57	1.38
ROA	-0.15	0.48	0.06	0.06
Lev	0.01	0.94	0.52	0.17
β	0.13	1.50	1.02	0.20
B/M	0.00	1.48	0.68	0.27
$Oprisk$	0.02	0.96	0.55	0.21

模型中变量间的 Pearson 相关系数矩阵见表4-5。由此可以看出，外生变量间的相关系数最大为 0.494，并在 1% 的水平上显著，表明外生变量间存在共线性的可能性较小。通过共线性统计量诊断，方差膨胀因子 VIF 均小于 2，故模型（1）、模型（2）、模型（3）中不存在严重的共线性问题。企业债务融资成本、权益融资成本、加权融资成本与减排绩效的相关系数为 -0.005、-0.086 与 -0.165，但债务、权益融资成本与减排绩效的关系不显著，还需要进一步的分析。

表 4－5　　变量间的 Pearson 相关系数矩阵

	r_D	r_E	W_k	REP	CS	ROA	Lev	β	B/M	Oprisk
r_D	1									
r_E	0.096**	1								
W_k	0.406***	0.661***	1							
REP	-0.005	-0.086	-0.165***	1						
CS	0.001	0.092**	-0.168***	1.000***	1					
ROA	-0.134***	-0.145***	0.021	0.017	0.006	1				
Lev	0.249***	0.200***	-0.210***	0.335***	0.354***	-0.380***	1			
β	0.060	0.052	0.072*	-0.228***	-0.228***	-0.206***	0.065	1		
B/M	0.115**	0.318***	0.120***	0.488***	0.494***	-0.288***	0.335***	-0.049	1	
Oprisk	0.087**	0.051	0.140***	0.125***	0.131***	-0.074	-0.022	-0.005	0.180***	1

注:***、**、*分别表示结果在1%、5%、10%的水平上显著。

2. 模型的回归结果及分析

权益融资成本与减排绩效的回归结果见表 4 – 6。从结果可以发现，减排绩效系数为 0.028，与权益融资成本不存在显著的负相关关系，表明减排绩效对权益融资成本的影响是不确定的，没有支持假设 1。这个结果的可能原因是：一方面，我国是银行主导型融资模式，企业的债务融资占主导地位；另一方面，权益融资受到环保核查的约束，企业在既有的减排目标下选择债务融资。从控制变量看，总资产收益率与企业的权益融资成本负相关，财务杠杆与权益融资成本正相关，说明财务风险越高，权益融资成本越高。

表 4 – 6 模型（1）的回归检验结果

变量	系数	标准差	T – 统计量	概率
常量 C	0.037	0.052	0.714	0.475
REP	0.028	0.025	1.102	0.271
ROA	– 0.103 *	0.053	– 1.959	0.051
$Debt$	0.075 ***	0.022	3.398	0.001
β	0.011	0.014	0.781	0.435
$Oprisk$	0.015	0.013	1.168	0.243
CS	0.001	0.002	0.412	0.681

$R^2 = 0.052$，调整 $R^2 = 0.042$；$F = 5.522$，$D – W = 1.781$，$P = 0.000$。

注：*** 、** 、* 分别表示结果在 1%、5%、10% 的水平上显著。

债务融资成本与减排绩效的回归结果见表 4 – 7。从结果可以看出，减排绩效系数为 – 0.009，并在 1% 的水平上显著负相关，表明减排绩效对债务融资成本有显著影响，支持了假设 2；同时结合模型（1）的回归结果说明，在权益融资的环保核查背景下，减排绩效在企业债务融资中起到重要作用。在控制变量方面，企业经营风险与企业债务融资成本正相关，说明债务融资对经营风险比较敏感。资产负债率与企业债务融资成本正相关，表明财务风险高的企业，债务融资成本较高。

表 4 - 7　　　　　　　　　　模型（2）的回归检验结果

变量	系数	标准差	T - 统计量	概率
常量 C	0.110	0.073	1.497	0.135
REP	− 0.009 ***	0.003	− 2.777	0.006
Lev	0.198 ***	0.028	7.038	0.000
Oprisk	0.060 ***	0.021	2.786	0.005

$R^2 = 0.082$，调整 $R^2 = 0.078$；$F = 18.245$，$D - W = 1.859$，$P = 0.000$。

注：*** 、** 、* 分别表示结果在 1%、5%、10% 的水平上显著。

加权（综合）融资成本与减排绩效的回归结果见表 4 - 8。结果表明，减排绩效的系数为 − 0.018，并在 1% 的水平上显著，验证了加权融资成本与企业减排绩效负相关的假设 3，表明减排绩效对加权融资成本有显著影响。另外，控制变量中的经营风险、财务杠杆、成长性均对加权融资成本有显著的影响。

表 4 - 8　　　　　　　　　　模型（3）的回归检验结果

变量	系数	标准差	T - 统计量	概率
常量 C	0.201 ***	0.031	6.506	0.000
REP	− 0.018 ***	0.004	− 5.051	0.000
β	0.013	0.008	1.583	0.114
Oprisk	0.021 ***	0.007	2.781	0.006
ROA	0.041	0.03	1.348	0.178
Lev	− 0.060 ***	0.01	− 5.787	0.000
B/M	0.046 ***	0.007	6.575	0.000

$R^2 = 0.140$，调整 $R^2 = 0.132$；$F = 16.489$，$D - W = 1.804$，$P = 0.000$。

注：*** 、** 、* 分别表示结果在 1%、5%、10% 的水平上显著。

（五）稳健性检验

为了检验以上回归结果的可靠性，我们对模型的结果进行了稳健性检验。具体检验方法是：首先，将全部样本按照其隶属性质划分为公用事业类样本、非公用事业类样本两组，然后对模型（1）重新进行回归。

其次，借鉴现有研究，在模型（2）中，用没有考虑资本化利息的债务融资成本、总资产周转率替换模型中的债务融资成本和经营风险变量；在模型（3）中，用没有考虑资本化利息的债务融资成本、每股净资产/每股市价替换模型中的债务融资成本和成长性变量，然后分别进行回归。模型（1）的稳健性检验结果见表4-9。

表4-9　　　　　　　　模型（1）的稳健性检验结果

变量	非公共事业类样本	公共事业类样本
常量 C	0.015（0.181）	0.048（0.863）
REP	-0.010（-0.242）	0.024（0.924）
ROA	-0.155*（-1.837）	-0.050（-0.870）
Lev	0.038（0.970）	0.072***（3.275）
β	0.040*（1.669）	-0.015（-1.000）
$Oprisk$	0.005（0.223）	0.007（0.501）
CS	0.004（0.926）	0.001（0.418）
R^2	0.058	0.072
调整 R^2	0.039	0.053
F 值	3.100***	3.851***

注：***、**、*分别表示结果在1%、5%、10%的水平上显著，括号内为 t 值。

从表4-9可以看出，经过样本分类以后的回归检验，减排绩效与权益融资成本之间正负相关关系不确定，且不显著，与表4-6的回归结果比较，系数均未发生异常的变化，说明模型（1）的结论是可靠的。

模型（2）和模型（3）的稳健性检验结果见表4-10。

表4-10　　　　　　模型（2）和模型（3）的稳健性检验结果

变量	模型（2）	模型（3）
常量 C	0.115（1.559）	0.187***（6.135）
REP	-0.008**（-2.314）	-0.017***（-4.634）
β		0.013（1.580）
$Oprisk$	-0.007（-0.803）	0.026***（3.457）

续表

变量	模型（2）	模型（3）
ROA		0.041（1.334）
Lev	0.192 *** （6.823）	− 0.041 *** （− 3.984）
B/M		0.043 *** （6.165）
R^2	0.072	0.133
调整 R^2	0.067	0.125
F 值	15.692 ***	15.543 ***

注：*** 、** 、* 分别表示结果在 1%、5%、10% 的水平上显著，括号内为 t 值。

从表 4 - 10 的稳健性测试结果可以看出，企业的债务融资成本和加权融资成本与减排绩效的系数分别为 − 0.008、− 0.017，并在 5%、1% 的水平上显著，说明模型（2）和模型（3）的回归结果具有较好的稳健性。

四、结论及政策启示

以 2007 ~ 2011 年污染行业的 A 股上市公司为研究样本，基于环境风险的视角构建企业减排绩效评价体系，研究了企业减排绩效对企业的债务融资成本、权益融资成本和加权融资成本的影响。研究结果发现：权益融资成本与减排绩效不存在显著的相关关系，表明企业的减排绩效没有对权益融资成本产生实质性的影响；债务融资成本与减排绩效显著负相关，说明企业减排绩效对债务融资成本有显著影响；加权（综合）融资成本与减排绩效显著负相关，表明企业减排绩效在总体上对企业融资成本有显著的影响。研究结论部分地支持了环境管理的成本优势理论（Christmann P.，2000）与自愿披露的资本成本理论（Edwige Cheynel，2013）。

以上研究结论具有政策和管理意义：（1）在我国产业调整和升级的进程中，减排绩效已直接影响了企业的融资成本，具有内在的财务激励作用；但由于企业减排绩效整体上并不高，减排合规（或达标）是企业必须面对的压力，在权益融资的严格环保核查下，减排绩效主要在企业债务融资中发挥作用，因此，进一步提高企业的减排绩效需要融资的环保核查与减排补贴相结合，提高污染源企业的减排标准。（2）在企业财务管理上，环境风险已成为企业参与全球价值链竞争和资本市场融资的新风险源，企业创建减排绩效管理体系和评价框架，进而提高减排绩效以降低环境风险的行为，不是单纯的成本支出，而是一种具有战略利益的投资，对企业建立持续竞争优势具有长期作用。

第三节　节能减排管制下企业财务杠杆选择

从企业融资的角度，节能减排管制制度对企业的市场融资行为具有双重效应：一方面，融资的事前监管使企业的环境风险成为融资的约束条件，并影响融资成本；另一方面，企业环境风险引发的环境损害及其责任分配机制又直接影响了企业的当期财务收益，进而影响未来的融资通道和成本。基于融资通道和成本的考虑，企业响应节能减排管制制度将在财务上做出策略回应，通过合适的杠杆选择实现预期利润最大化。

在国际社会，如美国、欧盟等国，减排管制及其相应的环境金融政策对企业的环境损害责任建立了三种分配机制：（1）企业单方面独自承担环境污染带来的全部损害（包括直接损失、清理费用和赔偿金）；（2）信贷机构（如银行）与企业共同分担环境损害，即在企业没有能力支付环境损害赔偿额时，信贷机构被追索为损害赔偿人；（3）强制性财务担保，就是要求那些可能对环境造成重大污染损害的企业事前提供能够承担潜在损害赔偿的证明。财务担保的形式包括：企业自己提供的财务担保、有偿债能力的第三方（如银行）提供财务担保、企业购买保险等。

一、减排管制下企业财务杠杆选择的基本模型

（一）模型的假设及构建

以市场主导型的融资体系为背景，Feess 和 Hege（2003）提出企业环境责任与融资结构的关系模型，说明了企业在环境损害责任的不同分配机制下如何进行融资结构决策。但是，Feess 和 Hege（2003）的模型包括银行、公司债券的购买者两个外部融资人，参与人是企业与外部融资者，忽视了监管机构的作用。基于此，我们以国内银行主导型融资体系为背景，进行以下假定：（1）贷款人（银行或信贷机构）为企业唯一的外部融资者，参与人包括企业、银行或信贷机构、环境监管机构，它们之间的相互作用最终决定了企业的财务杠杆选择。（2）企业内部不存在委托代理问题，管理者属于风险中性者；环境监管机构制定规章制度来控制环境污染事件的发生并且环保机构完全严格执行整顿关停政策。

企业拥有一个投资项目，项目总投资额为 I，所有者的自有资金为 W，债务融资为 I_D，股权融资额为 $I - I_D$[①]，项目收益 $R(I_D)$ 是债务 I_D 的函数。假设函数 $R(I_D)$ 是严格的凹函数，I_D^* 是最优融资结构所需的债务，且 I_D^* 满足 $R'(I_D^*) = 0$，且 $0 < I_D^* < I$；项目运行可能造成的环境污染损害为 D，损害发生的概率 $p(e)$ 是 e 的函数，e 是企业为防止环境污染损害而付出的努力成本。

假设 $1 \geq p(e) \geq 0$，$p'(e) < 0$，且 $p''(e) > 0$，即企业所付出的成本越大，损害发生的概率越小，e 增加的幅度越大，$p(e)$ 下降的幅度越小。那么，努力成本 e 的最优水平需满足的条件是：e 的边际成本与预期环境损害的边际递减量相等，即 $p'(e) D = -1$。

---

① 假设企业出资人的自有资金是 W，可以满足最优融资结构的股权部分。

（二）基本模型的建立及企业相应的杠杆选择

情形1：企业不承担污染损害责任。这时，企业事前降低环境污染的努力成本 $e = 0$，环境污染带来社会损害的概率为 $p(0)$，企业的利润则为：$W + R(I_D) - I$；企业的环境污染损害 $p(0)D$ 由社会承担。显然，这是一种没有效率的减排管制制度。这时的社会净收益为：$W + R(I_D) - p(e)D - I - e$，债务融资的最优水平为 $I_D = I_D^*$，满足企业最优杠杆的选择。

情形2：企业承担污染损害责任 L（$L \leqslant D$）。假设企业净资产的清偿顺序是：债务优先于污染损害赔偿金、污染损害赔偿金优先于企业的股东权益；同时，环境监管机构对企业进行监督，当银行与环境监管机构对企业污染的监控成本分别为 m、t 时，可以监控到企业预防污染（或减排）的努力程度 e，q、q_1 表示监控概率。在环境监管机构严格执行污染企业关停政策的情况下，一旦企业被环境监管机构查出未按照要求进行污染减排控制，企业将不可能获得任何收益。

当企业经营者与银行签订信贷契约以后，社会福利总函数 SW 为：

$$SW = W + R(I_D) - I - p(e)D - e - qm - q_1 t \qquad (4.6)$$

式（4.6）说明，在企业承担污染损害责任的情况下，由于环境监管机构和银行对企业污染实施双重监控，企业融资结构的杠杆选择依赖于企业进行污染减排的努力成本、银行监控成本及环境监管机构的监控成本。显然，当社会福利总函数 $SW \geqslant 0$ 时，企业的项目才能够继续运行。

二、减排管制下企业财务杠杆选择模型的扩展

在污染减排管制制度中，企业的环境损害责任存在三种分配机制，现分别在基本模型的基础上进行讨论。

（一）企业承担全部污染损害责任的财务杠杆选择

企业一旦发生环境污染事件，其损害往往是巨大的，并具有长期的潜伏性，企业对此损害有完全的信息；环境监管机构对污染源企业实施严厉的关停管制政策，企业发生环境污染损害后，不可能获得任何收益。在只有企业承担环境污染损害赔偿责任时，如果环境监管机构规定的污染损害数量 $L = D$，那么，企业的效用函数 U^{S}[①] 为：

$$U^S = W + [1 - p(e)][R(I_D) - I_D] - (I - I_D) - e^S - q_1 t \qquad (4.7)$$

如果企业预期没有环境污染损害的概率为 $1 - p$，这时企业将获得的收益为 $R(I_D) - I_D$；不然，企业将走向破产。根据前文的清偿顺序假定，企业债务清偿优先于污染损害赔偿金，银行为了节约监控成本，不对企业的环境风险进行监控。这时，环境监管机构参与企业的污染监控，则企业的代理成本增加为 $q_1 t$。在式（4.7）中，得到最大化的 I_D 必须满足：

$$R'(I_D) = \frac{-p(e)}{1 - p(e)} < 0 \qquad (4.8)$$

最优债务水平满足 $R'(I_D) = 0$，所以 $I_D > I_D^*$，企业倾向于过度进行债务融资，即做出提高财务杠杆的选择。

以上理论模型说明，在只有企业承担环境污染损害赔偿责任时，企业倾向于过度进行债务融资，做出提高财务杠杆的选择。这种选择产生两个后果：一方面，企业过度债务融资的机会主义行为，提高了财务杠杆，使融资结构偏离最优状态，不利于企业的价值管理；另一方面，企业发生巨大的污染损害后，由于其净资产无法清偿相关损失，该损失就只能转嫁给社会，成为公共损失，降低了社会福利。

---

① S 表示环境污染损害赔偿由企业承担。

（二）贷款人承担污染损害连带责任的企业财务杠杆选择

当企业发生污染损害时，如果污染损害赔偿额大于企业投入 I_D 所产生的净收益，在有限责任效应的作用下，企业预防环境污染的激励较弱，企业的财务杠杆也将偏离最优水平（Shavell，1986）。于是，企业污染损害赔偿的责任分配机制引入了减排管制的制度设计。

企业污染损害赔偿责任扩展到贷款人（如银行等信贷机构）以后，贷款人要对企业的污染损害承担连带赔偿责任。也就是满足条件：$R(I_D) \geq D$。此时，贷款人（银行）为了不使其投入的信贷资金 I_D 受到企业环境风险的侵蚀，银行会采取两项措施：一是提高污染源企业的借款成本；二是加强企业的污染排放监控。假设企业借款成本增加为 $\alpha(I_D)$，且 $\alpha'(I_D) = \lambda$（其中，$0 < \lambda < 1$）。此外，环境监管机构对污染企业的严格关停处罚也可能使贷款人遭遇企业破产而无法还债的风险。于是，贷款人（银行）将对企业收取附加费用 βI_D（其中，$0 < \beta < 1$）。这样，贷款人要求增加的借款成本为 $C = \alpha(I_D) + \beta I_D$。那么，企业的效用函数 U^{L}[①] 为：

$$U^L = W + R(I_D) - I - p(e)L - e - (\alpha(I_D) + \beta I_D) - qm - q_1 t \quad (4.9)$$

式（4.9）中企业效用达到最大化时，I_D 满足条件：$R'(I_D) = \lambda + \beta$，$I_D < I_D^*$，企业的债务融资不足。也就是说，企业做出了降低财务杠杆的选择。

贷款人（银行）为了降低贷款的环境风险，通过提高企业的借款成本和加强贷款后企业的污染排放监督，可以在一定程度上影响企业的污染控制决策。然而，由于企业的污染损害程度在企业与贷款人（银行）之间存在信息不对称问题，企业具有降低污染控制成本，将污染损害赔

---

① *L* 是企业的贷款人对企业的污染损害有连带财务责任。

偿风险转嫁给贷款人（银行）的机会主义行为。

在企业与贷款人（银行）就污染损害责任分配机制的重复博弈过程中，企业与贷款人将逐步建立关系型信贷契约，发展长期合作关系。企业与贷款人的关系型信贷契约是一种"双赢"机制：对企业而言，关系型信贷契约可以降低融资成本，增加企业市场价值；对贷款人（银行）而言，企业没有转嫁污染损害责任的机会主义动机，降低了信贷资产的环境风险。

假设企业每年都投资相同的项目，且投资额的时间价值为 Ω。在关系型信贷契约的作用下，企业的污染控制没有机会主义行为的激励，贷款人（银行）没有必要对企业经营过程中的污染减排进行监控，也就不会增加企业的借款成本。环境监管机构作为公共福利的维护者，仍然要对企业污染排放进行监控。在这种情况下，一旦企业发生环境污染损害，项目财务无力承担全部的赔偿金额。按照污染损害责任的分配机制，贷款人（银行）将先承担赔偿责任。基于贷款人与企业之间的关系型信贷契约，企业的期望效用函数为：

$$U^{L1} = \frac{1+\Omega}{\Omega}(W + R(I_D) - I - p(e)L - e - q_1 t) \qquad (4.10)$$

式（4.10）中，企业效用最大化时，I_D 满足条件：$R'(I_D) = 0$，$I_D = I_D^*$；企业实现了价值最大化的融资安排。这就意味着，企业做出的财务杠杆选择是最优的，有利于提高企业的市场价值并增加社会福利。

以上模型说明，企业污染损害赔偿责任扩展到贷款人（银行）以后，随着贷款人借款成本 α 的增大，企业会做出降低财务杠杆的选择，不利于企业市场价值的最大化管理；而且，在贷款人与企业之间就污染损害分配的非重复博弈过程中，企业具有向贷款人转嫁损害的机会主义行为。随着贷款人与企业之间的关系型信贷契约的建立和巩固，不仅降低了企业的借款成本，也降低了贷款人（银行）的监控成本，企业的财务杠杆选择达到最优，实现了企业价值和社会福利的最大化。

（三）强制性财务担保下的企业财务杠杆选择

在强制性财务担保机制下，企业所有者有完全的财务能力保证自己能够承担污染损害赔偿额，显然，$L = D$ 达到了污染责任分配的最优水平。在贷款人与企业之间的博弈关系中，由于信贷市场的竞争性和环境监管机构对公共利益的维护，企业发生环境污染损害时要赔偿的金额，实际包括了污染损害费用、贷款人（银行）监控成本及环境监管机构的监控成本，如受到可能的罚款。为避免代理成本，企业具有运用全部财务资源 W 进行担保的激励。随着担保机制的实施，环境监管机构的监控成本向担保机构转移。$q_1 t$ 表示担保机构的监控成本。根据企业财务能力，有两种情形可供讨论。

情形1：当企业具有足够的财务实力时，即 $W \geq L - (R(I_D) - I_D)$，企业可以实现自我担保。目标效用函数 $U^{F①}$ 为：

$$U^{F1} = W + R(I_D) - I - p(e)L - e - q_1 t \tag{4.11}$$

效用最大化的条件满足 $I_D = I_D^*$，说明企业做出的财务杠杆选择是最优的。

情形2：当企业的财务实力不足时，即 $W < L - (R(I_D) - I_D)$，企业不能实现自我担保。此时，企业可以从第三方（银行或保险公司）获得担保，如果企业付出的担保费用为 μ，那么，

$$\mu = p(e)\left[L - (W + R(I_D) - I_D) + \mu\right] \tag{4.12}$$

$$\mu = \frac{p(e)\left[L - (W + R(I_D) - I_D)\right]}{1 - p(e)} \tag{4.13}$$

这时，企业的效用函数为：

$$U^{F2} = (1 - p(e))(W + R(I_D) - I_D - \mu) - e - (I - I_D) - q_1 t \tag{4.14}$$

---

① 指企业财务能力不足时从第三方获得担保。

将式（4.13）代入式（4.14）得：

$$U^{F2} = W + R(I_D) - I - p(e)L - e - q_1 t \qquad (4.15)$$

在式（4.15）中，效用最大化时，I_D 满足 $R'(I_D) = 0$，$I_D = I_D^*$。也就是说，企业的财务杠杆选择是最优的。

与美国、德国等欧美国家的强制财务担保机制不同，我国倾向于采取环境污染责任险的形式来为企业的污染损害提供财务担保。

当企业购买了环境污染责任险后，企业环境风险的监控转移到保险机构。对保险机构而言，一方面，要对企业的事前污染预防进行监控，付出监控成本 s，以便保证企业尽最大的努力减少污染损害；另一方面，一旦企业发生污染损害事故，保险机构将承担完全的赔偿责任，这时，保险机构将收取保险费 f，$f = \dfrac{p(e)L}{1 - p(e)}$。那么，企业的效用函数为：

$$U^3 = W + R(I_D) - I - f - e - s \qquad (4.16)$$

$$U^3 = W + R(I_D) - I - \frac{p(e)L}{1 - p(e)} - e - s \qquad (4.17)$$

在式（4.17）中，企业效用最大化时，I_D 满足条件 $R'(I_D) = 0$，$I_D = I_D^*$。也就是说，企业做出了最优的财务杠杆选择。

以上分析说明，在环境污染损害的财务担保机制下，随着第三方担保的引入，无论企业是否拥有足够的财务实力来承担赔偿，企业均会做出最优财务杠杆选择；同时，由于企业污染控制的监督成本转移到担保机构，担保机构在实施监管过程中的责任与利益关系更加明确，这就进一步降低了环境监管机构的监督成本，增加了社会福利。从企业环境污染损害赔偿的履行看，财务担保在事前就明确了污染损害赔偿额度，提高了减排管制制度的执行效率。

三、审计合谋下企业应对污染损害分配机制的财务杠杆选择

在以上模型的讨论中，没有考虑环境监管机构与污染源企业可能的

合谋问题。但在环境监管的实践中，由于某些共同的利益或者政治关联，环境监管机构在对企业的污染排放控制进行审计核查时，可能被污染源企业收买。因此，需要引入环境污染控制的审计合谋机制，进一步分析企业应对污染损害责任分配机制的财务杠杆选择行为。

（一）环境污染损害责任分配中的审计合谋机制

环境监管机构对污染源企业的污染监管是一个管制与被管制的关系。根据拉丰（Laffont）、梯若尔（Tirole）的新规制经济学理论，规制结构分为两层：规制机构（监督者）与国会（委托人）。规制结构的确定，为使用标准的代理理论方法提供了条件。这样，在两层的规制结构中，生成了两个层次的委托代理关系：一是规制机构与被规制企业之间的委托代理关系；二是作为政治委托人的国会与规制机构之间的委托代理关系（拉丰、梯若尔，2004）。从我国的环境监管制度来看，拉丰、梯若尔模型所描述的委托代理关系与我国有关环境责任监管中的委托代理关系有相似之处。可以将我国环境监管中的代理关系描述为：一是中央政府委托地方政府的环境监管机构（环保局）对所属区域的污染源企业进行监督，形成一种委托代理关系；二是各级地方政府的环境监管机构与企业之间是一种规制与被规制的委托代理关系。

在我国独特的行政体制下，地方政府、隶属于地方政府的环境监管机构（环保局）、污染源企业三者之间存在一定的相互依赖关系。根据 Ma Xiaoying 和 Ortolano（2000）与 Zhang Xuehua（2005）的研究，地方环境监管机构（环保局）高度依赖于地方政府，主要表现为：（1）同级地方政府决定环境监管机构（环保局）的各项预算资金、工作人员的办公场馆建设，甚至决定环境监管机构（环保局）使用车辆的补贴，等等；（2）同级地方政府决定环境监管机构（环保局）的官员在行政上的升迁和任命；（3）地方政府的收入依赖于当地企业的发展，地方政府的官员也经常因为地方产业的发展而获得行政上的升迁。

上面的分析表明，地方政府、隶属于地方政府的环境监管机构（环保局）、污染源企业三者之间的相互依赖关系在本质上是一种共同的利益和政治关联（官员任命、升迁），因而在现有产业升级的技术和成本约束下，地方政府要求所属环境监管机构（环保局）对企业的发展进行一定的保护，国内发生的企业环境污染案例如紫金矿业（601899）、闰土股份（002440）、神华集团等均有地方政府保护的影子。这样，当环境监管机构（环保局）作为环境审计核查机构的环保局对企业的污染排放控制进行核查时，往往会听命地方政府的招呼，与企业形成合谋关系。

不失一般性，为了简化模型，这里假设环境监管机构（环保局）的环境污染审计核查行为听命于同级地方政府的意愿，环境监管机构（环保局）与同级地方政府将构成一个利益共同体。考虑这种情景来建立模型：当中央政府作为上级要求下级地方环境监管机构（环保局）严格执行环境污染控制政策（节能减排）时，中央政府与下级地方环境监管机构（环保局）是一种委托代理关系，地方环境监管机构（环保局）作为审计核查监督机构对污染源企业的污染减排控制进行监督，企业有可能收买环境监管机构（环保局），二者形成合谋机制。这样，环境污染损害的责任分配将影响企业的财务杠杆选择。

（二）环境审计核查合谋情境下的企业财务杠杆选择

在实践中，污染减排管制强度的提高会增加污染源企业收买环境监管机构（环保局）的激励。当企业与环境监管机构（环保局）达成合谋协议后，环境监管机构（环保局）对企业的技术能力、减排成本及污染排放信息不可能全面掌握。在不对称信息情况下，环境监管机构（环保局）作为企业污染排放控制的审计核查机构，是一个"理性人"，必然会追求自身效用（如增加预算、获得行政上的升迁机会）的最大化，利用监管机构的职权来"创造租金"。污染源企业作为被审计核查者，其目的是降低污染控制成本，甚至获得减排补贴等利益，也就是"寻求租金"。环境污染审计核查合谋机制下企业有寻租、不寻租两种策略。相应地，环境监管机构面对企业的寻租也有接受租金、拒绝租金两种策略，现分情况讨论，并得出合谋的条件。

情形 1：企业运用寻租策略。假设 F 为企业与环境监管机构（环保局）合谋承诺的租金。寻租成功后，企业将获得超额利润，一旦企业在寻租过程中的合谋行为被发现，企业将受到严厉惩罚，δ 为企业寻租被发现的概率（$0 < \delta < 1$）。在企业寻租成功的情况下，环境监管机构与企业会达成以下协议：

当企业承担完全污染损害责任时，环境监管机构与企业进行讨价还价，其结果是企业要求降低污染排放标准或获得更多的污染排放许可。

当按照强制财务担保机制进行污染损害担保时，合谋情况下环境监管机构会不考虑企业的财务能力，允许企业以自我担保的方式进行污染损害的财务担保。

情形 2：企业不运用寻租策略。这时，企业的经营行为是按照环境监管机构的污染控制标准和指标进行正常生产，其所得利润可能小于企业寻租成功后的利润。

根据污染源企业的寻租策略，假定企业对环境监管机构（环保局）的寻租行为获得成功，并产生了利润 π，寻租过程中被发现后的处罚为罚金（$F1$）加上行政或承担法律责任的潜在经济损失（P_L）。如此，企业寻租的预期收益为：

$$U_{11} = \delta(-F - F1 - P_L) + (1 - \delta)(\pi - F)$$

如果企业不运用寻租策略，自然不存在寻租支出，也不可能获得超额利润。企业按照环境监管机构的污染排放标准组织生产，能够获得的正常利润为：$U_{12} = R$。

从企业的利益动机来看，只有当它运用寻租策略后获得的总收益大于或等于不运用寻租策略的总收益，才有合谋的激励。就是说，当 $U_{11} - U_{12} \geq 0$ 时，企业具有合谋的激励，满足方程 $\delta(-F - F1 - P_L) + (1-\delta)(\pi - F) - R > 0$，解得：

$$F \leq -\delta(F1 + P_L + \pi) + \pi - R \qquad (4.18)$$

情形3：环境监管机构接受污染源企业的租金。当环境监管机构接受企业租金的行为被发现后，将受到的惩罚为 $F + K \times N + Q_L$（K 为环境监管机构每年的合法收入，N 为剩余工作年限，Q_L 指环境监管机构中相关人员的政治损失，如失去升迁机会等）。当环境监管机构接受污染源企业租金的行为没有被发现时，环境监管机构获得的收益为 $F + K \times N_L$。此时，环境监管机构的期望收益为：

$$U_{21} = \delta(-F - K \times N - Q_L) + (1-\delta)(F + K \times N)$$

情形4：环境监管机构拒绝污染源企业的租金。这时，环境监管机构不存在租金收入，所得只有合法收益，预期收为：$U_{22} = K \times N$。

从环境监管机构（环保局）的利益动机来看，只有当它接受污染源企业租金后获得的总收益不小于拒绝租金时的总收益，才有合谋的激励，即 $U_{21} - U_{22} \geq 0$，即：

$$(1 - 2\delta)F \geq \delta(2K \times N + Q_L) \qquad (4.19)$$

求解方程式（4.19），可以得到：当 $0 < \delta \leq \dfrac{1}{2}$ 时，$F \geq \dfrac{\delta(2K \times N + Q_L)}{1 - 2\delta}$；当 $\delta > \dfrac{1}{2}$ 时，$F \leq \dfrac{\delta(2K \times N + Q_L)}{1 - 2\delta}$。

综合情形1、情形2、情形3、情形4，污染源企业与环境监管机构（环保局）成功合谋的条件为：$U_{11} - U_{12} \geq 0$，$U_{21} - U_{22} \geq 0$，两个不等式同时成立。根据寻租被发现的概率区间，分三种情况讨论：（1）当 $0 < \delta \leq \dfrac{1}{2}$ 时，若 $\dfrac{\delta(2K \times N + Q_L)}{1 - 2\delta} < -\delta(F1 + P_L + \pi) + \pi - R$，那么

$\dfrac{\delta(2K \times N + Q_L)}{1-2\delta} \leqslant F \leqslant -\delta(F1 + P_L + \pi) + \pi - R$，企业与环境监管机构合谋

成功。（2）当 $0 < \delta \leqslant \dfrac{1}{2}$ 时，若 $\dfrac{\delta(2K \times N + Q_L)}{1-2\delta} > -\delta(F1 + P_L + \pi) + \pi - R$，

污染源企业提供的租金不能满足环境监管机构的总收益要求，合谋交易机

制无效。（3）当 $\delta > \dfrac{1}{2}$ 时，$\dfrac{\delta(2K \times N + Q_L)}{1-2\delta} < 0$，即 $F \leqslant \dfrac{\delta(2K \times N + Q_L)}{1-2\delta} < 0$。

以上情况讨论表明，当企业实施寻租或环境监管机构（环保局）接受寻租被发现的概率大于 1/2 时，相对于二者的合法总收益来说，由于合谋的风险不断增加，会降低租金的价值，甚至使租金变成负值，这时，环境监管机构与污染源企业的合谋机制就不存在了。

现在具体分析合谋成功情况下，企业污染损害责任分配的财务杠杆选择。

1. 合谋成功情况下企业承担完全污染损害责任的财务杠杆选择

在企业与环境监管机构合谋成功后，环境监管机构将按照双方达成的协议，获得环境监管机构私下增加的污染排放许可。换句话说，环境监管机构增补给污染源企业的污染物排放量是准合法的，不会受到环境监管机构的处罚，企业因此不会为预防污染损害的发生而付出努力成本（即 $e = 0$），也不需要支付污染损害赔偿金（即 $L = 0$）。这时，企业会按照价值最大化的财务目标来组织生产，效用函数为：

$$U_C^1 = W + (1-\delta)\left[R(I_D) - I_D - F\right] - (I - I_D) \qquad (4.20)$$

在式（4.20）中，效用最大化时的 I_D 满足条件，$R'(I_D) = \dfrac{-\delta}{1-\delta} < 0$。

很明显，$I_D > I_D^*$，这说明企业会提高财务杠杆水平。同时，由于污染源企业的污染损害赔偿责任 $L = 0$，污染控制努力成本 $e = 0$，企业获得了高额利润。但是，企业的污染损害却给社会造成了巨大的污染治理成本，数量为 $P(0)L$。其后果是，一方面，企业在短期获得了超过正常水平的利润，

由于过度的财务杠杆，也未能实现市场价值最大化的目标；另一方面，社会的污染治理成本支出增加，降低了社会福利。

2. 合谋成功情况下企业拥有污染损害责任担保的财务杠杆选择

如果污染源企业具有充足的财务实力，污染减排控制没有成本约束，具有通过技术创新达到环境监管机构排放标准的激励，与环境监管机构合谋的激励不足。当污染源企业的财务能力不足时，即 $W < L - (R(I_D) - I_D)$，企业与环境监管机构合谋的激励增强。因为企业可以解除污染减排控制的成本约束，节约支付给第三方担保机构的担保费用。企业的实际成本是对环境监管机构的租金支出。这时，企业的效用函数为：

$$U_C^2 = (1-\delta)(1-p(e))(W + R(I_D) - I_D - F) - e - (I - I_D) \quad (4.21)$$

在式（4.21）中，效用最大的 I_D 满足条件：$R'(I_D) = \dfrac{(1-\delta)(1-p(e))-1}{(1-\delta)(1-p(e))} = 1 - \dfrac{1}{(1-\delta)(1-p(e))} < 0$，$I_D > I_D^*$，显然，企业做出了过度选择财务杠杆的行为。对比式（4.8），$R'(I_D) = \dfrac{-p(e)}{1-p(e)} = 1 - \dfrac{1}{1-p(e)} < 0$，$1 - \dfrac{1}{(1-\delta)(1-p(e))} < 1 - \dfrac{1}{1-p(e)}$。这就说明，污染源企业与环境监管机构合谋的情况下，企业环境污染损害的财务担保机制会导致企业采取极端方式增加债务融资，形成高财务杠杆的经营状态。

（三）污染源企业与环境监管机构合谋模型的政策意义

污染源企业与环境监管机构的合谋模型说明：企业与环境监管机构（环保局）之间的合谋关系会引起企业财务杠杆水平的变化，影响企业市场价值最大化的目标。

在模型中，最优债务规模由变量 $R'(I_D)$ 的变化决定，可以用

$R'(I_D)$的变化来度量企业杠杆的变化范围和程度。变量$R'(I_D)$为减函数，向下倾斜的直线可以大致反映财务杠杆的变化趋势（见图4-2）。在企业财务杠杆的选择过程中，$R'(I_D)$的变化范围为$[(1-\delta)(1-p)-1/(1-\delta)(1-p),\lambda+\beta]$，随着企业债务融资规模的变化，财务杠杆逐步偏离最优水平。

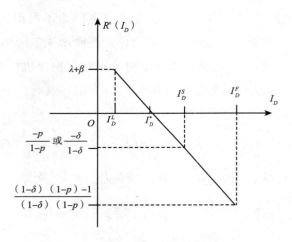

图4-2 污染源企业财务杠杆的变动

在企业承担完全污染损害责任时，企业与环境监管机构之间有强烈的合谋激励，合谋成功后，由于污染源企业的污染损害赔偿责任$L=0$，污染控制努力成本$e=0$，企业获得了高额利润，但社会要承担巨大的污染治理成本，企业采取过度的财务杠杆政策，一方面偏离了企业市场价值最大化的目标，另一方面增加了社会的污染治理成本支出，降低社会福利。

在污染源企业拥有第三方提供的财务担保时，企业与环境监管机构就污染排放审计核查达成合谋协议以后，其债务融资规模大幅度上升（即图4-2中的I_D^F），企业的最优财务杠杆水平I_D^*转变为极端的最坏状态I_D^F。这就说明，企业环境污染损害的第三方财务担保机制会导致企业采取极端方式增加债务融资，使企业处于高财务杠杆的经营状态。

污染源企业与环境监管机构之间在环境审计核查方面的合谋协议造成了企业财务行为扭曲和社会的福利损失，对节能减排的激励政策设计有重要意义。

（1）节能减排政策的实施效果与地方环境监管机构（环保局）的环境审计核查执行力度密切相关，而污染源企业与其归属地环境监管机构的合谋引发的监管低效率是降低政策效果的一个重要因素。因此，完善环境监管机构对污染审计核查的信息透明机制，充分利用第三方的信息和成本优势，降低企业与环境监管机构的合谋概率，有利于提高环境监督机构的监管效率、实现节能减排的预期政策效果。

（2）逐步提高节能减排管制标准，是我国产业低碳化升级和绿色制造的必然要求，但更加严厉的污染减排管制强度也强化了环境监管机构的垄断性权力，随着环境监管机构获得垄断性地对企业污染进行管制的权力扩张，环境监管机构"创造租金"的机会随之增加。因此，防止环境监管机构与企业合谋还需要构建污染管制标准科学化、监管程序合理化的环境监管机制，从根本上消除环境监管机构与企业合谋的制度基础。

（3）企业污染控制的成本主要取决于生产流程的技术、工艺水平与实施环境管理控制的努力程度，污染源企业实施寻租策略的真正动机是利益激励。随着污染减排标准的提高，一味地对污染企业所发生的污染损害责任进行行政处罚，并不能实现企业财务行为和社会福利的最优。比较有效的办法是完善激励性的节能减排管制政策，一方面构建企业污染损害责任的事前分配机制；另一方面是基于企业污染控制的成本约束，结合企业的业务、产能调整和流程升级，增强企业的环境友好技术创新能力和激励。

第四节　环境责任与企业债务融资行为的经验证据

在严格的减排管制制度下，企业环境污染风险引发的环境损害及其责任分配机制影响企业的融资通道和融资成本。面对减排管制及相应的污染损害责任分配机制，企业会做出策略性的财务回应，通过改变财务杠杆水平回避损失甚至转嫁环境损害赔偿责任。国际社会发生的一些案例与相关的实证研究表明，企业环境损害责任与财务杠杆选择有直接的关系（史迪芬·肖特嘉、罗杰·希里特，2004）。在我国环境监管的变革过程中，20 世纪 90 年代中期就开始实施环境金融政策，不同程度地反映了环境信贷风险和责任问题，从理论上分析，企业会做出财务杠杆调整的回应，引起债务融资行为的变化。为此，需要以国内重污染行业的样本对二者的关系做进一步的实证检验。

一、假设发展

Shavell（1986）指出，在仅由企业承担严格的环境损害责任时，企业资产的有限责任性质会导致其增加财务杠杆以转嫁风险。将环境责任扩展到债权人以后，由于贷款人的责任分担与监控，企业财务杠杆接近最优水平（Boyer and Laffont，1997）。Ulph 和 Valentini（2004）的实证研究证实，由污染加害企业承担环境损害责任会使企业的银行贷款增加15% ~ 20%。Garber 和 Hammit（1998）发现，债权人承担连带责任会影响企业的财务杠杆比率。Che 和 E. Spire（2008）的理论分析表明，强制性次级债务意味着企业将不能通过大量增加债务融资甚至破产来逃避环境损害责任，这种制度可以控制企业财务杠杆的过度增长。

在我国，由于融资体系和转型期的经济发展方式不同，环境责任对企业债务融资行为的影响具有更为复杂的经济、社会及政策因素，相关的经验研究也比较少。李华友、冯东方（2007）认为，在我国环境金融政策的作用下，商业银行的信贷政策和环保机构的环保政策都会通过影响企业的利润最大化行为来改变企业的融资行为。由于信息不对称，完全严格执行环保政策可能会导致企业向商业银行隐瞒项目在环保方面的实际情况，导致商业银行的信贷风险增大并采取策略行为，最终引起信贷配给现象。不过，李永友、沈坤荣（2008）的经验研究证实，减排补贴和环保贷款制度对污染减排作用的效果不明显。

Nadja Guenster 等（2011）认为，在相同的环境管制要求下，一般性环境战略不是企业竞争优势的来源，因为产业内的同行都受到相同的影响，企业不能与其竞争者区分开来；只有主动的环境战略才能不被竞争者模仿并形成竞争优势。由于中央政府对节能减排责任实施严格的指标限制，资本市场的环境审查使不合条件的企业几乎不能获得股权融资机会，银行强化信贷资产的环境风险管理会产生监控代理成本，导致企业的资本成本上升，追求利润最大化的企业将尽量减少银行借款，最终导致债务融资不足，财务杠杆下降。另外，具有积极环境战略的企业所形成的竞争优势又成为银行优先放款的对象，这又引起信贷资金流向的变化，减少环境业绩不佳行业企业的资金分配。基于我国的银行主导型融资模式，并根据在上一节得出的理论模型结论，提出如下假设：在其他条件不变的情况下，环境责任（节能减排责任）越严格，节能减排劣势的"两高"企业的银行借款越少，财务杠杆水平越低。

二、数据来源及模型设计

（一）样本及数据来源

由于"两高"行业没有统一的口径，并且与区域经济发展水平和发展阶段相联系。本书在选取研究样本与数据时考虑了以下因素：（1）根据 2001 年中国证监会颁布的《上市公司行业分类指引》和环境保护部 2010 年出台的《上市公司环境信息披露指南》，参照王立彦、林小池（2006）的研究中关于环境敏感行业的划分，本书将节能减排敏感行业暂定为有色金属冶炼及压延加工业，化学原料及化学制品行业，石油和天然气开采业，煤炭采选业，电力、煤气及水的生产和供应业，纺织业，造纸及纸制品业，橡胶制造业等 8 个具体行业；（2）剔除连续亏损的企业（ST、PT 公司），以便考察企业在正常经营状态下的信贷融资行为；（3）剔除资料不全的企业，筛选后样本公司数量为 563 家。样本公司 1998～2010 年的数据均来自深圳国泰君安（CSMAR）数据库和中国经济金融数据库（CCER）。

（二）变量描述

为了估计节能减排责任对企业债务融资的影响，本书用企业在银行的长期借款占负债总额的比例来衡量企业的财务杠杆水平。这样选择的考虑是：（1）在资本结构研究中，债务融资比例的选择是主要的决策问题；（2）在严格的环保审查下，股权再融资的可能性很小，基于我国的银行主导型融资体系，银行借款是最现实的外部融资渠道；（3）在实际中，企业的长期借款大都来自银行，而各企业银行借贷的分类数据涉及商业机密，所以本书用企业在银行的长期借款数据代替企业的银行借款数据能达到预期效果。模型中被解释变量为长期借款占负债总额的比例（用 Y 表示）。

1. 解释变量

考察节能减排责任对企业债务融资的影响，要引入环境责任制度并进行责任分配的区别，这里运用虚拟变量来区别。从发展过程来看，我国曾在 1995 年出台过环保金融政策，要求各级金融机构对不符合环保规定的项目不贷款，但由于当时所处的经济发展阶段和社会背景，并没有产生足够的政策影响力。2007年以来，随着"绿色信贷"新政策的提出，虽然没有明确银行的连带责任，但节能减排逐步成为各级商业银行审批企业贷款的必备条件及必须完成的指标。据此，我们将银行针对"两高"行业企业必须进行的信贷指标控制（未执行会受到有关部门的处罚）视为一种行政责任，在实证研究中分析企业承担完全责任与银行承担行政责任两种责任制度对企业融资结构的影响。1998～2007年作为第一个阶段：企业承担完全责任；2008～2010年作为第二个阶段：银行承担行政责任。设置一个虚拟变量，前者取值0，后者取值1。

2. 控制变量

利率是影响银行信贷的重要因素，但在研究样本选择期限内，我国利率尚未市场化，受国家经济政策影响大，变化快，不易确定。模型主要从企业自身的财务能力来考察不同责任制度下的财务杠杆选择，不考虑利率因素。模型中的非环境解释变量如下：

盈利能力（profitability，PR）。盈利能力通常表现为一定时期内企业收益数额的多少及其水平的高低。企业的盈利能力强意味着可以从其他渠道较容易地获得资金，因而企业对银行的借款需求会减少；盈利能力高低是企业财务状况良好和信誉的一种度量，会导致银行更愿意借出资金，因此盈利能力对银行借款的影响不确定。同时，不同的责任制度会影响企业的利润。反映企业盈利能力的指标有多个，在检验模型中采用销售净利率，即净利润占主营业务收入的比率，来衡量企业的盈利能力。

股东权益比率（equities，EQ）。严格地说，股权并不是银行借款的一部分，但企业资本结构中包括银行债务、非银行债务和股东权益，股权也代表着资金的其他来源。股东权益的高低会影响企业对银行的借款需求；反过来，企业的银行借款水平也会影响股东权益比例。

固定资产比率（fixed assets ratio，FAR）。企业需要资金来购买固定资产，而且固定资产也可作为企业贷款的抵押品，固定资产比率会同时增加企业银行借款的供给和需求。一般地，固定资产比率用厂房和设备占总资产的比例来计算。本书的检验模型中用固定资产净额占总资产的比例来计算。

流动资产比率（current assets ratio，CAR）。即现金比率，用货币资金和有价证券之和除以总流动负债总额来衡量。这个变量代表了公司资产的流动性，流动资产比率越高，企业对银行借款需求也少。该指标最能反映企业直接偿付流动负债的能力，银行一般愿意将资金借给流动资产比率合理的企业。

营运资本比率（working capital ratio，WCR）。营运资本有广义和狭义之分。广义的营运资本就是指企业的流动资产总额，狭义的营运资本是指企业的流动资产总额减去各类流动负债后的余额，也称净营运资本。由于净营运资本被视为可作为企业非流动资产投资和用于清偿非流动负债的资金来源，所以，狭义的流动资本主要用于分析企业的偿债能力和财务风险。在变量指标选择上，营运资本用狭义概念来解释。营运资本比率等于营运资本除以总资产。同样，营运资本充足的企业更容易获得银行借款。各解释变量对银行借款的影响效应如表4-11所示。

表4-11　　　　　解释变量对银行长期借款供给和需求的影响

变量	需求	供给	总效应
盈利能力	-	+	
股东权益比率	-		
固定资产比率	+	+	+
流动资产比率	-	+	
营运资本比率		+	
DUMY	-	-	-

综上所述，企业在银行的长期借款检验模型为：

$$Y = \alpha \times PR + \beta \times EQ + \gamma \times FAR + \theta \times CAR + \varphi \times WCR + \chi \times DUMY + C + E$$

其中：E 代表随机扰动项；C 代表常数项；$DUMY$ 为虚拟变量。

三、实证结果分析

（一）描述性统计

回归变量的描述性统计见表 4 – 12。从表 4 – 12 中可以看出，样本公司在 1998 ~ 2010 年内长期债务水平均值不高，说明大部分公司的债务融资策略倾向于短期债务的运营。盈利能力的标准差值较小，说明样本公司的盈利能力没有明显的差异。股东权益比率的标准差比较小，在一定程度上反映了各个公司在 1998 ~ 2010 年的债务水平处于相对稳定的状态，没有明显的差别。固定资产比率的均值也维持在一个较低的水平。从流动资产情况来看，样本公司的流动资产营运能力较强，1998 ~ 2010 年各家公司流动资产比率的均值在 0.5 以上，处于较高水平，但是该项指标的标准差较高，表明样本公司现金比率的差别大。

表 4 – 12　　　　　　　　样本公司变量的描述性统计

变量	Y	PR	EQ	FAR	CAR	WCR
均值	0.1906	1.7166	0.4896	0.3711	0.5389	0.0485
中位数	0.1605	0.0488	0.5074	0.3790	0.3650	0.0333
最大值	0.6298	6.2612	0.8821	0.6970	3.7093	0.5298
最小值	0.0006	– 1.0206	0.1221	0.0926	0.0036	– 0.4015
标准差	0.1156	1.6502	0.1801	0.1280	0.6521	0.1748

变量之间的相关系数见表 4 – 13。从表 4 – 13 中可以清楚地了解各变量之间的相关关系。每个变量均与被解释变量有显著的线性相关性，其中固定资产比率与公司的长期银行债务比率的相关性最大，相关系数为 0.9325。股东权益比率与公司的长期银行债务比率呈显著负相关。比较而言，营运资本比率与公司的长期银行债务比率相关系数最小，但仍

达到 0.7765。这说明，各解释变量对被解释变量有较好的解释力。同时，从表 4 - 13 中还可以看出，各个解释变量之间相关度低，相关系数小，其中解释变量之间相关系数值最大的是流动资产比率与营运资本比率，其值为 0.5196，没有超过 0.6，且以 *VIF* 进行多重共线性检验的 *VIF* 值不超过 4，因此可以判断本书回归模型中的解释变量之间几乎没有线性关系，模型中基本不存在多重共线性问题。

表 4 - 13   各变量之间的相关系数

变量	Y	PR	EQ	FAR	CAR	WCR
Y	1					
PR	0.8532 ***	1				
EQ	− 0.9201 ***	0.0263 **	1			
FAR	0.9325 ***	0.0057 **	− 0.1603 **	1		
CAR	0.8861 ***	0.0075 ***	0.3913 **	− 0.1942 ***	1	
WCR	0.7765 ***	− 0.0189 **	0.0542 ***	− 0.4135 **	0.5196 *	1

注：*** 、** 、* 分别表示在 1%、5% 和 10% 的水平上显著。

（二）回归分析

为了找出最合适的面板数据模型进行回归分析，运用 Hausman 检验方法对模型进行检验发现，个体固定效应模型最为合适。

企业的银行长期借款比率的回归结果见表 4 - 14。从回归结果看，除流动资产比率之外，其他变量的系数均在 5% 的显著性水平上是显著的，说明它们对被解释变量都有显著的影响。盈利能力与企业债务水平显著正相关，由于样本公司所属 "两高" 特征的行业，大多不具有节能减排的优势，盈利水平不高，系数较小，对企业的长期银行借款影响有限。股东权益比率与企业的银行长期债务水平显著负相关，表明权益比率越高，对银行借款的需求越少。固定资产比率与企业的银行长期债务比率显著正相关，营运资本比率与企业的银行长期债务比率显著正相关；并且，固定资产比率与营运资本比率的系数之和达 0.5647，对企业的长期银行借款影响很大，说明固定资产与营运资本是企业获得长期借款的关键指标，银行在考虑"两高"行业上市企业的信贷放款时，传统财务评价体系仍起到决定性的作用。节能减排责任与企业的长期银行借款显著相关，但系数较小，为 − 0.0116，即银行对节能减排承担行政责任后，企业的长期债务融资水平只有微幅的变化，这个结论与李永友、沈坤荣（2008）的研究结论基本一致，与 Ulph 和 Valentini（2004）研究结论不一致。在一定意义上，说明银行信贷约束对"两高"类上市企业的融资结构决策已经产生了影响，在一定程度上支持了节能减排政策。

表 4 – 14 长期借款比率的回归结果

变量	系数	T – 统计	概率
PR	0.0012 **	4.0725	0.0002
EQ	− 0.1336 **	− 6.7286	0.0000
FAR	0.2635 **	3.9581	0.0002
CAR	0.0098	0.9175	0.3627
WCR	0.3012 ***	10.4485	0.0000
$DUMY$	− 0.0116 **	5.9442	0.0000

$D – W = 2.2365$，调整 $R^2 = 0.9261$。

注：*** 、** 、* 分别表示在 1% 、5% 和 10% 的水平上显著。

四、结论及政策意义

运用融资规制与财务责任为污染企业或潜在的污染企业提供激励是国际社会通行的做法。针对政府与银行的节能减排融资约束，"两高"行业企业在融资行为及财务杠杆水平选择方面会做出策略性的财务回应。本书引入节能减排责任制度，以 1998 ~ 2010 年"两高"行业 A 股上市公司为样本检验了节能减排责任对企业的银行长期借款融资行为及债务融资结构的影响。研究发现：（1）"两高"特征的企业盈利水平对企业的长期银行借款影响有限；（2）固定资产与营运资本是"两高"企业获得长期借款的关键指标，说明传统财务评价体系仍在银行放款中起决定作用；（3）节能减排责任与企业的长期银行借款显著相关，但并没有明显减少企业在银行的长期借款量，说明信贷政策对"两高"企业的节能减排已经产生了影响，但没有导致企业财务杠杆的过度调整。据此，结合近期的环境事件案例（如紫金矿业、云南铬污染企业贷款问题）和典型企业调查，提出如下建议：

第一，在绿色信贷政策中引入放款人连带责任制度。尽管我国"绿色信贷"政策的设计具有一定的强制性，但执行过程中又具有自愿性的特点，缺乏有效的监督机制；银行披露绿色信贷数据主要局限于发布社会责任报告，这种自我评价的自愿性披露无法避免其主观性和片面性，甚至可能成为银行的"形象工程"。从长远看仅仅依靠银行的自愿披露是不够的，多家大银行为紫金矿业贷款就是典型的例子。为降低绿色信贷的监督成本，以实现预期的政策效果，引入贷款人（银行或信贷担保机构）连带责任制度，使银行及企业的信贷担保人承担环境损害的连带责任，有利于形成银行执行绿色信贷的长期激励，也可减少企业在面临严重的环境损害时采取过度杠杆行为。

第二，编制企业节能减排等级指数，形成制度化的环境信贷风险评估机制。我国银行绿色信贷的数据披露比较简单，企业真实的环境等级也较难为银行所掌握。要实现绿色信贷引导企业行为的预期政策目标，可考虑由银保监会与生态环境部协调编制、发布统一的企业节能减排指数，以此作为银行执行信贷政策的评估标准，既为银行信贷的环境风险管理提供依据，也可以避免不同企业在申请信贷时可能遭遇的不公平性。

第三，减排补贴应与企业的技术水平和财务能力相匹配。在我国现阶段的产业转型和升级过程中，"两高"行业企业的节能减排不只是企业行为，更是社会发展的政治经济过程，融资管制能否对企业产生足够激励的关键是不同减排主体的利益协调与平衡。由于不同企业减排成本的差异，"一刀切"的绿色信贷对企业、银行及社会就业并非最优的政策安排，通过包括利率、税率优惠等减排补贴支持财务能力和技术能力不足的企业逐步摆脱技术和财务困境，并使之与绿色信贷政策相配合，不仅拓展了绿色信贷的空间，而且能更好地促进企业发展与产业转型。

第五章 公司治理特征与节能减排绩效

第一节 问题提出与文献回顾

一、问题的提出

日益复杂而技术详尽的环境管制与外部利益相关者对企业环保需求的压力正不断影响着企业的竞争战略。然而，企业在何种程度上采纳环境管理系统要依赖于其自身的能力、资源和治理特征。企业环境战略与组织的内部能力密切相关，因为在企业开发和实施一个复杂的环境管理系统需要组织内形成多层次的学习机制及对该系统的熟练程度，缺乏基本能力的企业在采纳高级环境管理系统时往往要付出很高的成本（Christmann，2000）；而采纳成本及实施环境管理系统获得的环境业绩又受所有权结构与公司治理中的董事会、管理层特征差异的影响（Darnall N. and Edwards D.，2006；J. L. Walls et al.，2012）。

在相同的外部制度压力集合条件下，企业是采取积极的、反应型的还是被动防御的环境战略取决于该企业的治理制度安排。作为一套严格的制约和平衡制度，有效公司治理确立了各方的职责、实行责任制并强化对其后果的重视，可以理解为由董事会所决定的公司决策和控制过程

（扎比霍拉哈·瑞扎伊，2009）。公司治理对组织的生态控制及其效果表现的环境业绩发挥着重要作用：一方面，企业管理其对自然环境影响的战略行为常常超越最低监管标准，执行积极的环境战略需要企业进行大量的、具有长期战略意义的投资，这对企业资本结构和财务杠杆有重要影响，甚至关系到企业的生存，从而给企业带来新的风险；另一方面，企业处理与自然环境的交互关系超越了组织的现有边界，是企业与外部利益相关者团体在权利、责任和利益关系的一个多边协调和平衡。因而，如何在企业内部确立与良好环境管理相关的能力和治理制度安排，引导企业主动制定环境战略，需要探讨不同公司治理特征的节能减排绩效。

二、文献回顾

基于公司治理差异的组织环境管理系统及绩效的研究主要集中在公司治理、高管特征与环境业绩的关系。公司治理制度演化的一个显著特征是鼓励企业将社会和环境责任整合于治理议程，治理与社会责任的联系因此在学界成为备受关注的议题。在这个议题的研究中，环境业绩一直作为企业社会责任的一个构成部分，公司治理与环境业绩的关系并未显现出来。但在实践中，由于企业与自然环境的关系有较强的技术性、甚至需要较大规模的投资，因而企业环境活动在成本支出、具体能力结构及响应环境合规标准的方式比企业处理社会问题要复杂得多（Walls et al.，2011）。将环境业绩从多维度的社会责任构成内容中分离出来成为新的研究动态。

（一）公司治理特征或机制与环境业绩

Brammer 和 Pavelin（2006）对英国大公司的研究指出，所有权分散的大公司，环境披露质量和环境业绩与企业规模正相关。董事会内外部董事构成对公司环境业绩有重要影响，公司面临环境诉讼的可能性随内部董事比例的上升而增加，随外部董事比例的下降而减少，董事会作为核心决策机构形成了公司的环境政策（Kassinis and Vafeas，2002）。为了观察董事会特征在环境业绩方面的治理效应，Charl de Villiers 等（2011）以 KLD 数据库 2003～2004 年 1216 家企业为样本研究证实：独立董事数量与公司环境业绩正相关；在 CEO 就职后，被任命的董事集中度较低，环境业绩越好；环境业绩好的企业有较大规模的董事会、董事会中有代表多数的活跃 CEO，有较多的法律专家。这说明董事会特征能够为企业提供丰富的资源以谋求良好环境业绩形成竞争优势。在利益相关者理论的基础上，C. J. Kock 等（2012）运用投资者责任研究中心（IRRC）中美国的环境业绩数据和美国环保署（EPA）的资源研究发现，一些重要的公司治理机制，如董事会、管理者激励、控制权压力以及法律和环境规制体系，与企业层面的环境业绩显著正相关，说明公司治理机制增加了管理者对利益相关者环境偏好的敏感度，从而提升了公司的环境业绩。J. L. Walls 等（2012）以 1997～2005 年 29 个（S&P）产业中 313 家企业为样本，验证了公司治理中所有者、管理者和董事会三个主要机制及其交互效应与环境业绩的联系，得出这些机制在环境业绩方面起着重要作用。高管领导力规定了组织发展的方向，而其中的环境领导力（environmental leadership and commitment）和承诺有利于提升高管的地位和环境声誉。然而，Y. Cong 等（2014）的研究没有支持这个结论，他们收集了 CEO 给股东信中的环境基调表述，通过内容分析法证实 CEO 的环境基调反而与公司环境业绩负相关，不良环境业绩公司的 CEO 倾向于运用语言计划顺应合法性要求。CEO 在本质上是要编造或玩转（spin）企业过去、现在和将来的环境业绩使报表读者看起来比实际更加抢眼。

（二）高管二元性与自愿性环境表现

高管二元性是指在所有权与经营权的分离情况下高管职能的二

元特征。大量经验证据表明两权分离能促进披露质量，Claessens 等
（2002）认为管理层二元特征的企业其自愿环境信息披露质量高。
Kathleen 等（2012）使用超过 6 年 127 家企业样本，实证证明了董
事会的独立性与企业自愿性环境信息披露质量之间正相关，并且认
为两权分离使企业获得更好的监控管理，从而促进更好的环境信息
披露的质量。殷枫（2006）把 169 家上市公司 2002 年的数据作为研
究对象，检验了公司内部治理的四个因素——独立董事比例、是否
设立审计委员会、监事会规模、所有权和经营权分离情况与自愿性
信息披露质量之间的关系，研究结果表明两权分离的企业其自愿性
信息披露质量较高。而王霞等（2013）则认为企业所有权和经营权
的分离程度能影响企业是否做出披露环境信息的决定，但与环境信
息披露质量关系不显著。

（三）公司治理水平与环境业绩

一些研究证实，选择性地考察公司治理的离散因素或机制对环境业
绩的影响存在明显的局限性，因为某些具体治理要素或机制在治理体系
中可能失灵，甚至遗漏间接影响环境业绩的机制，不利于形成环境业绩
的有效经济激励（Y. Cong and M. Freedman，2011），因而公司治理效率
与环境业绩的关系更为重要。Jamessalo（2008）运用戴米诺公司（Dem-
inor）开发的公司治理评级体系数据库，在 Deminor 和 Innovest 中筛选出
2000～2003 年间 89 家样本公司研究发现，公司治理与环境业绩没有直
接的联系，但这些公司的治理效率和环境业绩在不断改进，公司环境业
绩有明显的产业效应。由于好的公司治理涉及财务和社会政治方面，
Cong 等（2011）运用公司治理评分检验公司治理与环境业绩的关系发
现，良好的公司治理与环境业绩之间不存在相关性，但当公司治理在
SOX 改善后，良好的公司治理与环境信息的披露质量相关。在我国，政
治关联与企业环境绩效负相关（叶成刚等，2015）。

三、简要评论与研究拓展

沿着股东价值最大化导向的研究范式，要探寻生态效率整合于公司治理和管理控制系统（环境管理会计系统或生态控制作为管理控制系统包的子系统）的内部制度和路径似乎并不那么简单。总体来说，公司治理与环境业绩的研究领域，现有研究存在诸多争议和不足：从公司治理的角度研究治理特征与环境业绩的关系，对导入环境管理的治理设计具有理论和实践的指导意义，但这一线索的研究以公司外部报告为依托，而外部报告可能成为公司隐藏不良环境行为的"面纱"；同时，治理层面的环境业绩研究关注的焦点是通过改进治理设计来提升环境业绩，并没有揭示公司可持续的生态基础及其相应的制度安排，治理与管理控制系统的内在联系并未建立起来。因此，公司治理特征与环境业绩的关系仍是需要探索的议题。

第二节　企业环境管家理论

一、企业与自然环境的生态关系

人类社会的工业化过程在很大程度上是人类利用企业组织、通过消耗大量的自然资源来创造物质财富的过程，这个过程也渐渐使自然生态系统面临危机。根据欧洲委员会生态系统和生物多样性经济学项目（the economics of ecosystems and biodiversity，TEEB）2012 年的中期报告，生物多样性和生态系统恶化世界每年要损失 1.35 万亿~3.19 万亿欧元的自然资本。自然资本的损失直接挑战企业的经营和持续成长性，因为自然生态系统危机将减少它对企业的服务，使企业不能获得必要的资源，或导致资源供给不稳定而面临更大的经营风险；只有生态系统及其提供的服务是健康和平衡的，企业经营才能持续和稳定。作为一个将自然生态资源转化为有用产品的中介机构（Shrivastava P. , 1995），企业与自然的生态关系是频繁和复杂的。

（一）自然生态系统为企业提供基础资源的支持

自然生态系统可以直接为人类提供供给服务、调节服务、文化服务以及维持这些服务所必需的支持服务（《千年生态系统评估报告》，2007）。具体就企业而言，自然生态系统中丰富的生物和非生物资源是其经营所需的基础资源，企业可以从自然的各种生态系统获得水源、空气、土地、矿产、能源与动植物原料等大量的输入，如制药产业获得的药材原料和遗传资源、农业获得的自然授粉、旅游产业获得的自然文化服务和审美价值等。同时，企业在产品制造、营销或服务的创新方面运用了自然生态系统中大量的自然过程和自然原理，如光合作用、生物修复技术、蒸发技术、能量转换等，这些自然原理能确保企业整个流程的资源利用率尽可能达到最大化并避免副产品或废弃物成为无用或有害的剩余（Starik M. and Rands G. P. , 1995）。

（二）企业对自然生态系统产生持续而长期的影响

企业的产品、副产品和服务在使用过程中具体转化为物质材料、能源和其他消费品，最终又全部返回自然生态系统。大量的废弃物可能淹没自然生态系统的吸收能力，使之过度承载生化物循环而引起区域或更普遍的损害扩散。因此，企业输出对自然生态系统的影响会引起自然生态系统发出正负反馈。正反馈（或积极反馈）是企业战略中积极的生态响应实践消除了污染而减少对环境的负面影响，并同时积极修复生态系统的损害，如能源资源利用率提高、物种重现、生产率提高和工人健康状况的改善；负反馈（或消极反馈）是企业通过与环境之间的交换进行价值创造过程而造成对自然生态系统的破坏，如生产流程引起水质量的下降、车间疾病增加、周边动植物的消失以及有害排放物的区域和空间扩散等。

（三）自然生态系统的维持为企业提供新的业务机会

企业与自然生态系统的交换实践表明，自然生态系统恶化造成的自然资本损失已使企业面临巨大的环境风险或私人和公共成本。为解决生态系统服务短缺，新的环境管制政策、碳交易、绿色产品和绿色技术等需求不断增加，催生了一个新兴的生态市场。随着新的生态市场的发展，节能减排项目及相关的基础设施建设投入了巨额资金，由此给企业带来了进入新产业及现有产业升级项目的良好机会；同时，碳排放风险和成本也改变了金融市场资金的产业和项目流向。因而，企业对生态系统服务短缺的及时认识，可以优先将生态系统价值整合于企业计划、报告和决策以形成积极的环境战略，构筑新的成本和运营优势。如今，改进碳效率的运营来削减成本已成为一种新的盈利模式（邓学衷，2014）。概言之，企业运营对自然生态系统的影响及相互依存性不仅是企业寻求利润最大化的某些约束，更是企业获得持续成长的机制和空间。

二、企业与自然环境友好生态关系的制度动力

企业与自然之间复杂生态关系的背后是人与自然的关系，维持企业与自然的良好生态关系，通用的方法是人们通过制度设计来规范企业行为，以改变企业的资源配置方式。制度动力与组织是相互关联的，但组织不会对其行为的制度域中所有压力做出直接响应，也不会在没有外部压力的影响下自觉行动（Hoffman，2001）。不同的制度类型决定着企业如何处理它与自然之间生态关系的方式和决策机制。政府管制、行业内自我规制、非政府组织与其他独立的社会团体等，都可能对企业的环境

行为进行监督，给企业施加压力。Matten D. 和 Moon J. （2008）指出，管制性、规范性和文化认知性制度要素的力量已超越了产业边界乃至国界来引导企业经营行为的规范化和合理化。在这个意义上，制度框架提供了一个理解企业实施生态控制战略以及企业响应何种类型的压力机制来处理它与自然生态关系的理论视角。

作为一个有力的社会制度框架，管制性、规范性和文化认知性制度要素的力量在运行中具有相互依赖和相互强化的内在机制。管制性的力量倾向于发挥管制机构、正式法律、政策及其实际执行的作用，强调规则系统对某种行为的强制约束和管理。规范性的力量引入说明、评价和义务维度来明确企业与社会的关系，它规定了行为的目标和目的，但有时候也通过制定规则的方式靠近管制性的力量，如典型的行业协会会制定相关的规范性标准作为评估的依据。第三类力量，即文化认知性力量，它强调文化信仰对企业行为的作用，保证企业组织的行为在社会域没有争议，能够得到社会的认同。企业组织处于个体行动者、组织群与宏观社会管理系统的微观层次，某个社会的各种制度及跨社会（或国界）的各种制度为组织提供了一个更大的制度环境。制度环境在很大程度上界定了组织真实活动的范围。公司在设定策略与组织结构的过程中，可能列出所有可能的行动方案，并从中选择一种行动方案，但是那些方案的范围要受到其所处的组织域中的规则、规范与信念的限制（W. 理查德·斯科特，2010）。

就某个具体国家的环境保护制度而言，管制性、规范性和文化认识性制度要素，影响企业实施生态战略及处理其与自然生态关系的成本和收益。Delmas M. A. （2002）研究指出，企业采纳 ISO14001 标准的比率在美国与欧洲明显不同，美国企业采纳 ISO14001 标准相对缓慢，其原因是管制机构与产业协会之间缺乏合作的法律机制；同样，ISO14001 标准在跨国企业之间的扩散也存在类似机制。运用社会制度框架对美国、欧洲企业的社会责任实践进行比较，Matten D. 和 Moon J. （2008）发现，社会责任实践的国别差异可由政治、金融、教育、劳动关系和社会文化系统获得解释。

综上所述，企业作为一个从自然界中获取资源、并将自然生态资源转化为有用产品的组织，既要受到社会生态保护制度力量的支持，又要受到生态保护制度力量的约束；企业对制度动力的响应会将多重的制度化特征整合到自己的组织边界之内，并制定相应的生态战略和生态控制策略。社会生态保护制度成为生成企业环境行为、维护企业与自然友好生态关系的工具。在我国生态文明制度体系成为国家治理的宏观制度背景下，企业管理其与自然的生态关系在一般意义上是经营信念、态度与实际行为的结果，沿着 W. 理查德·斯科特、Matten D. 和 Moon J. 等人的制度研究框架，我们提出了企业与自然友好生态关系的制度动力机制。制度动力机制的作用机理和过程见图 5-1。

（1）企业体制的历史发展，主要涉及政企关系、金融体系、企业对政府关键资源的依赖度、社会文化传统。

（2）制度及其增量的驱动，具体指企业体制变革中政府就企业对生态环境的影响而进行的制度设计和规制政策体系，目标是引导企业改进生态管理的行动。

（3）企业组织域中组织之间的竞争，具体是在相同的环境管制政策和利益相关者的压力下，企业生态响应的时机、程度在获得生态声誉、生态溢价方面的竞争能力差异。

（4）企业组织面临的生态环境问题、企业生态响应的组织战略。

企业在处理与自然环境的关系上，与公司政策密切相关的制度环境是企业决策的重点，企业行为要受制于相关的制度力量。在图 5-1 中，企业体制、制度力量、组织域中企业之间的竞争及其相互作用机理，驱动企业构建由于自身生态问题和组织战略定位的动机机制，引导企业采取积极的生态响应，形成企业与自然环境之间长期友好的生态关系。

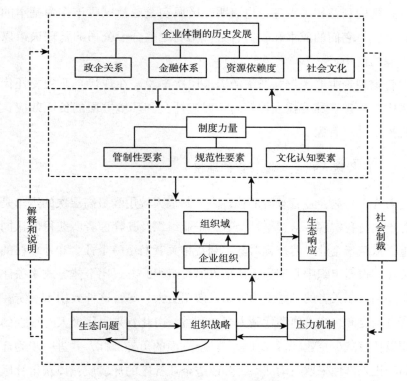

图 5 - 1　组织生态关系的制度动力

三、企业作为环境管家的动机和机制

　　现代企业发展的规模化和全球化，使"公司帝国"不再是神话。这一趋势日益扩大了企业对社会的影响和企业解决社会环境事务的权力。随着企业影响和权力的扩大，相应地需要承担更大的责任。对企业而言，不能响应包括社区和环境在内的其他利益相关者的需要，就不能满足股东的利益（Simmons J.，2004；Foster and Jonker，2005）。为此，企业组织趋向于选择社会责任的方式行动，这不只是回应财务和监管压力，更重要的是正式采纳一种广义的治理机制来改进自身责任的公司行

为。扩展的利益相关者理论也表明，区域和全球社区应该作为基本的利益相关者，它们的成本和收益有必要明确地整合于公司的管理决策以均衡资源的使用。

管家理论主要源于马斯洛的需求层次学说。在现代企业的委托代理关系中，管理者和委托人均趋向于回避社会和环境方面的负面效应，有动机扮演环境管家。

（一）代理人扮演环境管家的动机

首先，作为企业管理者的代理人，其最大效用和最高层次的需求是获得尊重和自我实现。从整个社会看，企业组织及其管理者所获得的认同与尊重，依赖于企业经营过程对基本利益相关者乃至整个社会和地球村的利益关注。根据组织中心理论，代理人通过组织的方式比个体方式来关注上述全部利益相关者的利益更为容易，效用更大；尽管这种效用不一定在短期内直接提升组织价值和代理人个人利益。由此看来，代理人有很强的动机积极从事减少企业经营在社会和环境方面的负外部性，并进一步为环境方面的正外部性采取主动战略，如改进企业社区的环境质量以获得社区的认同和尊重。其次，在不断变化的商业环境中，代理人扮演环境管家有助于形成有效的领导风格。在组织美德理论看来，道德的管理者因为拥有诚实、公平、慈善、仁爱等特征而易于被社会认同，社会在整体上可以分配更多的价值和尊重给这些具有美德价值观和目标的管理者（Moberg D.，1997）；管理者也因此可以赢得下属的尊重和忠诚（Backhaus et al.，2002）。因而，代理人在企业社会契约与自然契约的交互关系中，通过扮演环境管家形成有效的领导力，聚集越来越多的生态资本，继而逐步转化为企业的组织资本和财务资本，最终实现组织的功能。

（二）所有者扮演环境管家的动机

第一，所有者是企业的投资人，投资回报和资金安全是投资人首先关心的问题，而投资回报和资金安全主要依赖于企业的财务业绩；同时，财务业绩又直接关系到企业进一步从债权人和投资人那里获得融资的机会。社会责任投资基金（SRI）的日益增长使企业社会业绩成为企业获得资本进入通道的重要条件，社会和环境表现差的企业将受到严格的融资约束。第二，越来越多的银行和保险公司在项目借贷和公司评估中执行环境风险标准，企业经营的供应链管理过程面临日益严格的社会和环境审查；环境友好型的企业供应链系统被认为具有较低的经营风险而呈现较低的融资成本优势，这又反过来直接支持公司未来良好的财务业绩（Edeltraud M. et al. ，2014）。第三，公司的社会和环境表现与声誉紧密相连，这种联系导致了公司市场战略的杠杆化，逐步减少不可再生资源使用，降低经营的风险暴露，从而创造潜在的竞争优势，提高公司的风险调整后的投资收益；而且，良好的公司环境声誉能够吸引和留住优秀员工，减少员工轮换带来的成本。因此，所有者常常会通过董事会推动他们的公司从事环境友好行为，扮演环境管家。

第三节　所有权性质、高管特征与环境业绩

企业与自然环境友好生态关系的制度动力构筑了企业生态控制的制度基础。然而，在相同的外部制度压力集合条件下，企业的环境战略及环境业绩表现主要取决于该企业的治理安排。企业环境管家理论表明，企业所有者与代理人均具有扮演环境管家的动机并获得相应收益。也就是说，公司治理的主要机制，如所有者、管理者和董事会在提升公司环境业绩方面起着重要作用；其中，高管的环境领导力有利于提升高管的地位和环境声誉（J. L. Walls et al. ，2012）。

高管团队发挥治理作用的效果具有人口学统计特征。高层梯队理论表明，高管的基本特征分为心理特征和客观特征，主要包括高管成员的年

龄、任期以及团队异质性等；这些特征一般地影响了管理团队的沟通、社会认知和信息处理能力，进而关涉到公司面临环境挑战、重大风险及大量新知识产生时，高管团队如何做出科学的战略与决策（Hambrick & Mason，1984；Hambrick，1994）。在公司治理与环境业绩的研究中，董事会特征受到关注。Charl de Villiers et al.（2011）证实，董事会特征与公司环境业绩表现有显著关系。基于我国上市公司的治理情况，高管的人口统计特征对环境业绩的影响仍然没有引起重视。为了验证公司治理差异的生态控制效率，我们需要重点探讨高管特征与环境业绩的关系。

根据我国《公司法》及上市公司年报中披露的高管信息，为了研究方便，对高管进行如下界定：高管是制定公司经营政策，解决公司重大问题并拥有控制权和决策权的领导团队，主要包括如下管理层人员：董事长、副董事长、总经理、总裁、副总经理、副总裁、财务总监、技术总监、总工程师、总经济师、董事会秘书等。

一、理论分析与假设发展

（一）高管特征对企业环境业绩的影响

Cannella Jr. 等（2008）研究证实，高管的人口构成特征导致不同的战略选择。良好的环境业绩表现恰好是企业响应社会环境需求、构筑企业与自然友好生态关系的一种战略选择。这些人口构成特征的主要变量是年龄、任期、教育水平和专业化教育（Wiersema and Bantel，1992）。因而更全面地，高管的年龄、性别、教育背景、任期、二元性、政治背景及团队规模等人口构成特征会影响企业的环境业绩。

1. 基本构成特征

从年龄来看，年长的高管由于工作经历的磨炼，更容易遵循已有的规范，不愿损害之前积累的威望和荣誉，会选择比较保守的行为；相反，年龄较小的高管则急于展现自我能力，可能会倾向于冒险，选择企业决策时会表现出过度自信，高估私有信息的作用而忽视公共信息对决策的影响（Prendergast and Stole，1996）。值得关注的是，Davidon 等（2007）发现，临近退休年龄的高管会对公司营业收入产生显著的正面影响。在中国文化背景下，组织中年长的高管对已有规范的遵从，容易得到下属的尊重和支持，下属的尊重和顺从可以使高管的环境业绩决策得到有效的执行。

高管的性别在公司的战略结果方面起着重要作用（Anderson，2003）。生物学和心理学的文献表明，男性和女性的基因组成差异形成了性别差异，而性别差异的过度自信水平会导致高管的不同运作方式，进而引起女性和男性在公司业绩管理方面的差异。Kalleberg 和 Leicht（1991）认为，与女性高管领导的企业相比，男性高管领导的企业更倾向于从事具有创新的商业谋略而发展得更好。在面对风险的态度上，女性通常会努力避免损失，Martin（2009）的研究证实，规避市场风险存在显著的性别差异，在女性担任企业高管时，企业在资本市场上会有更多的降低风险的有效措施。随着企业环境风险的上升，女性高管将更加关注环境业绩对企业的影响。

高管教育水平和教育的专业化程度影响企业的战略选择（Wiersema and Bantel，1992）。更多的研究表明，高管的教育背景对企业行为和结果有显著影响，尤其对企业创新和财务业绩的影响较大（Finkelstein and Hambrick，2009）。高管教育背景可以划分为几种不同的类型，MBA 学位与法学学位是最普遍的，这种专业化程度的差异，会影响企业的环境披露（Lewis B. W. et al.，2014）。从一般意义上说，高管的教育专业化程度越高，就更可能认识到环境披露是提高公司声誉和环境合法性的机会。在中国传统文化的影响下，教育和学术成就被认为是个人成功的一部分，高管的教育水平越高，其社会认可度和影响越高，掌握新思想和社会发展动态的能力更强（Pearce，2006）。因而，受教育水平较高的高管更倾向于改善公司环境业绩，会更加注重企业的绿色发展。

高管团队是公司的决策机构，在应对公司经营环境不确定性方面，一个有实力的高管团队包括了更多有丰富经验的管理者。Coles、Daniel和 Naveen（2008）指出，现代公司需要一个从规模较大的管理层来获取计划和决策以提升企业的价值。因为规模较大的管理层包括更多有管理专业知识和技能的管理者，可以带来更多的经验、知识以及方案选择，对企业组织来说是一种独特的资源；同时，规模较大的管理团队，不仅更可能包括企业环境管理方面的专业人才，而且可以对忽视环境风险的决策进行抵制，形成更加科学的决策。企业经营环境的不确定通常会导致高管规模的扩张，以使公司获取必要的专业知识来克服这种不确定性，并制定科学的决策（Booth J. R. and Deli D. N.，1996）。因此，随着环境问题对企业经营决策的影响不断扩大，一个规模相对大的高管团队能够更好地将环境问题及其引发的新的商业机会进入企业的战略并形成改进环境业绩的科学决策。

基于以上分析，提出如下假设：

H1a：高管平均年龄与企业环境业绩正相关。

H1b：高管男性比例与企业环境业绩负相关。

H1c：高管教育背景与企业环境业绩正相关。

H1d：高管团队规模与企业环境业绩正相关。

2. 经历构成特征

高管的长期管理工作经历被认为是声誉和组织知识的来源，能够提出更好的方案并获得资源。一些证据表明，高管任期越长，公司财务信息披露的错误越少（Donoher W. J. et al.，2007）。高管在长期的任期中，通过熟悉企业流程而获得职业知识和技能，并形成内部的社会资本（Fischer & Pollock，2004）。同时，长期的任期也帮助高管们逐渐发展作为代理人管理公司的知识以及发展一些独一无二的资源与能力（Kor and Sundaramurthy，2009）。相对于任期较短的高管而言，长期任期的高管，富有专业管理知识和技能，对不良环境业绩可能带来的风险感知度要高，会认为环境业绩的披露是很重要的，能够保证企业追求积极的环境业绩。

当一个高管团队成员同时担任 CEO 和董事长时，被认为公司的高管特征具有二元性。根据委托代理理论，二元性特征使公司管理权更加集中，Jensen（1986）的研究表明，拥有集中管理权力的高管在决策时，可能更偏向于自身利益而使公司利益受到损害。二元性还加剧 CEO 与董事会之间的信息不对称，造成垄断董事会、损害股东和外部利益相关者的利益（Kelton and Yang，2008）。一些实证研究发现，高管二元性特征与企业社会责任呈负相关关系（Webb E.，2004）。如果 CEO 被迫在环境机会方面付出策略性投资的代价以最大化短期财务收益，那么二元性将可能减少董事会在环境机会方面的直接投资，并降低企业的环境业绩（Charl de Villiers et al.，2011）。因此，可以推理，由于自身短期利益的动机，二元性可能导致企业决策时忽视可能产生的长期环境风险、减少环境机会方面的投资；在我国现有的环境管制标准下，达标激励是二元性情况下高管的根本动机，对长期环境业绩采取的机会主义行为可能降低企业的环境业绩水平。

在转轨经济体中，由于传统体制的影响，企业与政府存在不同形式的政治联系。在一个公司的高管中，曾经担任政府首脑、政府议员或者与政府官员有密切关系的，就表明该公司高管具有明显的政治背景（Faccio M. et al.，2006）。Khwaja 和 Mian（2011）的研究表明，拥有政治背景的企业高管能够为企业优先得到银行贷款，甚至政府的财政援助和政策支持提供条件；在相关法律不完善的经济转型国家，高管的政治背景能够有效地帮助企业获取更多经济资源。然而，高管的政治背景也会对企业产生负面影响，因为高管的政治联系往往导致政府不适当的干预，既增加了企业的经营风险，也增加了政治关系整合于公司治理的成本（Agrawal and Knoeber，2001）。在我国经济发展的现阶段，受成本和技术的约束，企业环境业绩主要依靠自上而下的管制和引导，当环境业绩的改进作为一种行政指标甚至政治任务要求而非自愿行为时，随着政府环境监管强度的提升，有政治背景的高管更愿意得到政府的相关沟通（或"关照"）：包括在企业违反监管时减轻处罚甚至与环境监管机构合谋逃避责任，或更多地得到所谓"绿色公司"的政府补贴，等等。根据信号传递理论，没有政治背景的企业因得不到任何政府庇护，会主动向市场披露其环境业绩的表现，努力改进环境业绩以向利益相关者传递社会需求的信号，以便使自己区别于环境业绩较差的公司。

根据上述分析，可以提出如下假设：

H1e：高管任期与企业环境业绩正相关。

H1f：高管二元性与企业环境业绩负相关。

H1g：高管政治背景与企业环境业绩负相关。

（二）直接控制人性质对高管特征与环境业绩关系的促进作用

Lopez-Iturriaga 等（2009）的研究表明，在企业实际控制人为机构或者私人的情况下，当企业处于较好的成长机会时往往承担较少的社会义务和责任。在我国，国有控股企业承担着多重任务。在国资委的监督下，要求国有控股的企业积极对社会及时披露环境信息。国有控股企业会因为获得国资委较多的支持政策，需要比非国有控股的企业承担更多的社会义务和责任，进而披露的环境业绩信息质量会更高，以表明它们履行社会责任、保护环境的良好社会形象（何丽梅、侯涛，2010）。在我国企业的所有权结构中，大多数由第一大股东控制，不同所有权性质的控股股东在公司业绩与公司治理效率上具有显著差异性（徐晓东、陈小悦，2003）。可见，尽管高管特征对公司环境业绩产生影响，但由于国有控股企业受到的监管更加严格以及政治上的依赖关系，高管团队在决策制定上更倾向于规避环境问题带来的政治风险和经营风险，对政府的相关环境政策执行力度会更好。因此，相对于非国有控股企业，国有控股企业高管特征对环境业绩的影响作用更大。

基于以上分析，提出如下假设：

H2a：与非国有控股企业比，国有控股企业高管年龄对环境业绩的影响更大。

H2b：与非国有控股企业比，国有控股企业高管男性比例对环境业绩的影响要大。

H2c：与非国有控股企业比，国有控股企业高管教育背景对环境业绩的影响要大。

H2d：与非国有控股企业比，国有控股企业高管团队规模对环境业绩的影响要大。

H2e：与非国有控股企业比，国有控股企业高管任期对环境业绩的影响要大。

H2f：与非国有控股企业比，国有控股企业高管二元性对环境业绩的影响要大。

H2g：与非国有控股企业比，国有控股企业高管政治背景对环境业绩的影响要大。

二、样本选择、变量定义与模型构建

（一）样本选择和数据来源

重污染行业上市公司的环境业绩对公司价值的影响更为敏感。重污染行业的界定国内有不同的范围：国家统计局将热力电力生产与供应业、非金属矿物制造业、有色金属冶炼与压延加工业、石油加工炼焦和核燃料加工业与黑色金属冶炼和压延加工业六个行业认定为高能耗行业；环保部 2008 年颁布的《上市公司环保核查行业分类管理名录》中规定的重污染行业为：制革、纺织、发酵、造纸、酿造、制药、石化、化工、采矿、建材、冶金、煤炭、电解铝、水泥、钢铁以及火电；2010

年颁布的《上市公司环境信息披露指南》对重污染行业的界定与《管理名录》则基本一致。在参照上海证券交易所对行业详细划分的基础上，这里将重污染行业规定为：皮革、毛皮、羽绒及制品业，印刷业，煤气生产及供应业，橡胶制造业，石油加工及炼焦业，有色金属矿采选业，煤炭采选业，化学原料和化学制品制造业，塑料制造业，纺织业，造纸及纸制品业，医药制造业，化学纤维制造业，石油和天然气开采业，有色金属冶炼和压延加工业，热水、电力、蒸汽生产与供应业，黑色金属冶炼与压延加工业等 17 个具体的行业类型。

由于上海证券交易所的上市公司有相对更为详细的社会责任信息披露，该项研究以 2008～2013 年沪市 A 股重污染行业的上市公司作为样本，并对所有企业进行以下几个方面的筛选：（1）剔除 ST、*ST 和 S 公司，因为面临退市风险的样本企业可能对研究结果的一致性和可靠性产生影响；（2）剔除数据不完善、环境业绩数据残缺的上市公司；（3）对选取的所有变量以 95% 分位进行了 Winsorize 缩尾处理，以控制异常值对结论产生的可能影响，最终得到样本点共有 1041 个，其中国有控股的上市公司 757 家，非国有控股的上市公司 284 家；（4）样本企业披露的环境业绩信息主要从年度财务报告、社会责任报告、企业可持续发展报告以及公司网页和媒体披露中通过手工收集获得，其他数据则主要来源于 CSMAR 数据库、巨潮资讯网以及上海证券交易所网站。

（二）研究变量及其度量

1. 环境业绩和高管特征变量

根据联合国国际会计和报告标准，环境业绩指标（EPIs）是可以被用来衡量企业资源消耗的效率与效果。目前，国际社会已涌现出多个环境业绩评价指标体系，其中较有代表性的是：国际标准化组织的 ISO14031 环境业绩评估系统、全球报告倡议组织（GRI）的环境指标体系等。我国现有《企业环境信用评价办法》《上市公司环境信息披露指南》等相关标准。

在借鉴 ISO14031 环境业绩评估系统和 G4 的环境指标体系以及我国现有的《企业环境信用评价办法》《上市公司环境信息披露指南》等相关标准的基础上，考虑我国上市公司现实情况和已有学术成果，构建了如图 5-2所示的企业环境业绩综合评价体系。该体系包含了环境成本、环境治理、环保投资以及环境管理等四项指标，各项指标具体内涵如下：

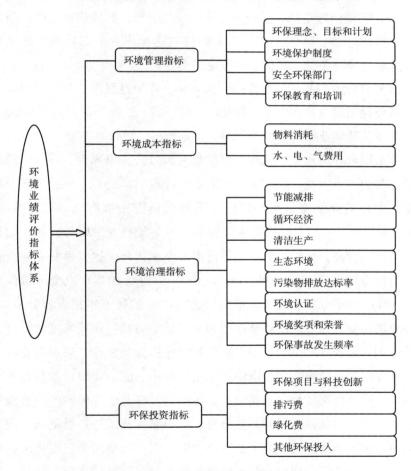

图 5-2 企业环境业绩评价指标体系

（1）环境管理指标，指企业为改善环境业绩所付出的努力，根据 ISO14031 评价标准，纳入环境管理指标的有：环保理念、目标和计划，环境保护制度，安全环保部门，环保教育和培训。

（2）环境成本指标，是反映企业在生产经营过程中对各项能源的消耗，包括物料、水、电、气等能源的使用情况，具体是物料消耗和水电气消耗两个指标。

（3）环境治理指标，是企业污染治理的表现，具体指标包括：节能减排、循环经济、清洁生产、污染物排放达标率、生态环境、环境认证、环境奖项与荣誉、环保事故发生频率等。

（4）环保投资指标，是反映企业在环境保护过程中的各项支出，主要包括环保项目与科技创新、绿化费、排污费、其他环保投入等指标。

在量化环境业绩的研究文献中，Wiseman（1982）基于年报内容分项评分来度量环境业绩，他将环境信息披露分为污染减轻、诉讼、经济因素和其他 4 个大类，4 大类下又分为 18 个细目。此后，年报内容分项评分法在环境业绩度量和环境信息质量的研究中被广泛运用。然而，Wiseman 提出的环境业绩指数主要强调企业环境行为的财务后果，定量信息的权重较高，可能导致环保执行不力企业比环保执行良好企业获得更高的评分。考虑到这一点，Clarkson P. M. 等（2008）以全球倡议组织（GRI）《可持续发展报告指南》为标准，扩展了年报内容分析法，将环境披露划分为客观的硬披露项和不可证实的软披露项来度量环境业绩。C. de Villiers 等（2011）以 KLD 数据库指标为标准，通过企业在有益于环保的产品或服务、污染预防、循环利用、清洁能源以及其他 5 个方面的环境强度来度量环境业绩。具体而言，有益于环保的产品或服务强度是企业可以从创新性的产品修复、环境服务或改进产品能效，或开发环境效益显著的创新产品中获得较大的收入；污染预防强度显示企业存在明确的污染预防项目，包括减排和减少有毒物质的项目；循环利用反映企业生产流程的物质循环或在循环产业中起到关键作用；清洁能源反映企业采取重大措施使用可再生能源，减少气候变化和空气污染；其他环境强度主要是对管理系统的生态承诺、自愿性环境行为计划、保护生物生境等。

从已有的研究中我们发现：（1）尽管各国（地区）对环境信息的强制性披露要求和标准各不相同，且不同企业的自愿性环境信息披露内容差别也较大，在分项评分过程中对环境信息的分类和计分亦不尽相同，但参考的标准逐步向相关的国际标准靠拢。（2）国内外已普遍认同和采用了一些分类项目，如排污排毒、绿化费用、环保投入、生产流程的物质循环利用等，尽管这些项目在内容的表述上存在差异；而有的项目仅少数研究使用，如环境风险管理项目，国内研究几乎还没涉及该项目，可能与国内企业对环境风险管理的披露比较少有关。（3）环境信息披露计分一般分为非货币性的定性描述、物质指标与货币性指标的比率（如有毒物质排放量占销售收入的比）和货币性的定量描述等类别项分别赋予不同范围分数值，最后确定环境业绩指数。

我们在借鉴已有环境业绩度量指标和评分方法的基础上，运用年报内容分析法，将环境业绩分为环境管理、环境成本、环境治理以及环境投资4个方面，下面又包括18个明细项目，指标体系见图5-2，并按照既定的规则对所有指标进行打分。具体计算规则为：未披露的指标计0分，非定量描述的指标计1分，定量描述的指标计2分，以此获得每个上市公司的环境业绩得分作为环境业绩的定量值。

2. 环境业绩评分的信度分析

信度主要是指不同编码员对内容归类的一致性，即用于观察的测量工具在不同的环境、时间和地点下应高度一致。如果有着较高的一致性，则表明变量的分析数据可靠性较高，若一致性偏低，说明变量存在分歧，不能得到可靠的结论。在该部分研究的所有变量中，企业环境业绩采用了年报内容分析法，由于受到个人主观偏见的影响，分析出的结果会产生一定偏差。因此，采用年报内容分析法得出的环境业绩数据要通过信度检验方可做进一步的研究。

首先，在 Excel 中运用 Random 函数随意选取 6 份年报，代码分别是：600644、600156、600389、600285、600808 和 600714，分别是 2011 年的"乐山电力"、2008 年的"华升股份"、2010 年的"江山股份"、2009 年的"羚锐制药"、2012 年的"马钢股份"、2013 年的"金瑞矿业"。其次，找 6 个人分别对以上 6 份年报进行评分，即所有年报都有 6 种评分结果，共有 36 组数据。最后利用 SPSS17.0 统计软件对该样本进行一致性检验。从表 5-1 中可以看出，内部一致性 Cronbach 的系数 α 值是 0.938，其值越大表明项目间的相关性越高，信度也就越好，P 值为 0.027，小于 0.05，顺利通过显著性检验。因而有理由认为，打分者对企业环境业绩评分的掌握具有显著一致性，该项得分可以做进一步的实证研究。

表 5-1　　　　　　　　　　　　　　一致性检验

N	Cronbach's α	Cochran's Q	Sig.
6	0.938	12.596	0.027

3. 高管特征变量

高管特征变量包括高管年龄、高管性别比例、高管教育背景、高管规模，高管任期、高管二元性及高管政治背景，直接控制人性质。

高管年龄（Age）：用公司所有高管年龄的算术平均值来代表高管平均年龄。高管性别比例（$Gend$）：男性高管成员赋值为 1，女性高管成员赋值为 0，再进行整体平均。高管教育背景（$Degr$）：根据已有研究，高管教育背景的等级赋值：中专或者中专以下学历为 1；大专学历为 2；本科学历为 3；硕士研究生或 MBA 学历为 4；博士研究生及以上学历为 5。然后计算出所有高管教育背景平均值作为该变量的数值，平均学历越高，说明高管成员的教育背景就越好。高管规模（$Size$）：高管成员的总数量表示高管规模。

高管任期（*Ten*）：现任高管所有成员的平均任职时间，每位高管人员任职时间的具体计算方法：刚任职的日期截至样本期的天数除以365进行计算。高管二元性（*Dual*）：公司总经理与董事长或副董事长为同一个人，取值为1，否则取值为0。高管政治背景（*Poli*）：当公司高管成员曾经或现在仍在政府部门任职，包括担任各级政协委员会委员、省市地级政府部门官员、人大代表等职位，则界定为公司高管存在政治背景，取值为1，否则取值为0。

直接控制人性质（*Pro*）：依据 Prado-Lorenzo 等（2010）与申慧慧、吴联生（2012）的相关研究，直接控制人性质会影响企业对环境信息的披露，从而导致企业环境业绩水平的差异。在该项研究中加入直接控制人虚拟变量，来反映国有控股与非国有控股公司高管特征对环境业绩影响的差异。若企业的直接控制人是国有控股，则为1，否则为0。

4. 控制变量

为了使检验结果更加准确，该项研究对可能影响企业环境业绩水平的其他因素加以控制。参考国内外的相关研究，企业环境业绩水平除了受高管特征影响外，还受到其他众多因素的影响。Charl de Villiers（2011）以公司规模、公司年龄、盈利能力、资产负债率及 β 值等，作为董事会人口统计特征与环境业绩关系研究的控制变量。在 Qi G. Y. 等（2014）的实证研究中，企业规模、所有权性质、企业盈利能力及资产负债率被选为控制变量。毕茜、彭珏、左永彦（2012）的研究以财务杠杆、盈利能力和公司规模对实证结果进行控制，借鉴他们的研究，这里将企业规模、盈利能力、资产负债率以及年度作为控制变量。

与规模较小企业相比，规模较大的企业一般更容易实施环境管理标准并将其整合于生态控制系统。由于盈利能力强的公司能更好地满足环境合规要求并降低合规成本，环境披露质量更好，因而盈利能力是影响企业环境业绩的重要因素（Galani D. et al., 2012）。资产负债率往往显示企业所面临的财务风险，当企业财务风险较高时，企业更多地关注利润的增长而降低杠杆，较少关注其环境业绩水平（Clarkson et al. , 2008）。

此外，在模型中，我们还对样本所属年度（*Year*）进行了控制。年度以 2008 年为基准，共设定 5 个虚拟变量。各变量定义及具体计算如表 5 – 2 所示。

表 5 – 2 　　　　　　　　　　　　　**变量定义及度量方法**

变量类型	变量名称	变量符号	定义及度量
内生变量	环境业绩	*EP*	由各项指标的评分计算得出
外生变量	高管年龄	*Age*	高管平均年龄
	高管任期	*Ten*	高管平均任职时间
	高管性别比例	*Gend*	高管性别平均数（男性取值 1，女性取值 0）
	高管教育背景	*Degr*	高管平均学历
	高管政治背景	*Poli*	高管曾或正在各级政府相关部门任职
	高管规模	*Size*	高管成员总人数
	高管二元性	*Dual*	高管董事长或副董事长与总经理由一人担任
	直接控制人性质	*Pro*	直接控制人性质
控制变量	企业规模	*CS*	ln 期末总资产
	盈利能力	*ROA*	净利润/平均总资产
	资产负债率	*Debt*	负债总额/资产总额
	年度	*Year*	以 2008 年为基准，设置 5 个虚拟变量

（三）回归模型的构建

为了验证假设 1 及相应的 7 个子假设，借鉴 Charl de Villiers 等（2011）的实证研究模型，建立回归模型（1）：

$$EP = \alpha_0 + \alpha_1 Age + \alpha_2 Ten + \alpha_3 Gend + \alpha_4 Dual + \beta_5 Degr + \alpha_6 Poli$$
$$+ \alpha_7 Size + \alpha_8 CS + \alpha_9 ROA + \alpha_{10} Debt + \varepsilon \qquad (5.1)$$

为了验证假设 2 及相应的 7 个子假设，借鉴 Prado-Lorenzo 等（2010）的实证研究模型，建立回归模型（2）：

$$EP = \beta_0 + \beta_1 Age + \beta_2 Ten + \beta_3 Gend + \beta_4 Dual + \beta_5 Degr + \beta_6 Poli + \beta_7 Size$$
$$+ \beta_8 Age \times pro + \beta_9 Ten \times pro + \beta_{10} Gend \times pro + \beta_{11} Dual \times pro$$
$$+ \beta_{12} Degr \times pro + \beta_{13} Poli \times pro + \beta_{14} Size \times pro + \beta_{15} CS + \beta_{16} ROA$$
$$+ \beta_{17} Debt + \varepsilon \tag{5.2}$$

在回归模型（1）和（2）中，EP 为被解释变量，是企业的环境业绩，高管特征为解释变量。同时，模型还控制了企业规模、盈利能力、资产负债率及年度。模型运算使用 Excel 和 STATA12.0 软件。

三、高管特征与环境业绩关系的实证结果分析

（一）高管特征对环境业绩的影响的检验结果

1. 变量的描述性统计特征

变量的描述性统计特征见表5－3。从表5－3可以看出，样本公司环境业绩均值为6.10，其中最大值为19.00，最小值是2.00，标准差为3.13，说明环境敏感行业上市企业整体环境业绩水平偏低，大多数位于中等水平以下，企业之间的环境业绩水平有一定的差异，在国家生态战略的引导下，企业改善环境业绩的空间较大。

表5－3　　　　　　　　变量的描述性统计结果

变量	均值	最小值	最大值	标准差
EP	6.10	2.00	19.00	3.13
Age	47.51	35.13	58.83	3.24
Ten	2.57	0.01	10.60	1.78
Degr	3.36	1.78	4.57	0.47
Dual	0.30	0.00	1.00	0.46
Gend	0.92	0.33	1.00	0.10
Poli	0.34	0.00	1.00	0.48

续表

变量	均值	最小值	最大值	标准差
Size	7.97	2.00	20.00	2.53
Pro	0.73	0.00	1.00	0.45
CS	22.66	19.34	28.00	1.38
ROA	0.04	-0.28	0.48	0.06
Debt	0.52	0.05	1.06	0.19

高管团队平均年龄为 47.51 岁，最小为 35.13 岁，说明高管成员的平均年龄整体偏大，大多数为中年人，这一特征与多数研究及整个上市公司高管的平均年龄状况基本一致。高管性别比最大值为 1.00，均值 0.92，说明有 92% 的高管为男性，甚至有些公司高管全部为男性，样本公司女性所占比例很少，高管团队的决策结果主要体现男性的性格特征。高管教育背景均值为 3.36，比本科学历稍高；同时对样本公司高管教育的数据整理还发现，很多高管的最高学历都是在参加工作后取得的，这一状况反映了企业的可持续发展对高学历知识型人才的需求。高管规模的均值为 7.97，最小值是 2.00，最大值是 20.00，标准差为 2.53，说明我国企业的高管规模一般在 8 人左右，不同企业之间高管团队规模有较大的差异。

高管任期的均值为 2.57，最大值为 10.60，标准差为 1.78，大部分高管成员任现有职位的时间较短，一般不超过 3 年，说明高管团队的组织结构并不稳定。高管二元性特征的均值为 0.30，标准差为 0.46，说明高管成员中一人兼两职的现象并不是很多；高管在公司内部兼任职位越多，越有可能会只关注企业经济利益，而忽略其社会和环境业绩。高管政治背景的均值为 0.34，标准差是 0.48，说明样本公司的高管团队成员在政府部门任职（或担任人大代表、政协委员）的比例为 34%，所占比例相对不高，同时各企业之间的差异也不明显。

直接控制人性质的均值为 0.73，标准差为 0.45，说明样本公司中国有控股企业所占比例高达73%，比例相对较高，而非国有企业的比例较低。

在控制变量方面，公司规模的均值为22.66，最大值为28，最小值为19.34，标准差为1.38，说明不同企业之间的规模存在较大差距。盈利能力均值为0.04，最大值是0.48，最小值是﹣0.28，标准差为0.06，说明样本公司所在的环境敏感行业的盈利能力一般，且不同企业之间有较大差异。资产负债率的均值为0.52，标准差为0.19，说明样本公司的负债情况基本正常，但公司之间的差异较大。

变量间的 Pearson 相关系数矩阵见表5-4。从表5-4中高管特征与企业环境业绩之间的相关系数看出，高管年龄、教育背景与环境业绩存在正相关关系，与预期一致；高管男性比与环境业绩正相关、高管规模与环境业绩负相关，与预期不一致；高管任期与环境业绩正相关、高管二元性、政治背景与环境业绩负相关，与预期一致。在控制变量方面，企业规模、资产负债率与环境业绩正相关，盈利能力与环境业绩间存在负相关关系，这与理论分析不完全一致。

2. 变量之间的共线性检验

表5-4显示，外生变量间相关系数最小为0.00，最大为0.37，并在1%的水平上显著，而且大多数变量间的相关系数均在0.20以下，表明外生变量、控制变量和调节变量间的相关性较弱。共线性检验的统计量见表5-5，外生变量的膨胀因子（*VIF*）均在1.3以下，*VIF* 的均值为1.12，表明回归模型（1）和（2）中，所有外生变量间基本上不存在多重共线性，回归结果有价值。

表 5 – 4   变量间的 Pearson 相关系数矩阵

变量	EP	Age	Ten	Degr	Dual	Gend	Poli	Size	Pro	CS	ROA	Debt
EP	1											
Age	0.14***	1										
Ten	0.09***	0.21***	1									
Degr	0.20***	0.07*	–0.00	1								
Dual	–0.09***	–0.02	0.07*	–0.07*	1							
Gend	0.14***	0.10***	–0.08*	0.12***	–0.08*	1						
Poli	–0.01	0.09***	–0.01	0.02	0.04	0.09***	1					
Size	–0.16***	0.11***	–0.06*	0.14***	–0.08***	0.12***	0.28***	1				
Pro	0.15***	0.30***	–0.09***	0.23***	–0.11***	0.18***	–0.28	0.07*	1			
CS	0.27***	0.25***	0.05*	0.37***	–0.13***	0.23***	0.13***	0.24***	0.25***	1		
ROA	–0.08**	0.02	–0.04	0.09***	0.05	0.03	0.14***	0.11***	0.02	–0.04	1	
Debt	0.12***	0.11***	–0.03	0.11***	–0.08*	0.20***	–0.05	0.08*	0.11***	–0.03	0.11***	1

注：***、**、* 分别表示在 1%、5%、10% 的水平上显著。

表 5 – 5					变量之间的共线性统计量				
变量	*Age*	*Ten*	*Degr*	*Dual*	*Gend*	*Poli*	*Size*	*Pro*	均值
VIF	1. 20	1. 09	1. 09	1. 03	1. 06	1. 11	1. 14	1. 22	1. 12
1/VIF	0. 83	0. 92	0. 92	0. 97	0. 94	0. 90	0. 88	0. 82	

3. 模型（1）的回归结果分析

高管特征与企业环境业绩的回归结果见表 5 – 6。在进行单变量和多变量回归后结果显示：

（1）高管年龄与环境业绩正相关但不显著，表明高管年龄与环境业绩的正相关关系不稳定，假设 1a 没有得到支持，一个可能的解释是：样本公司高管的平均年龄较大，对待国家的减排指标比较谨慎，在平均利润率偏低的情况下以达标为最高目标。高管男性比例与环境业绩正相关，并在 1% 的水平上显著，系数为 0. 329，假设 1b 没有被支持，可能是因为女性高管比例偏低、男性高管年龄偏大的结果。高管平均教育背景与企业环境业绩正相关，并在 1% 的水平上显著，系数为 0. 391，假设 1c 得到了支持，这表明有较高教育水平的高管团队，能够以敏锐的眼光判断公司经营过程中可能存在的环境风险，并从环保需求中找到新的商业模式和价值创造机会。高管规模与环境业绩正相关，并在 1% 的水平上显著，假设 1d 得到验证。

（2）在高管的经历构成特征中，高管任期与环境业绩负相关但不显著，关系不稳定，假设 1e 没有得到支持。由于高管的任期平均不到 3 年，在研究中还发现样本公司高管团队成员变动比较频繁，这些因素可能影响回归结果。在单变量回归中，高管二元性与企业环境业绩负相关，并在 10% 的水平上显著；但多变量回归中，二者呈负相关关系，但不显著；因而，高管二元性与环境业绩的关系不稳定。

表 5 − 6 模型（1）的回归检验结果

变量	Panel A1 EP	Panel B1 EP	Panel C1 EP	Panel D1 EP	Panel E1 EP	Panel F1 EP	Panel G1 EP	Panel H1 EP
Age	0.044 (1.57)							0.041 (1.48)
Ten		− 0.047 (− 0.64)						− 0.014 (− 0.19)
Degr			0.391 *** (3.86)					0.355 *** (3.53)
Dual				− 0.358 * (− 1.72)				− 0.241 (− 1.82)
Gend					0.329 *** (3.37)			0.293 *** (3.01)
Poli						− 0.178 (− 0.88)		− 0.376 * (− 1.17)
Size							0.141 *** (3.69)	0.140 *** (3.53)
CS	0.594 *** (7.91)	0.620 *** (8.42)	0.517 *** (6.66)	0.602 *** (8.13)	0.579 *** (7.82)	0.627 *** (8.45)	0.565 *** (7.57)	0.424 *** (5.26)
ROA	− 0.260 ** (− 2.34)	− 0.247 ** (− 2.22)	− 0.283 ** (− 2.56)	− 0.240 ** (− 2.16)	− 0.284 *** (− 2.57)	− 0.241 ** (− 2.16)	− 0.297 *** (− 2.68)	− 0.342 *** (− 3.08)
Debt	− 0.016 (− 0.14)	− 0.008 (− 0.07)	− 0.232 (− 0.20)	− 0.008 (− 0.06)	− 0.072 (− 0.62)	− 0.010 (− 0.08)	− 0.324 (− 0.28)	− 0.126 (− 1.09)
Year	Yes	Yes	Yes	Yes	Yes	Yes	Yes	Yes
常数	− 9.054 *** (− 4.60)	− 7.309 *** (− 4.27)	− 5.130 *** (− 2.87)	− 6.999 *** (− 4.09)	− 6.553 *** (− 3.84)	− 7.619 *** (− 4.48)	− 7.377 *** (− 4.39)	− 5.861 *** (− 2.83)
规模	1041	1041	1041	1041	1041	1041	1041	1041
$A - R^2$	0.0950	0.0932	0.1058	0.0955	0.0936	0.1014	0.1047	0.1253
F 值	13.14	12.88	14.67	13.20	14.23	12.93	14.51	10.93

注：*** 、** 、* 分别表示结果在 1%、5%、10% 的水平上显著，括号内为 t 值。

在单变量的回归结果中，高管政治背景与企业环境业绩负相关，但不显著；在多变量的回归结果中，高管政治背景与企业环境业绩负相关，并在 10% 的水平上显著；说明高管政治背景与环境有不稳定的负相关关系。

（3）在控制变量方面，企业规模与环境业绩正相关，系数为 0.424，并在 1% 的水平上显著，说明企业规模是影响环境业绩的重要因素，因为规模大的企业，其环境业绩表现更容易受到环境监管机构监管和公众的关注。盈利能力与环境业绩负相关，系数为 -0.342，并在 1% 的水平上显著，这与国外多数研究的结论不一致，可能与我国环境敏感行业上市公司整体盈利水平偏低有关。资产负债率与环境业绩负相关，但不显著，这可能与地方保护引起环境敏感行业上市公司的债务软约束有关系。

（二）直接控制人性质增进高管特征与环境业绩关系的检验结果

直接控制人性质与高管特征交互作用的回归结果见表 5 - 7。结果显示：

（1）在表 5 - 7 中，从 Panel A2 中可以看出，$Age \times Pro$ 在 1% 的水平上与环境业绩显著正相关，表明国有控股与非国有控股性质的公司相比，高管年龄对国有控股公司环境业绩的影响作用更大，假设 H2a 得到验证。从 Panel E2 中可以发现，高管男性比例在 1% 的水平上与环境业绩正相关，$Gend \times Pro$ 与环境业绩负相关但并不显著，说明在非国有控股与国有控股性质的公司中，高管的性别比对环境业绩的影响没有明显的差异，假设 H2b 没有得到支持。从 Panel C2 中可以看到，高管教育水平在 1% 的水平上与环境业绩正相关，$Degr \times Pro$ 与环境业绩正相关但不显著，说明直接控制人性质并不明显增进高管教育水平对环境业绩的影响，假设 H2c 没有得到验证。从 Panel G2 中可以看到，高管团队规模在 5% 的水平上与环境业绩正相关，$Size \times Pro$ 在 1% 的水平上与环境业绩显著正相关，表明直接控制人性质能够明显增进高管团队规模对企业环境业绩的影响，假设 H2d 得到验证。

（2）在高管的经历构成特征方面，从 Panel B2 中可以看出，*Ten* 在 10% 的水平上与环境业绩负相关，*Ten × Pro* 在 5% 的水平上与环境业绩显著正相关，表明直接控制人性质能够增进高管任期对环境业绩作用的发挥，假设 H2e 得到验证。从 Panel D2 中可以看到，高管二元性在 1% 的水平上与环境业绩显著负相关，*Dual × Pro* 在 5% 的水平上与环境业绩正相关，说明与非国有控股公司相比，国有控股公司高管二元性对环境业绩的影响更大，假设 H2f 获得支持。从 Panel F2 中可以发现，政治背景在 5% 的水平上与环境业绩显著负相关，*Poli × Pro* 则在 10% 的水平上与环境业绩显著正相关，说明在非国有控股与国有控股性质的公司中，国有控股公司的高管政治背景对环境业绩的影响更大，假设 H2g 得到验证。

表 5-7 模型（2）的回归检验结果

变量	Panel A2 EP	Panel B2 EP	Panel C2 EP	Panel D2 EP	Panel E2 EP	Panel F2 EP	Panel G2 EP
Age	0.012 (0.39)						
Age × Pro	0.014 *** (2.92)						
Ten		−0.141 * (−1.68)					
Ten × Pro		0.153 ** (2.31)					
Degr			0.316 *** (2.07)				
Degr × Pro			0.130 (0.65)				

续表

变量	Panel A2 EP	Panel B2 EP	Panel C2 EP	Panel D2 EP	Panel E2 EP	Panel F2 EP	Panel G2 EP
Dual				−0.868*** (−2.72)			
Dual × Pro				0.774** (2.11)			
Gend					0.353*** (2.48)		
Gend × Pro					−0.043 (−0.22)		
Poli						−0.636** (−1.96)	
Poli × Pro						0.654* (1.80)	
Size							0.691** (2.13)
Size × Pro							0.071*** (2.66)
CS	0.564*** (7.47)	0.597*** (8.05)	0.507*** (6.39)	0.594*** (8.02)	0.580*** (7.82)	0.605*** (8.06)	0.529** (7.00)
ROA	−0.245** (−2.21)	−0.247** (−2.23)	−0.279** (−2.52)	−0.252** (−2.27)	−0.285** (−2.57)	−0.229** (−2.06)	−0.278** (−2.51)
Debt	−0.067 (−0.58)	−0.052 (−0.45)	−0.010 (−0.09)	−0.037 (−0.32)	−0.071 (−0.61)	−0.020 (−0.18)	−0.072 (−0.63)
Year	Yes	Yes	Yes	Yes	Yes	Yes	Yes
常数	−7.279*** (−3.55)	−6.800*** (−3.95)	−4.914*** (−2.70)	−6.785*** (−3.96)	−6.567*** (−3.85)	−7.105*** (−4.13)	−6.537*** (−3.88)
规模	1041	1041	1041	1041	1041	1041	1041
$A-R^2$	0.1016	0.097	0.1053	0.0985	0.1019	0.0955	0.1099
F 值	12.76	12.18	13.24	12.36	12.80	11.92	13.84

注：***、**、*分别表示在1%、5%、10%的水平上显著，括号内为 *t* 值。

四、稳健性检验

为了保证回归结果的正确性，采用减少样本的方法进行稳健性检验。在研究中，样本期为 2008～2013 年的上市公司，而根据环保部颁布的《环境信息公开办法（试行）》从 2008 年 5 月 1 日正式实施，该办法颁布当年的环境业绩数据与以后年份的数据在可比性方面可能有一定程度的差异，并且环境敏感行业上市公司披露的环境信息是一个不断完善的过程。为了对模型（1）和模型（2）的实证结果进行稳健性检验，删除 2008 年的数据，获得 903 家上市公司 5 年的非平衡面板数据，即以 2009～2013 年的数据为样本，对模型（1）和模型（2）重新回归。

模型（1）的稳健性检验回归结果见表 5－8。对比表 5－8 与表 5－6可以发现：Panel C3 中的高管平均教育背景、Panel E3 中的高管男性比例、Panel G3 中的高管规模与环境业绩在 1% 的水平上仍保持显著的正相关关系；在高管特征的整体回归 Panel H3 中，高管平均教育背景、高管男性比例、高管政治背景以及高管规模与环境业绩仍在 1% 和 10% 的水平上显著相关，说明模型（1）的检验结果有较好的稳健性。

模型（2）的稳健性检验回归结果见表 5－9。将表 5－9 与表 5－7进行对比后发现：相对于非国有控股企业，国有控股企业高管的年龄、任期、二元性、团队规模对环境业绩的影响更大，而高管教育背景、男性比例对环境业绩的影响与控制人性质没有明显的差异；高管政治背景对环境业绩的影响与控制人性质的调节不存在稳定的关系，表明模型（2）的检验结果有良好的稳健性。

表 5 - 8 模型 (1) 的稳健性检验结果

变量	Panel A3 EP	Panel B3 EP	Panel C3 EP	Panel D3 EP	Panel E3 EP	Panel F3 EP	Panel G3 EP	Panel H3 EP
Age	0.031 (1.01)							0.028 (0.94)
Ten		-0.052 (-0.65)						-0.011 (-0.14)
Degr			0.490*** (4.41)					0.441*** (3.99)
Dual				-0.357 (-1.57)				-0.222 (-0.98)
Gend					0.333*** (3.18)			0.290*** (2.79)
Poli						-0.185 (-0.83)		-0.373* (-1.65)
Size							0.157*** (3.74)	0.152*** (3.51)
CS	0.609*** (7.32)	0.625*** (7.67)	0.504*** (5.91)	0.609*** (7.42)	0.583*** (7.10)	0.633*** (7.71)	0.560*** (6.77)	0.409*** (4.63)
ROA	-0.289** (-2.25)	-0.279** (-2.17)	-0.330** (-2.59)	-0.276** (-2.15)	-0.313*** (-2.44)	-0.271** (-2.10)	-0.339*** (-2.64)	-0.385*** (-3.01)
Debt	-0.004 (-0.03)	-0.002 (-0.02)	-0.021 (-0.16)	-0.001 (-0.01)	-0.060 (-0.47)	-0.000 (-0.00)	-0.022 (-0.18)	-0.117 (-0.92)
Year	Yes	Yes	Yes	Yes	Yes	Yes	Yes	Yes
常数	-8.755*** (-4.02)	-7.420*** (-3.90)	-4.836** (-2.47)	-7.160*** (-3.78)	-6.649*** (-3.52)	-7.766*** (-4.13)	-7.418*** (-3.99)	-5.012** (-2.20)
规模	903	903	903	903	903	903	903	903
$A - R^2$	0.0900	0.0894	0.1084	0.0915	0.0992	0.0897	0.1031	0.1271
F 值	12.16	12.07	14.71	12.35	13.41	12.11	13.96	10.38

注: ***、**、* 分别表示在 1%、5%、10% 的水平上显著, 括号内为 t 值。

表 5 - 9 高管特征对企业环境业绩影响的稳健性检验

变量	Panel A4 EP	Panel B4 EP	Panel C4 EP	Panel D4 EP	Panel E4 EP	Panel F4 EP	Panel G4 EP
Age	0.001 (-0.02)						
Age × Pro	0.014*** (2.68)						
Ten		-0.130 (-1.45)					
Ten × Pro		0.130* (1.86)					
Degr			0.386** (2.27)				
Degr × Pro			0.179 (0.81)				
Dual				-0.903*** (-2.60)			
Dual × Pro				0.833** (2.08)			
Gend					0.358*** (2.39)		
Gend × Pro					-0.047 (-0.23)		
Poli						-0.627** (-1.75)	
Poli × Pro						0.628 (1.58)	
Size							0.108** (2.33)

续表

变量	Panel A4 EP	Panel B4 EP	Panel C4 EP	Panel D4 EP	Panel E4 EP	Panel F4 EP	Panel G4 EP
Size × *Pro*							0.073 *** (2.50)
CS	0.577 *** (6.89)	0.605 *** (7.36)	0.491 *** (5.65)	0.599 *** (7.30)	0.584 *** (7.10)	0.613 *** (7.38)	0.523 ** (6.23)
ROA	−0.273 ** (−2.13)	−0.279 ** (−2.17)	−0.322 ** (−2.52)	−0.282 ** (−2.20)	−0.314 ** (−2.45)	−0.256 ** (−1.98)	−0.318 ** (−2.48)
Debt	−0.054 (−0.42)	−0.038 (−0.29)	−0.003 (−0.02)	−0.026 (−0.21)	−0.059 (−0.46)	−0.009 (−0.07)	−0.062 (−0.49)
Year	Yes	Yes	Yes	Yes	Yes	Yes	Yes
常数	−6.975 *** (−3.08)	−6.980 *** (−3.65)	−4.559 *** (−2.29)	−6.904 *** (−3.64)	−6.663 *** (−3.52)	−7.288 *** (−3.83)	−6.545 *** (−3.47)
规模	903	903	903	903	903	903	903
$A - R^2$	0.0963	0.0919	0.1081	0.0948	0.0982	0.0912	0.1083
F 值	11.68	11.15	13.14	11.50	11.92	11.06	13.17

注：***、**、*分别表示在1%、5%、10%的水平上显著，括号内为 *t* 值。

五、结论与政策启示

以 2008～2013 年沪市 A 股重污染行业的上市公司作为样本，基于年报内容分析法构建企业环境业绩指数，验证了所有权性质、高管特征与环境业绩的相关关系。研究结果发现：（1）规模大的上市公司有较好的环境业绩表现，而盈利能力较好、负债率较高的上市公司并没有表现出较好的环境业绩。（2）在控制了企业规模、盈利水平、资产负债率等公司特征的情况下，从内部治理中高管的人口统计特征的七个方面检验高管特征与环境业绩的关系表明：在高管年龄、男性比例、教育背景、团队规模等人口的基本构成特征中，教育背景、男性比例、团队规模与环境业绩显著正相关，而高管年龄对环境业绩没有显著的影响；在高管任期、二元性、政治背景等人口的经历构成特征中，二元性、政治背景与环境业绩显著负相关，而任期与环境业绩没有显著的负相关关系。(3) 所有权性质增强了高管特征与环境业绩的相关关系，相对于非国有控股企业，国有控股企业的高管年龄、任期、二元性、政治背景及规模对环境业绩的影响更大，而高管的男性比例、教育背景对环境业绩的影响与控制人性质没有明显的相关关系。

以上研究结论具有政策和管理意义：(1) 高管特征与公司的环境业绩表现有显著的相关关系，说明在相同的制度环境和外部治理约束下，管理者的异质性对提升公司的环境业绩起着重要作用。因而在政策上，进一步改进污染源企业的节能减排绩效要重视公司内部治理机制的设计，通过优化高管团队结构，激励企业构建一个适应绿色发展的生态控制系统，使节能减排嵌入企业生态控制系统而整合于企业流程。(2) 研究结论还表明，不同特征的高管团队是怎样就节能减排问题策略性地响应外部制度环境和治理变量改变的要求。因而在企业战略和财务管理上，具有环境领导力的高管团队在谋求良好环境业绩表现时，应着眼于内部组织控制结构的调整，找出生态控制整合于管理控制系统的内部路径，促进绿色战略的实施。

第四节　社会审计、内部治理与自愿环境表现

独立审计与环境信息之间的关系已引起学界的关注。Robyn 等 (2012) 从利益相关者代理理论的角度考察了社会审计是否增强自愿环境披露质量，结果表明，审计能够为利益相关者提供更加可靠和可信的环境信息，且提高了自愿性环境信息披露质量。Clarkson 等 (2008) 证实，社会审计能提高自愿性环境信息披露质量。事实上，政府监管、社

会审计与公司的环境表现是互相作用的，独立审计可以客观公正地评估其客户的环境信息质量，以向利益相关方提供更可靠的环境信息。因此，独立审计可以通过减少信息不对称增强环境信息披露的质量，促进企业环境管理体系发挥作用。在绿色发展观的引领下，通过社会审计监督发挥内部治理对企业环境表现的积极作用，有利于企业落实节能减排政策，形成绿色发展的长效机制。

一、理论分析与研究假设

代理理论认为，社会审计的监督作用能在一定程度上减缓股东与管理者之间的利益冲突。"漂绿"行为存在的原因主要是因为信息不对称，而社会审计通过为利益相关者提供更加可靠和可信的环境信息，使审计能在一定程度上减少环境信息不对称，减少企业的"漂绿"行为，进而增强了公司自愿性环境信息披露的质量。Coram 等（2009）的实验研究表明，审计能提高自愿性非财务信息的可信度。Robyn 等（2012）研究表明，社会审计通过为利益相关者提供更高质量的环境信息，增强了公司的自愿性环境信息披露质量，专业审计比非专业审计的审计结果更为可靠。因为专业审计要受到专业性、独立性、客观性要求的约束，可以更好地收集、理解质量参差不齐的信息而保证审计过程和结果。Gray（2000）认为，专业审计师进行了专业培训，能提供最高水平的财务报表审计结果，并且有良好的声誉，可以为所有客户提供高水平的审计服务。

四大会计师事务所的审计师普遍具有较强的专业素质、有良好的敬业精神和较高的审计专业素养，他们审计的上市公司的环境信息披露质量会较高。同时，根据信号传递理论，上市公司之所以愿意选择四大事务所进行审计，也间接地向外界传递了本身良好环境信息披露和环保意识的信号。我们认为，社会审计通过为利益相关者提供更可靠和可信的环境信息，将改进公司的环境表现。为此，提出假设1：

H1：公司选择四大事务所审计与自愿环境表现正相关。

我国经济转型时期的一个重要特征是，国有企业在上市公司中占很大比例，政府干预程度较大，相比于民营企业，国有控股上市公司在运营过程中更趋向于维护社会公平和履行社会责任，遵守社会审计的标准。国有控股企业在追求利润最大化目标的同时，还应承担更多的社会责任包括向外披露信息的责任和义务。董事会监督企业行为和企业管理决策，Kostant 等（1999）认为，董事作为企业利益相关者之间的沟通桥梁，必须提高效率和加强合作；同时，监事会要监督企业高管行为，使管理者能够公开、公平、公正地接受审计并与审计师沟通。沈洪涛（2010）等发现，虽然监事会规模对企业社会责任的作用不明显，但确能显著提高环境信息披露的质量。

管理者是直接对企业行为做决策的人，因而高管的背景特征是公司内部治理的一个重要因素。首先，在组织文化里年长的高管更容易得到下属的尊重和支持，这样的威望可以使高管能够顺利有效地完成组织的任务；不同年龄阶段的管理者对待环境风险的态度也各不相同，年长的管理者在审计过程中会规避风险选择披露环境信息，不愿承担"漂绿"带来的风险。其次，高管受教育程度越高，他们的认知和眼见也会越开阔，在做决策时往往会考虑长远收益。通常，拥有较高学历的管理者在碰到问题时能在较短时间内迅速做出反应解决问题，学习能力较强也会乐于创新，会更加注重企业的可持续发展，会积极配合社会审计的要求，自愿披露更多的环境信息。

Khwaja 和 Mian（2011）的研究表明，企业如果拥有政治背景就可以优先获得银行贷款，还可以得到政府的财政支援和政策扶持，尤其是在相关法律还不够完善、存在较严重腐败行为的一些国家，具有政治背景能够有效地帮助企业获取更多的经济利益。伍剑锋等（2015）认为，企业高管的政治关联不仅会使企业出现寻租的行为，而且管理者还可能利用利益职位之便干涉审计过程，降低审计对本公司的环境监管要求。由此可知，公司内部治理特征可以影响社会审计与公司环境表现的关系。

基于上述分析，提出假设2：

H2：公司内部治理有助于增强社会审计与自愿环境表现的关系。

H2a：国有控股股东能促进社会审计对公司自愿环境表现的作用。

H2b：独立董事规模能促进社会审计对公司自愿环境表现的作用。

H2c：监事会规模能促进社会审计对公司自愿环境表现的作用。

H2d：高管年龄能促进社会审计对公司自愿环境表现的作用。

H2e：高管教育程度能促进社会审计对公司自愿环境表现的作用。

H2f：高管政治背景能促进社会审计对公司自愿环境表现的作用。

二、样本选择、变量定义与模型的构建

（一）样本选择和数据来源

以沪深 A 股上市公司为研究对象，选取了 2009～2014 年年度报告中自愿披露了环境信息的所有 6048 家上市公司作为研究样本。考虑到实证研究数据的完整性，对样本公司执行如下筛选程序：（1）刚上市的公司很难较好地反映正常经营情况下企业的披露情况，予以剔除；（2）剔除 ST 等类财务状况非正常的公司；（3）剔除金融业上市公司；（4）因西藏、海南、港澳台不在污染源监管信息公开指数 PITI 报告的评价范围，剔除这些注册地的公司；（5）由于面板数据的连贯性要求，每家样本公司都必须连续 6 年自愿披露环境信息数据，因此剔除某些年份研究数据不全的公司。经过以上筛选后共获得 A 股 196 家样本公司，最终得到 1176 个样本数据。

（二）自愿环境表现的度量

借鉴 Clarkson 等（2008）和沈洪涛（2014）的研究，用自愿性环境

信息披露质量作为度量企业自愿环境表现替代变量。构建的度量指标体系如表 5 – 10 所示。

表 5 – 10　　　　　　　　　　自愿性环境信息披露指标体系

序号	披露内容	披露内容详情
1	经营者的环保理念	环保理念
2	环境管理组织结构环保目标	1. 环境管理组织结构 2. 环保职能部门及其人员相关责任 3. 环境保护的中长期目标 4. 环保目标和指标的完成情况
3	环境管理情况	1. ISO 认证及自愿开展清洁生产的情况 2. 与环保相关的教育及培训 3. 与利益相关者进行环境信息交流 4. 环境技术开发情况 5. 环境管理会计推进情况 6. 环保设施的建设和投资
4	环境绩效情况	1. 单位产品或单位原料的资源消耗 2. 单位产品或单位原料的废弃物的产生
5	其他环境信息	1. 各类环境公益活动 2. 获得的环境保护荣誉 3. 与利益相关者进行环境信息交流

以环境披露指数衡量环境信息披露质量是最常见的方法，在衡量披露质量时主要采用分项评分法，先将与环境信息披露有关的项目进行分类，然后对不同类别的指标进行评分，根据 Clarkson 等（2008）和沈洪涛（2014）的研究，将企业的自愿性环境信息披露分为 5 个部分，共包括 16 个明细项目，结合定性和定量的标准进行打分，总的规则是：若该项目简单描述性披露则赋值为 1；进行详细定性或定量披露则赋值为 2；否则为 0。少数小项目，例如是否披露社会审计等，不披露为 0 分，披露为 1 分。

为了减少主观原因对自愿性环境信息披露水平的影响，默认上述 5

个方面重要程度相同，因此在评分时将每个项目的得分直接加总，得出总分数。在得到总分后，考虑到绝对数不便于比较不同企业环境信息披露的质量，在研究中先计算出样本公司的自愿性环境信息披露质量的最大得分均为 32 分，然后用各样本公司环境信息披露的实际得分 VED_i 除以最大得分就能得到企业自愿性环境信息披露指数（the voluntary environmental disclosure index，VED），计算公式如下：

$$VED = \frac{VED_i}{32}$$

由于度量自愿性环境信息披露质量（VED）采用的内容分析法具有一定主观性，结果会存在一定的偏差，有必要进行信度分析。这里的信度检验采用克隆巴赫系数（Cronbach's α）。首先，运用 Excel 中的随机函数抽取了 5 份年报，各自的代码分别是：000027、000528、000671、000933、002121，其中 000027 是 2009 年电力、热力生产和供应业的"深圳能源"，000528 是 2010 年度专用设备制造业的"柳工"，000671 是 2011 年度房地产业的"阳光城"，000933 是 2013 年有色金属冶炼及压延加工业的"神火股份"，002121 是 2012 年仪器仪表制造业的"科陆电子"。然后，找 6 个人分别对以上 5 份年报进行评分，即所有年报都有 6 种评分结果，共有 30 组数据。最后，对这 30 个样本进行一致性检验。从表 5－11 可以看出，样本 Cronbach's α 值为 0.994，大于基准 0.8，说明可信度很高，具有较强的一致性和可靠性。Sig. 值为 0.000，检验水平为 0.05，Sig. 值小于检验水平。因此，我们有理由认为，这 6 位评分者对自愿性环境披露评分的掌握具有一致性，该得分可用于进一步的相关研究。

表 5－11　　　　　　　　　　　　一致性检验结果

N	Cronbach's α	Cochran's Q	Sig.
5	0.994	20.5241	0.000

（三）社会审计与控制变量

与中小规模的会计师事务所比较，规模较大的事务所客户资源多、收入较高，审计师也经过了专业训练，他们重视自身的竞争优势和口碑，不但不会为讨好某一客户而去降低审计标准，反而会按照相关规定严格执行。国内一些学者选择中国会计师协会编制的《会计师事务所综合评价前百家信息》中前十大会计师事务所作为社会审计的衡量变量，但由于该评价排名每年都会变动，会产生一定的误差和主观性。为此，这里的社会审计选择国内外公认的四大权威会计师事务所作为衡量变量。此外，根据已有的文献，研究中还控制了公司规模、杠杆比率、行业类别、每股收益、主营业务收入以及年度。变量描述如表 5 – 12 所示。

表 5 – 12　　　　　　　　　变量定义及计量方法

变量类型	变量名称	变量代码	变量定义
被解释变量	自愿环境表现	VED	经量化的自愿性环境信息披露质量指数
解释变量	社会审计	BIG4	虚拟变量，企业选择四大会计师事务所进行审计为1，否则取值为0
	控股股东性质	OWN	虚拟变量，若企业为国有控股取值1，否则取值0
	独立董事人数	INDEP	董事会中独立董事人数
	监事会人数	BSS	公司上市时的监事会人数
	高管年龄	AGE	高管平均年龄
	高管教育背景	EDU	虚拟变量，硕士以上学历为1，否则为0
	高管政治背景	PC	高管成员中有政治关联的为1，否则为0
控制变量	公司规模	SIZE	年末总资产的自然对数
	财务杠杆	LEV	杠杆比率，总负债/总资产
	行业类型	IND	虚拟变量，重污染工业行业为1，否则为0
	每股收益	EPS	税后利润/股本总数
	主营业务收入	lnPOR	主营业务收入的对数
	年度	YEAR	以2009年为基准，设置5个虚拟变量

（四）检验模型

为了检验假设1，构建回归模型（1）：

$$VED = \beta_0 + \beta_1 BIG4 + \beta_2 SIZE + \beta_3 LEV + \beta_4 IND + \beta_5 EPS + \beta_6 \ln POR + \varepsilon$$

为了验证假设2，构建回归模型（2）：

$$VED = \beta_0 + \beta_1 BIG4 + \beta_2 X_i\_BIG4 + \beta_3 SIZE + \beta_4 LEV + \beta_5 IND$$
$$+ \beta_6 EPS + \beta_7 \ln POR + \varepsilon$$

其中，β_0 是回归方程中的常数项，β_i 是各解释变量的系数（$i = 1, 2 \cdots$，7），X_i 代表控股股东性质、独立董事人数、监事会人数以及高管背景特征等公司内部治理特征，ε 为随机项。

三、社会审计影响企业自愿环境表现的实证结果分析

（一）变量的描述性统计特征

变量的描述性统计结果见表5－13。从表5－13看出，样本公司环境信息披露质量均值为0.205，众数为0.094，说明上市企业整体环境表现一般，大多数位于中等水平以下，尚未达到公众的预期。不同企业之间的自愿环境表现差距较大，最大值为0.656，最小值是0.031，在国家生态战略的引导下，企业的自愿环境表现还有很大空间。

表5－13　　　　　　　　　　主要变量的描述性统计结果

变量	样本数	最小值	最大值	均值	标准差	中位数	众数
VED	1176	0.031	0.656	0.205	0.132	0.188	0.094
INDEP	1176	0.000	6.000	3.510	0.863	3.000	3.000
BSS	1176	0.000	7.000	3.850	1.264	3.000	3.000
AGE	1176	35.560	58.150	49.207	3.179	3.469	47.000

续表

变量	样本数	最小值	最大值	均值	标准差	中位数	众数
SIZE	1176	18.266	25.861	22.769	1.324	22.712	22.023
LEV	1176	0.016	0.876	0.486	0.207	0.522	0.598
EPS	1176	-1.937	4.710	0.584	0.670	0.401	0.200
lnPOR	1176	18.026	25.649	22.195	1.495	22.030	21.972

独立董事人数（*INDEP*），最大值是 6.000，最小值是 0.000，众数和中数位是 3.000，都接近均值，说明企业对独立董事制度非常重视，独立董事正在企业中发挥积极的作用。监事会人数（*BSS*）的均值为 3.850，最大值是 7.000，最小值是 0.000，说明上市公司监事会人数较为均衡，监事会结构有待改进。高管特征中的年龄（*AGE*），最小值是 35.560，最大值是 58.150，平均值是 49.207，说明高管成员的平均年龄整体偏大，年龄段主要集中在 36～60 岁，处在这个年龄段的高管成员对周围事物的认识较为深刻，对企业各利益关系人的认识更加全面。企业规模（*SIZE*）标准差为 1.324，可见样本企业规模存在明显差异。杠杆比率（*LEV*）的范围是从 0.016 到 0.876，其均值为 0.486，标准差为 0.207，说明企业资产负债比率还比较合理。每股收益（*EPS*）从 -1.937到4.710 之间波动，说明部分企业出现盈亏情况。主营业务收入（ln*POR*）从 18.026 到 25.649，均值为 22.195，偏向于最大值，说明大部分企业的主营业务收入水平在平均线之上。

变量间的 Pearson 相关系数矩阵见表 5 - 14。

（二）回归结果分析

在回归分析之前先用 Hausman 检验分别检验设定的模型适用于哪种回归模型，Hausman 检验的过程及结果表明，模型（1）、（2）均适用随机效应模型。

模型（1）社会审计影响企业自愿环境表现的回归结果见表 5 - 15。在进行单变量和多变量回归后结果表明：

表 5 – 14　　　　　　　　　　变量间的 Pearson 相关系数矩阵

变量	VED	BIG4	OWN	INDEP	BSS	AGE	EDU	PC	SIZE	LEV	IND	EPS	lnPOR
VED	1												
BIG4	0.22***	1											
OWN	0.24***	0.08*	1										
INDE	0.21***	0.11***	0.15***	1									
BSS	0.11***	-0.10***	0.23***	0.008	1								
AGE	0.24***	0.12***	0.32***	0.18***	0.03	1							
EDU	-0.12***	0.06	0.15***	-0.02	0.15***	0.027	1						
PC	0.14***	-0.07*	-0.03	0.11***	-0.03	-0.21***	0.0	1					
SIZE	0.42***	0.27***	0.40***	0.36***	0.00	0.46***	0.03	0.04	1				
LEV	0.22***	0.09**	0.28***	0.11***	-0.09**	0.20***	0.05	0.01	0.58***	1			
IND	0.22***	-0.06	0.18***	0.07*	0.38***	0.07**	-0.02	-0.03	0.02	-0.16***	1		
EPS	0.09**	0.20***	0.03	0.10	-0.01	0.01	-0.03	0.08**	0.24***	-0.10**	-0.04	1	
lnPOR	0.49***	0.28***	0.36***	0.28***	0.07*	0.43***	0.05	0.07*	0.79***	0.56***	0.09**	0.28***	1

注：***、**、*分别表示在 1%、5%、10% 的水平上显著。

（1）无论从 Panel A1 单独回归还是 Panel G1 的整合回归均表明了社会审计与企业自愿环境表现之间都在1%上显著正相关，即高质量的社会审计能够积极影响企业的自愿环境表现，假设1得到验证。

（2）模型（1）中 Panel B1 ~ Panel F1 的控制变量的单变量回归结果显示，公司规模、杠杆比率、行业特征、每股收益和主营业务收入均在1%上显著为正，说明企业自愿环境表现会随着公司规模、杠杆比率、行业特征、每股收益和主营业务收入的增加而得到明显改进，与预期一致。

表 5 – 15   社会审计影响企业自愿环境表现的回归结果

变量	Panel A1 VED	Panel B1 VED	Panel C1 VED	Panel D1 VED	Panel E1 VED	Panel F1 VED	Panel G1 VED
BIG4	0. 105 *** (5. 45)						0. 052 *** (2. 92)
SIZE		0. 041 *** (11. 26)					– 0. 007 (– 0. 62）
LEV			0. 137 *** (5. 43)				– 0. 029 (– 1. 25）
IND				0. 061 *** (5. 61)			0. 047 *** (4. 66)
EPS					0. 018 ** (2. 24)		– 0. 013 ** (– 2. 13）
lnPOR						0. 044 *** (14. 18)	0. 049 *** (7. 30)
YEAR	Yes	Yes	Yes	Yes	Yes	Yes	Yes
常数	0. 197 *** (36. 36)	– 0. 734 *** (– 8. 78)	0. 139 *** (10. 48)	0. 183 *** (28. 20)	0. 195 *** (27. 70)	– 0. 768 *** (– 11. 16)	– 0. 738 *** (– 7. 55）
adjR^2	0. 2899	0. 1708	0. 0446	0. 0475	0. 0065	0. 2467	0. 2899
F 值	36. 64	126. 84	29. 49	31. 45	5. 03	201. 12	36. 64
样本数	1176	1176	1176	1176	1176	1176	1176

注：*** 、** 、*分别表示在1%、5%、10%的水平上显著，括号内为 z 值。

模型（2）公司内部治理增强社会审计积极影响企业自愿环境表现

的回归结果见表 5 – 16。在进行单变量和多变量回归后结果表明：

表 5 – 16　　　　公司治理对社会审计影响企业自愿环境表现的作用

变量	Panel A2 VED	Panel B2 VED	Panel C2 VED	Panel D2 VED	Panel E2 VED	Panel F2 VED	Panel G2 VED
BIG4	-0.004 (-0.13)	-0.001 (-0.02)	0.143* (1.85)	-0.277 (-1.10)	0.059*** (3.26)	0.038** (2.01)	-0.112 (-0.31)
OWN_BIG4	0.081** (2.38)						0.082** (2.07)
INDEP_BIG4		0.013*** (3.11)					0.029 (1.54)
BSS_BIG4			-0.027 (-1.22)				-0.000 (-0.00)
AGE_BIG4				0.006 (1.31)			0.000 (0.03)
EDU_BIG4					0.086* (1.64)		-0.102 (-1.17)
PC_BIG4						0.070* (1.70)	-0.018 (-0.29)
SIZE	-0.005 (-0.66)	-0.005 (-0.71)	-0.006 (-0.73)	-0.005 (-0.66)	-0.005 (-0.64)	-0.005 (-0.68)	-0.007 (-0.85)
LEV	-0.041 (-1.39)	-0.037 (-1.25)	-0.034 (-1.15)	-0.036 (-1.22)	-0.038 (-1.26)	-0.041 (-1.36)	-0.041 (-1.38)
IND	0.045*** (4.55)	0.045*** (4.57)	0.045*** (4.60)	0.046*** (4.67)	0.045*** (4.55)	0.045*** (4.53)	0.042*** (4.27)
EPS	-0.016** (-2.15)	-0.016** (-2.09)	-0.016** (-2.11)	-0.018** (-2.30)	-0.017** (-2.22)	-0.017** (-2.19)	-0.016** (-2.10)
lnPOR	0.050*** (7.40)	0.050*** (7.34)	0.050*** (7.36)	0.050*** (7.35)	0.050*** (7.37)	0.050*** (7.39)	0.051*** (7.54)
YEAR	Yes	Yes	Yes	Yes	Yes	Yes	Yes
常数	-0.762*** (-7.81)	-0.751*** (-7.65)	-0.753*** (-7.68)	-0.761*** (-7.77)	-0.767*** (-7.83)	-0.759*** (-7.77)	-0.751*** (-7.59)

续表

变量	Panel A2 *VED*	Panel B2 *VED*	Panel C2 *VED*	Panel D2 *VED*	Panel E2 *VED*	Panel F2 *VED*	Panel G2 *VED*
R^2	0.2954	0.2901	0.2905	0.2907	0.2919	0.2921	0.2967
F 值	33.02	32.21	32.27	36.23	32.48	32.52	20.83

注：***、**、* 分别表示在 1%、5%、10% 的水平上显著，括号内为 z 值。

（1）从 Panel A2 中可以看出，企业自愿环境表现 *VED* 受到所有权性质的调节，*OWN_BIG*4 在 5% 水平上显著为正，表明与非国有控股企业相比，国有控股的性质能增强社会审计对企业自愿环境表现的积极作用，假设 H2a 得到验证。

（2）从 Panel B2 中可以看出，*INDEP_BIG*4 在 1% 水平上显著为正，说明独立董事人数增加有助于社会审计对企业自愿环境的监督，假设 H2b 得到验证。

（3）从 Panel C2 中可以看出，四大会计师事务所审计 *BIG*4 在 10% 水平上显著为正，*BSS_ BIG*4 没有通过显著性检验，说明监事会人数增加没有更好地发挥社会审计的作用，与假设 H2c 相反。一个可能的原因是监事会成员是由民主选举出来，但并不一定具备环境方面的专业知识，所以监事会人数越多并不代表自愿环境表现越好。

（4）从 Panel D2 中可以看出，*AGE_BIG*4 正相关也不显著，说明高管平均年龄对社会审计强化作用不明显，假设 H2d 没有得到验证。根据上述描述性统计中可以得知，高管成员的年龄大多集中在 36~60 岁，年长的高管具有丰富的工作经验，处事方式可能与年轻高管的管理理念发生某些冲突，所以在整体拟合回归中得出相反的结果。

（5）从 Panel E2 中可以看出，社会审计 *BIG*4 在 1% 水平上显著为正，*EDU_BIG*4 在 10% 水平上显著正相关，说明高管的教育背景增强了社会审计对企业自愿环境表现的积极影响，假设 H2e 得到验证。

（6）从 Panel F2 中可以看到，社会审计 *BIG*4 在 5% 的显著性水平上正相关，*PC_BIG*4 在 10% 水平上显著正相关，说明高管的政治背景会增强社会审计对企业自愿环境表现的积极影响，假设 H2f 得到验证。因为有政治背景的企业高管，会更加受到社会公众的关注，他们在履行社会责任时会更加关注国家的绿色发展政策，为了达到利益相关者的预期，会有更明显的自愿环境表现。

四、模型的稳健性检验

为了保证回归结果的可靠性，采用减少样本的方法进行稳健性检验。在该研究中，样本期为 2009～2014 年的上市公司，而 2010 年 9 月，环保部和中国证监会颁布了《上市公司环境信息披露指南》，该办法的颁布对以后年份的数据在可比性方面可能有一定程度的差异，并且上市公司的自愿环境表现是一个不断完善的动态过程。为了对模型（1）和模型（2）的实证结果进行稳健性检验，删除 2009 年的数据，获得 980 家上市公司 5 年的面板数据，再以 2010～2014 年的数据为样本，对模型（1）和模型（2）重新回归。

模型（1）的稳健性检验回归结果见表 5 – 17。对比表 5 – 17 与表 5 – 15可以发现：在 Panel A5 和 Panel G5 的整体回归中，社会审计 *BIG*4 与企业的自愿环境表现 *VED* 都在 1% 水平上显著为正，与前面的回归分析结果一致，说明模型（1）的检验结果有较好的稳健性。

表 5 – 17　　　社会审计影响企业自愿环境表现的稳健性检验结果

变量	Panel A5 *VED*	Panel B5 *VED*	Panel C5 *VED*	Panel D5 *VED*	Panel E5 *VED*	Panel F5 *VED*	Panel G5 *VED*
*BIG*4	0. 000 *** （4. 88）						0. 052 *** （2. 75）
SIZE		0. 042 *** （10. 23）					– 0005 （– 0. 64）

续表

变量	Panel A5 VED	Panel B5 VED	Panel C5 VED	Panel D5 VED	Panel E5 VED	Panel F5 VED	Panel G5 VED
LEV			0. 138 *** (5. 02)				− 0. 023 (− 0. 72)
IND				0. 064 *** (5. 42)			0. 051 *** (4. 75)
EPS					0. 017 * (1. 93)		− 0. 015 * (− 1. 84)
lnPOR						0. 044 *** (12. 96)	0. 048 *** (6. 59)
YEAR	Yes	Yes	Yes	Yes	Yes	Yes	Yes
常数	0. 199 *** (33. 45)	− 0. 744 *** (− 7. 99)	0. 140 *** (9. 62)	0. 184 *** (25. 93)	0. 199 *** (25. 97)	− 0. 778 *** (− 10. 21)	− 0. 745 *** (− 6. 90)
adjR^2	0. 0429	0. 1691	0. 0454	0. 0528	0. 0053	0. 2469	0. 2920
F 值	23. 82	104. 58	25. 23	29. 40	3. 71	167. 84	35. 99
样本数	980	980	980	980	980	980	980

注：*** 、** 、* 分别表示在1%、5%、10%的水平上显著，括号内为 z 值。

模型（2）的稳健性检验回归结果见表 5 - 18。将表 5 - 18 与表 5 - 16进行对比后发现：OWN_BIG4、INDEP_BIG4、EDU_BIG4 和PC_BIG4 分别在 5%、1%、10% 的水平上显著正相关，BSS_BIG4 和 AGE_BIG4 没有通过显著性检验，但与表 5 - 16 的回归结果基本一致，说明模型（2）的检验结果有良好的稳健性。

表 5 – 18　　　　　公司治理增强社会审计影响企业自愿环境表现的稳健性检验结果

变量	Panel A6 VED	Panel B6 VED	Panel C6 VED	Panel D6 VED	Panel E6 VED	Panel F6 VED	Panel G6 VED
BIG4	− 0. 006 (− 0. 17)	− 0. 014 (− 0. 02)	0. 132 (1. 59)	− 0. 340 (− 1. 20)	0. 059 *** (3. 03)	0. 036 * (1. 75)	− 0. 300 (− 0. 71)
OWN_BIG4	0. 080 ** (2. 11)						0. 065 (1. 54)

续表

变量	Panel A6 VED	Panel B6 VED	Panel C6 VED	Panel D6 VED	Panel E6 VED	Panel F6 VED	Panel G6 VED
INDEP_BIG4		0.014 *** (2.93)					0.020 (0.98)
BSS_BIG4			−0.023 (−0.99)				0.012 (0.31)
AGE_BIG4				0.008 (1.39)			0.004 (0.55)
EDU_BIG4					0.070 * (1.69)		−0.099 (−1.06)
PC_BIG4						0.071 * (1.71)	0.009 (0.14)
SIZE	−0.004 (−0.43)	−0.004 (−0.53)	−0.004 (−0.52)	−0.004 (−0.47)	−0.004 (−0.42)	−0.004 (−0.50)	−0.005 (−0.55)
LEV	−0.034 (−1.04)	−0.029 (−0.88)	−0.026 (−0.80)	−0.027 (−0.83)	−0.030 (−0.90)	−0.033 (−1.00)	−0.034 (−1.03)
IND	0.049 *** (4.59)	0.050 *** (4.61)	0.050 *** (4.65)	0.051 *** (4.73)	0.050 *** (4.60)	0.049 *** (4.55)	0.048 *** (4.39)
EPS	−0.018 ** (−2.10)	−0.017 ** (−2.04)	−0.017 ** (−2.06)	−0.019 ** (−2.26)	−0.018 ** (−2.15)	−0.018 ** (−2.13)	−0.019 ** (−2.15)
lnPOR	0.048 *** (6.65)	0.048 *** (6.63)	0.048 *** (6.63)	0.048 *** (6.63)	0.048 *** (6.64)	0.049 *** (6.69)	0.049 *** (6.74)
YEAR	Yes	Yes	Yes	Yes	Yes	Yes	Yes
常数	−0.759 *** (−7.02)	−0.752 *** (−6.87)	−0.751 *** (−6.91)	−0.755 *** (6.97)	−0.771 *** (−7.08)	−0.761 *** (−7.01)	−0.757 *** (−6.86)
adjR^2	0.2980	0.2933	0.2932	0.2945	0.2918	0.2959	0.2967
F 值	28.02	27.41	27.39	27.56	27.22	27.74	17.52

注：***、**、*分别表示在1%、5%、10%的水平上显著，括号内为 z 值。

五、结论与政策启示

基于公司治理和社会审计监督理论为依据，运用 2009～2014 年 A

股上市公司的样本数据，通过年报内容分析法构建自愿性环境信息披露指数作为企业自愿环境表现的替代变量，验证了社会审计、公司内部治理与企业自愿环境表现的关系。研究结果发现：

（1）在控制了公司规模、行业特征、杠杆比率、每股收益和主营业务收入等变量后，社会审计与企业自愿环境表现之间在1%上显著正相关，即高质量的社会审计能够积极影响企业的自愿环境表现。

（2）引入内部治理特征变量的调节作用后，进一步发现：第一，控股股东性质、独立董事人数、高管教育背景和高管政治背景对社会审计积极影响企业自愿环境表现有显著的增强作用；第二，高管年龄可以增强社会审计对企业自愿环境表现的积极影响，但关系不稳定，监事会人数未能增强社会审计对企业自愿环境表现的积极影响作用。

以上研究结论具有政策和管理意义：

首先，高质量的社会审计监督能够积极影响企业的自愿环境表现，说明社会审计不仅对强制性的企业环境行为发挥了监督作用，更重要的是还能够积极引导企业的自愿环境表现，这在政策上具有重要意义，即充分发挥社会审计对企业环境行为的监督作用，可以与政府环保督查形成互补关系，降低政府的环境监管成本，巩固政府环保督查的成果。

其次，公司内部治理作为企业资源和能力异质性的重要变量，对增强社会审计积极影响企业自愿环境表现发挥了重要作用。因而在政策上，应进一步优化公司治理结构，尤其要重视污染企业内部治理机制的设计，通过有效的内部治理，增强企业环境行为的自觉行动。

最后，优化公司内部治理结构，在管理意义上是激励企业构建一个适应绿色发展的生态控制系统，使绿色战略整合于企业流程。因而，治理层应与管理层充分沟通、协调，着眼于内部控制结构的调整，找出生态控制整合于管理控制系统的内部路径，谋求绿色战略实施的经营绩效。

第六章　节能减排嵌入企业战略的经营绩效

第一节　问题提出与文献回顾

一、问题的提出

企业以怎样的标准来开发环境管理系统在国际社会已渐渐趋于统一。1991 年英国标准学会发布了环境管理系统（BS7750）标准，该标准虽然不强调企业实际的环境业绩，但作为公认的第一个有关环境管理系统和环境审计的国际准则，它提供了管理环境效果的方法，在企业中被广泛采用。1993 年，欧洲委员会出台了欧盟的生态管理和审计规划（EMAS），引导企业建立环境管理系统。EMAS 是自愿执行的，但它是企业环境管理和审计标准相对严格的规定，强调改进环境业绩和披露、审核要求。1996 年，在 BS7750 的基础上，国际标准化组织（ISO）开始发布 ISO14000 系列环境管理标准，涉及 2004 年发布的"环境管理系统的要求和运用指南"（ISO14001 和 ISO14004），2006 年发布的更为细化的"组织层面的温室气体排放报告和核查"（ISO14064），以及 2011 年发布的"环境管理系统导入生态化设计指南"（Environmental management systems—guidelines for incorporating ecodesign），等等。国际标准化组织

（ISO）关于组织环境管理系统的指南，涵盖了企业产品和服务可能对环境产生影响的各个界面，有助于企业在其组织内部建立一个以生态化设计为基础的环境管理控制系统，推进环境管理系统（EMS）的全面实施，实现持续改善企业流程的生态设计管理，提升企业的持续竞争优势。

然而，企业在何种程度上采纳环境管理系统要依赖于其自身的能力、资源和治理特征。企业环境战略与组织的内部能力密切相关，因为在企业开发和实施一个复杂的环境管理系统需要组织内形成多层次的学习机制及对该系统的熟练程度，缺乏基本能力的企业在采纳高级环境管理系统时往往要付出很高的成本（Christmann，2000）。尽管在一般意义上，环境管理系统通常应该包含若干主要阶段，即：进行初步环境审查、确定环境政策、开发环境行动方案以及定义环境责任；开发内部信息和培训课程；审核环境管理系统并实施环境管理审查。但是，对一个具体企业及其特定目标来说，环境管理系统（EMS）主要是帮助企业在连续运营管理过程中实现环境目标，实施环境管理系统的前提条件是，优良的环境管理系统能够提高企业的整体绩效。各企业自行制定起点、设计自己的环境管理内容，以满足自身的愿望、达到企业自身的目标、符合企业自身的能力和经验（OECD，2004）。

可见，企业环境管理系统源于内部组织的控制结构，是企业将环境政策制定、评估、计划和实施融入管理控制系统的管理过程的内部整体努力。近年来，随着全球气候变化和利益相关者对组织生态效率的关注，生态控制成为许多公司最重要、最全面的环境管理系统（史迪芬·肖特嘉、罗杰·希里特，2004）。在我国产业转型升级的进程中，经济发展的低碳化提升到国家战略层面，这就要求企业尤其是传统产业中的"双高"企业对现有产品体系和生产流程进行以生态效率为导向的改进，使企业增长不受传统资产的约束。因此，如何在企业内部引导企业主动制定绿色战略，并在全球价值链条件下依托该战略目标创设、执行嵌入企业流程的生态控制系统，落实绿色战略，实现企业节能减排绩效与财务协同的内在激励是一个新的方向。

二、文献回顾

企业在管理自身对自然环境的影响时，其战略行为常常超越最低监管标准，执行积极的绿色战略需要企业进行大量的、具有长期战略意义的投资，这对企业资本结构和财务杠杆有重要影响，甚至关系到企业的生存，从而给企业带来新的风险；同时，企业处理与自然环境的交互关系一般地超越了组织的现有边界，是在既有多边利益关系中构建生态控制系统并使该系统能够促进绿色战略的实施。沿着这一思路，企业节能减排（或绿色发展）在管理控制和战略实施层面的研究主要有两个动向：一是管理控制系统与环境管理会计的整合；二是环境管理、生态控制与财务业绩的联系。

（一）管理控制系统与环境管理会计的整合

许多企业虽然接受了环境管理和生态控制的理念并在对外报告中披露，但报告也可能成为隐藏环境行为的面纱。组织内支持环境管理、生态控制的机制并顺利导入公司战略需要环境管理会计与管理控制系统的融合。史迪芬·肖特嘉等（2004）认为，企业环境管理是将环境保护问题与管理控制系统相结合的产物，管理人员在环境管理过程中运用管理控制系统，以保证经济、生态资源能够有效率地取得和使用并实现组织的目标。

（1）环境管理会计是企业环境管理的有效工具。管理会计与环境管理的融合研究表明，环境管理及组织内的生态控制运用环境管理会计工具，主要反映和测定了四个方面的情况：监督企业在环境政策和法规方面的合规情况、激励企业环境业绩的持续改进、提供内部决策的数据、提供对外报告的数据（Henri，2006）。Henri 和 Journeault（2010）进一步的研究说明：企业环境管理包括三个重要的组成部分，即绩效指标的使用、预算编制和激励机制的运用。绩效指标是管理者评价企业经营中各种环境目标执行情况的实现程度；预算编制具体涵盖了制定环保支出的详细目标、设置废物或回收利用废物收入的具体目标、确定环保投资具体目标；激励机制是将环保指标应用到具体评估过程中以鼓励管理层努力从事环境管理工作。

（2）生态控制作为组织可持续的管理控制系统的控制包。控制是公司管理的核心功能，控制过程以会计信息为基础，形成了由若干子系统构成且相互匹配的管理控制系统，并通过一套管理控制措施来实现组织目标（Teemu Malmia and David A. Brown，2008）。作为环境管理会计的一部分，生态控制是财务和战略控制方法在环境管理上的运用（Henri and Journeault，2010）。在管理控制系统的各个子系统中，生态控制包括三种方法：一是侧重分析环境对组织的财务影响，形成财务导向的生态控制；二是以生态会计为基础对现有会计和控制系统的延伸，主要监控公司对自然环境的影响，形成生态导向的生态控制；三是生态控制的经济与生态融合，既关注环境对公司活动的财务影响，又评价和监控公司对环境的影响。从整个控制系统包来看，生态控制确保环境问题的解决是通过持续的、全公司范围的程序，并为管理提供了一种决策支持系统（史迪芬·肖特嘉、罗杰·希里特，2004）。生态控制与组织战略的结合使公司的管理控制系统出现了新动向，即可持续控制系统（sustainability control systems，SCSs）。Jean-Pascal Gond 等（2012）从西蒙的控制杠杆出发，分析了可持续与管理控制系统运用的诊断模式和交互模式，以及二者在技术维度、组织维度和认知维度整合的水平，描绘管理控制系统（MCSs）与可持续控制系统（SCSs）整合的八种运用布局，即静态的不耦合战略、进入了可持续的战略态势（MCSs 和 SCSs 尚未实现整合）、可持续战略驱动的合规、分裂的可持续战略（低层次的整合）、静态整合战略、组织战略驱动的可持续（很好地执行三重底线业绩）、外围的可持续整合（源于外部压力，可持续管理作为一种诊断工具）和完整的可持续整合。

（二）环境管理、生态控制与财务业绩的联系

（1）环境管理与财务业绩。整合于管理控制系统的环境管理可预防企业的不良环境行为、激励其环境友好行为。那些与环保问题相关的不良或友好行为，可以改变企业的物质材料、工艺、生产流程和合规成本对财务绩效产生影响。Baines 和 Langfield-Smith（2003）的研究表明，环境管理常用来量化组织的环保行为，并将环保问题纳入组织的日常活动。量化和整合环境问题于企业商业战略有助于改进环境战略与潜在的企业价值驱动因素之间的共生关系。环境管理可以将企业信息系统、目标、资源分配以及绩效评估与企业价值驱动因素联系起来，改进环境战略与企业价值驱动因素之间的共生关系（Henri and Journeault，2010）。从企业资源的视角，Henri（2006）认为环境管理有助于组织的开发和维护能力，促进企业建立自己的可持续竞争优势并创造良好的业绩。María D. López-Gamero 等（2011）以西班牙的酒店企业为样本研究证实，环境法规、利益相关者及组织可获得的各种资源及能力改变了管理者对自然环境的认知，组织采纳积极的环境管理有助于改进环境业绩和竞争优势，进而提升财务业绩。

（2）生态控制与财务业绩。生态控制的核心功能是促进组织在确保经营利润的同时实现环境目标，通过提升公司环境业绩获得财务业绩，相关研究结论处于矛盾和争论之中。具体分为以下几条线索：一是生态控制与财务业绩的互动关系。它说明财务绩效较好的公司更有实力开展环境管理，因而表现出良好的环境绩效，而优良的环境业绩有利于改进财务绩效，形成生态控制—环境业绩—财务业绩的"良性循环"，环境业绩与财务业绩存在双向因果关系（Stuart L. Hart et al.，1996；Jan Endrikat et al.，2014）。二是生态控制与财务业绩呈负相关关系。由于生态

控制对环境业绩和财务业绩的影响容易被理解为改进环境业绩会增加公司的财务负担，即二者之间是负相关关系（Sarkis & Cordeiro，2001）。也有研究间接支持这一观点，如 Henri 和 Journeault（2010）发现，生态控制对公司经济业绩没有直接影响但有间接影响，而且这种间接影响要在较高的环境暴露、较高的公众可见性和较高的环境关注度等背景下通过环境业绩的调节效应发挥作用。三是生态控制与财务业绩呈正相关关系。波特等早期的假说提出，减少污染可以使公司降低因环境问题带来的成本，如合规成本及未来或有负债，大量的经验研究也证实了环境业绩与财务业绩之间是双赢的。Dowell 等（2000）发现，公司采用严格的国际环境标准比没有采用这些标准的公司有更高的市场价值。Brent Kurapatskie 和 Nicole Darnall（2013）运用 DJSI 中美国制造业公司的可持续数据证实，公司可持续行为的不同类型与财务收益水平的高低和趋势相关，依靠发展新产品和流程的较高等级的可持续行为所获得的平均财务收益，大大高于仅仅修正现有产品和流程的较低等级的可持续行为所获得的平均收益。此外，也有研究表明环境业绩与财务业绩不存在相关关系。

三、简要评论与研究拓展

组织将生态问题整合于管理控制系统并付诸战略实施时，根本约束是盈利预期。总体来说，生态控制作为一个新兴的管理会计和环境管理研究领域，还存在诸多争议和不足：（1）管理控制系统（MCSs）与可持续控制系统（SCSs）的整合受到了关注，但迄今为止仅有为数不多的组织实施了综合的管理控制系统，可持续报告采纳企业传播可持续业绩的有效性和披露质量缺乏明确的一致性；（2）环境管理、生态控制与财务业绩的联系主要在股东价值最大化的范式下展开，公司可持续报告与内部会计流程的关系、生态控制整合于管理控制系统并运用于公司绿色战略实施仍是需要开拓的议题。

在我国产业转型升级的进程中，绿色发展提升到国家战略层面，这就要求企业尤其是传统产业中的"双高"企业对现有产品体系和生产流程进行以生态效率为导向的改进，使企业增长不受传统资产的约束。因而，如何在企业内部确立与良好环境管理相关的能力，引导企业主动制定和实施绿色战略，并在全球价值链条件下依托该战略目标创设、执行绿色升级的战略控制系统，以构筑全球价值链中的持续竞争优势。

第二节 生态控制系统与财务管理的耦合机理

企业扮演环境管家的目标是在战略层面通过生态控制系统，开拓新的业务增长机会，实现企业环境绩效与财务绩效的协同。这种协调效应在具体营运流程上，表现为生态环境问题整合于管理控制系统，整合的内在路径是通过绿色战略与财务管理的融合，促进组织经营绩效的提升。

一、生态控制提升企业环境绩效的机理

管理控制是一个系统，是控制对象与闭环系统反馈的相互作用，战略规划，预算编制，控制报告，绩效评估和管理，是实现一个定期的系统的典型过程，将绿色发展的理念渗透到控制过程的每一个部分，从而形成了一个企业全过程的管理控制。

就企业而言，无论是传统产业还是现代工业企业，其生产经营过程的管理控制都是资源、能源消耗的控制，也是排放量、废物回收以及经营效率的控制。不同的生产模式有不同的控制系统，表6-1是线性生产模式与可持续生产模式所运用控制系统的比较。

表 6 - 1　　　线性生产模式与可持续生产模式的管理控制系统比较

变量	线性生产模式	可持续生产模式
战略	成本领先、差异化	绿色成本、绿色差异化
资源	资源禀赋的比较优势	资源再循环和综合利用
技术	低成本、高效率	3R、4R 技术
市场需求	高品质	绿色品质
组织结构	扁平化	扁平化；集群化
预算体系	强化以人为本	强调人与自然的和谐
控制报告	不计环境成本	计算环境成本
评价标准	财务和市场绩效报告	生态、经济与社会效益
激励制度	利润目标激励	绿色激励报酬
控制特征	以利润控制为主	生态控制和利润控制

作为管理控制系统的一个重要部分，生态控制的内涵界定尚不清晰。根据史迪芬·肖特嘉和罗杰·希里特（2004）的观点，环境管理是环保问题与管理控制系统相结合的产物。生态控制是将控制措施用于环境管理，生态控制的过程是以会计信息为基础。

在多数研究和一些区域组织的环境管理标准中，生态控制指的是，组织将管理控制系统的业绩、预算和激励等控制工具整合于运营行为的环境方面以分离组织对环境的消极影响并逐步修正组织的战略目标（Henri and Journeault，2008）。生态控制在企业流程中的具体实施是财务和战略控制方法在环境管理中的应用（Henri and Journeault，2010）。因此，生态控制侧重于环境问题的事前管理，具有积极性、主动性的特点，是企业经营过程中实施的一种开发性的、构建自己与自然环境良好生态关系的能力。

一些研究较早认识到，企业是造成环境污染、生态恶化问题的市场主体，也是控制生态问题的主要市场力量；企业在商业模式转换过程中，可以通过生态效率设计，开发绿色产品市场、建立绿色领跑者标准、改进信息系统的资源分配和业绩评价功能，并使之与企业价值驱动因素联系起来（Hart，1995；Porter and Van der Linde，1995）。生态控制是提高企业经营的环境业绩、获得生态效率的内部管理控制机制；在企业实践中，生态控制包括财务导向的生态控制方法、生态导向的生态控制方法和生态控制的经济与生态融合方法（史迪芬·肖特嘉、和罗杰·希里特，2004）。所以，基于企业流程的生态控制子系统，既是企业内部管理控制系统在环境管理方面的延伸和具体化，也是企业内部生态会计执行情况的直接结果，生态控制的效率直接表现为企业良好的环境业绩和绿色价值的竞争优势。

　　生态控制提升企业环境绩效要依赖于环境管理会计为工具，具体反映和测定了组织四个方面的情况：监督企业在环境政策和法规方面的合规情况、激励企业环境业绩的持续改进、提供内部决策的数据、提供对外报告的数据（Henri，2006）。组织在这四个方面的表现正是环境业绩的系统报告。

　　可见，环境业绩是组织以环境管理会计为工具实施生态控制的结果。Henri（2006）与 Henri 和 Journeault（2010）的研究进一步说明，依托于生态控制的企业环境管理业绩包括三个重要的组成部分，即绩效指标的使用、预算编制和环境激励机制的运用。在这里，绩效指标的功能包括：（1）监管企业内部各个业务单元的环境合规情况，纠正偏离节能减排标准或恶化组织生态关系的行为；（2）提供企业关于环境问题的信息，服务管理者的环境决策；（3）向管理者发送环境问题的信号，协助管理者及时修正、减缓经营所产生的负面环境影响，帮助管理者学习和采纳新的环境友好标准；（4）对外发布环境业绩报告，改进利益相关者的认知。预算是企业获得环境目标而进行资源配置的战略计划工具。环境激励机制则是将企业经营的各个方面整合于奖励计划，以激励员工在企业流程中的环境行为以改进组织的环境业绩。

二、生态控制影响经营绩效的机理

　　首先，生态控制通过提升企业环境绩效可以产生成本节约效应。在企业的管理控制系统中，生态控制引发了物料的更改替换、生产技术和工艺的积极改进，从而降低物料成本和合规成本（Merchant，1981）。企业因环境问题导致的成本增加可以通过减少污染获得抵扣，并降低合规成本及污染引起的或有负债（Porter and Van der Linde，1995；史迪芬·肖特嘉和罗杰·希里特，2004）。企业对环境责任的认识始于成本最小化，有效的环境控制技术可以降低企业的经营成本（Schaefer and Harvey，1998）。企业污染损害的事后补偿和处罚是重要的成本支出，有效的生态控制（事前环境管理方法）能够降低环境事故发生的概率，从而减少环境事故发生的赔偿与长期整改费用（Peloza，2006）。排污费的降低有利于节约企业成本（胡曲应，2012）。

其次，从财务费用来看，Sharfman 和 Fernando（2008）证实，企业的环境风险管理能力能有效节约企业的资本成本，而资本成本的降低可以节约企业使用资金的财务费用。在国家碳排放交易计划（ETS）下，碳排放成本高的企业在资本市场受到的处罚力度更大，导致市场价值的降低（Chapple L. et al.，2013），进而影响企业的经营成本。

最后，企业生态控制在推动绿色产品和技术创新、提高环境风险管理能力、构造内部绿色组织资本方面发挥导向功能，形成参与全球绿色价值链竞争的新优势，获得战略利益。企业的环境声誉是企业拥有绿色标签所获得的一种战略资源，这种资源是不可模仿的核心能力，有利于实现企业营业收入与利润的增长（Porter and Van der Linde，1995）。具有较高潜在环境管理能力的企业能获得超额收益（Hart，1997）。企业积极的环境表现与财务绩效具有显著的正相关关系（Salama，2005；Montabon et al.，2007）。作为一种财务和战略控制方法，生态控制对企业内部的环境管理系统具有重要作用，既可以从企业经营过程的源头减少对环境的负面影响，确保或提高财务收益，又可以形成较全面的环境业绩信息向外部利益相关者报告（Henri and Journeault，2010），进而获得环境声誉溢价，改进经营业绩。

一般地，生态控制系统通过绿色战略的实施，可以与企业在全球价值链中的持续竞争优势形成动态效应。这是因为，外部制度环境变化，如国家生态治理制度、环境监管政策以及外部利益相关者对企业与自然环境之间友好生态关系的期望等因素形成一种直接和间接、短期和长期的传导机制作用于市场，企业会在市场信号的引导下构建和持续完善生态控制系统，促进绿色战略的实施，进一步改善环境绩效，形成企业的持续竞争优势。生态控制对组织竞争优势的促进效应主要表现在以下几个方面：

（1）绿色产品与市场。环境挑战是产品创新的驱动力，企业通过产品逆向创新，即从消费者的生态需求进行产品的审计和生产，可以"先动"并保持持续的创新动力以抢占更大的市场份额，从而使企业获得竞争优势。

（2）环境风险管理。企业经营的环境风险已成为影响盈利、信用度及资本成本的重要因素，因而有效的环境风险管理可以提升企业的竞争优势。

（3）绿色技术变革。由于生态挑战会导致企业战略方向的改变从而引起技术变革，最终使企业具有竞争优势。

（4）绿色组织资本。企业生态控制系统在组织内部增强员工的环境管理和环境技术的学习能力，构成企业的绿色组织资本。生态控制通过绿色战略作用于经营绩效的内在机理见图6-1。

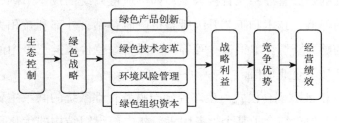

图6-1　生态控制系统的作用机制

三、生态控制与财务管理的耦合模式

市场的生态需求信号在微观企业层面的传导引起企业管理控制系统做出生态响应，按照企业管理控制系统各个子系统的结合程度，生态控制系统与财务管理的耦合模式有三种类型，图6-2显示了三种耦合模式的工作原理。

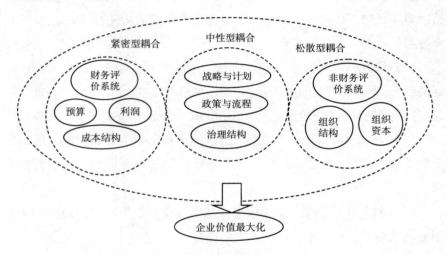

图6-2 企业生态控制与财务管理的耦合模式

（1）紧密型耦合模式。在企业的管理控制系统中，生态控制与企业整个流程的财务管理系统直接联系，如供应链系统的成本节约、外部融资成本的降低，技术和工艺升级所获得政府补贴，外部利益相关者认同所增加的财务资源获取渠道，等等。同时，绿色价值链竞争中的溢价效应直接增加了企业价值。

（2）松散型耦合模式。生态控制与财务管理系统的联系主要涵盖非财务方面，但也结合了某个财务因素。如内部组织结构的优化和绿色组织资本的增加。

（3）中性型耦合模式。处于紧密型和松散型之间，生态控制与财务管理系统覆盖了主要的财务和非财务方面的要素；其运作机制是生态控制与主要财务要素和非财务的管理因素融合，共同作用于企业的价值创造。

第三节　绿色战略作用于财务绩效的理论模型

一、绿色战略的含义及构成要素类别

企业绿色战略是企业战略规划和维持企业绿色发展的重要组成部分。Hart（1995）提出，污染防治、产品监控和可持续发展三种生产流程中的污染防治措施是绿色战略的重要内容。在任何一个企业里，高级管理支持是企业倾向于为实施绿色战略提供所需财务资源和管理水平的必备要素，只有财务资源和管理水平较高的企业才能主动实施绿色战略（Clarkson et al.，2011）。根据已有的文献，绿色战略的类型及要素如表6-2所示。

表6-2　　　　　　　　　　绿色战略的分类及构成要素

分类依据	学者	分类及要素
按企业对环境规制的态度、绿色管理重要性和企业现有资源和能力	Sharma，Vredenburg（1998）	反应型环境战略、前瞻型环境战略
	Henriques，Sadorsky（1999）	反应型战略、防御型战略、适应型战略、前瞻型战略
	Christmann（2000）	主动型战略、适应型战略、防御型战略、能力构建型战略、反应型战略
按战略内容	Sharma，Henriques（2005）	污染控制、生态效率、再循环、生态设计、生态系统管理、业务重新定义
	Hart（1995）	污染防治、产品监控、可持续发展

Winter（2002）认为，拥有强大的、稳定的组织能力来维持企业竞争优势是不够的，动态能力使企业能够对外部动态环境做出及时反应，并进一步通过开发和更新其资源和组织能力以获得持续竞争优势。绿色战略可以发展一种新的企业动态能力，它包括可持续的绿色管理技能、废物管理技能、资源效率利用技能、绿色产品服务设计技能等，这些能力可以使企业获得绿色战略所带来的独特竞争优势（Aragón-Correa et al.，2003），具体表现为：第一，通过战略管理和导向支持符合利益相关者利益及适应外部动态环境的企业定位；第二，通过绿色生产先于其他企业投资于环境设备，改善生产经营流程，开发符合绿色消费观念的绿色技术和产品，长远来看，可以使企业的资源配置和使用效率与社会经济发展的绿色趋势相匹配，获得先动优势；第三，通过绿色外部环境及时把握政策动向和利益相关者向企业绿色环保责任实施的压力，密切关注企业生产经营过程中产生的环境问题，提前做好防范措施以降低企业的赔偿损失和事后管理成本。由此，这种新的动态能力被称为"绿色动态能力"（Yu-Shan Chen and Ching-Hsun Chang，2013）。

绿色动态能力是绿色战略在实施和深化过程中所产生的组织学习、资源整合、适应外部动态环境的能力，体现了企业可以通过绿色环保措施的经验累积和绿色知识的吸收转化产生学习效应，并通过战略的实施调整提升企业获取资源、优化和整合资源的能力，同时提升对外部利益相关者压力和外部动态商业环境的适应能力。绿色动态能力一方面可以提升企业的投资回报率、增加销售额、开发新市场等，从而提升财务绩效；另一方面还可以改善企业形象和产品差异化，这些滞后性指标最终也表现为提升企业的经营绩效。

总之，企业绿色战略，是通过绿色高级管理、绿色生产、绿色外部环境等具体要素的作用，形成组织学习、绿色资源整合、环境适应等绿色动态能力，直接和间接地作用于企业的财务绩效。由此，可以推导出绿色战略、绿色动态能力、企业财务绩效三者之间的理论框架，如图6-3所示。

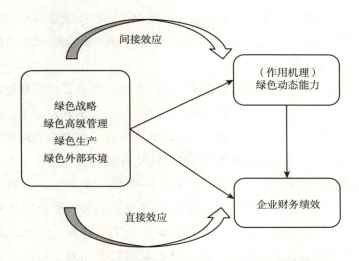

图 6 - 3　绿色战略、绿色动态能力与财务绩效的理论框架

二、绿色战略作用于绿色动态能力及财务绩效的机理

（一）绿色高级管理对绿色动态能力和企业财务绩效的影响

真正的组织变革和战略实施必须来自高层管理者，如果绿色战略的组成部分缺少绿色高级管理的支持，它将无法得到长远有效的实施（Baranova P. et al. , 2017）。根据不同企业高层管理者对待环境信息的态度，管理者可以将环境信息解释为威胁或机会，以便采取不能的应对措施（Henriques I. et al. , 1999）。高层管理者的环境保护观念越强，企业将环境问题视为一种挑战和机会，则企业越有可能发展绿色动态能力。高层管理者的环境保护意识对企业选择绿色战略具有重要的正面影响，这是因为他们对环境问题更加了解，具有前瞻眼光，并能够将企业的环境理念与长远发展战略和盈利模式整合起来，从而推动绿色战略实践。具有前瞻目标的高级管理层将环境管理纳入企业的战略规划之中，有利

于企业绿色战略的实施并形成绿色动态能力。绿色高级管理对组织环境价值导向的形成起着关键作用，高级管理支持是环境管理成功的核心（Berry et al. , 1998）。

在不确定性、复杂性的商业环境中，首先，高级管理支持可以从战略层面引导企业进行绿色知识的学习，制订绿色技术开发方案，传达环保和绿色管理的经营理念，形成并协调员工发展绿色产品、科技和服务的文化。其次，绿色高级管理可以通过优化资源配置和调整业务组合促进企业绿色资源的吸收与整合。最后，从外部环境适应能力看，绿色高级管理可以在企业层面把握政策和市场发展趋势，通过制定绿色战略以适应外部利益相关者需求和环保政策压力。因此，绿色高级管理推动了绿色动态能力的形成，并提升企业的财务绩效。由此提出如下假设：

H1：绿色高级管理对绿色动态能力有积极影响。

H2：绿色高级管理对财务绩效有积极影响。

（二）绿色生产对绿色动态能力和企业财务绩效的影响

Dangelico 和 Pontrandolfo（2010）认为，无论是否与产品或流程相关，绿色战略都可以与材料、能源和污染三个主要方面联系起来，这是绿色生产的主要内容。绿色生产是绿色战略的关键组成部分，体现了企业在生产运营环节主要采取的污染预防手段。通常主动环境战略的污染预防方法是创新的，为组织提供少有的优势和机会，特别是当它们面临不确定性的环境条件（Hart，1995）。企业可以采取多项措施减少环境影响，例如减少污染物排放、提高能源利用效率、利用可再生能源、避免使用有毒物质、提高材料使用效率、使用环保材料，不同的环境行为可能会对企业财务绩效产生不同的影响（Dangelico and Pontrandolfo，2010）。事实上，通过提高资源生产力，企业可以从环境投资中获益，并通过形成独特的绿色动态能力增强企业的环境适应能力，而将有害物质、废物、副产物或能源排放到环境中意味着资源使用不完整、效率低下或无效。防污染的措施、能源利用效率以及材料节约和副产品利用率有助于降低成本、提高利润率和财务业绩。此外，涉及产品和工艺（例如使用天然材料或可生物降解的部件或开发更节能的产品）的许多绿色生产措施代表了企业差异化优势的来源，并且可能增加企业的市场份额，以及改进企业形象（Orsato R. J.，2006）。

从企业竞争动态来看，绿色生产与竞争对手相比有显著的成本节约效应，包括避免安装和运行管末端污染控制设备的成本，提高生产效率，降低合规成本，减少法律责任成本（Hart，1995；Orsato R. J.，2006）。在商业环境绿色化的趋势下，企业的生产运营发展必须融入绿色理念以适应外部环境的变化：从原材料采购绿色化、产品设计绿色化、生产工艺绿色化、设备投资绿色化、节能减排废物处理等环节充分体现企业绿色价值链管理，构建企业的绿色动态能力，承担企业环保社会责任，树立绿色环保品牌形象，开拓绿色市场以迎合消费者绿色消费理念，形成绿色战略主导的企业竞争优势。同时，实施绿色生产还满足了政府规制的要求，减轻企业在政策和社会舆论方面的压力，并获得隐形的政策支持，有利于企业在动态的商业环境中实现长远商业利益并维持可持续发展。因此，绿色生产将对形成绿色动态能力、提升企业绩效具有推动作用。可以导出如下假设：

H3：绿色生产对绿色动态能力有积极影响。

H4：绿色生产对财务绩效有积极影响。

（三）绿色外部环境对绿色动态能力和企业财务绩效的影响

外部环境影响企业绿色战略实施的程度和绿色动态能力的生成过程（Sharma S.，2000）。在动态商业环境中，不同利益相关者和环境规制对企业绿色战略有着程度不同的影响（Henriques I. et al.，1999）。同时，在企业绿色动态能力的形成过程中，除了企业的内部资源和技能，外部资源如企业的关系网络也在一定程度上影响着企业动态能力的形成（Gulati R. et al. , 2015）。内部资源和技能是绿色战略影响绿色动态能力至关重要的因素，但绿色战略的实施必须考虑外部环境如外部环境利益相关者、动态商业环境等因素，绿色战略实施的"外部性"视角更有利于说明绿色战略的作用机理（Yu-Shan Chen and Ching-Hsun Chang，2013）。企业绿色战略的实施过程，既是内部绿色学习和资源吸收整合的过程，更是关注外部动态环境做出调整的过程。绿色动态能力的生成机制需要组织、管理、学习以及发散的利益相关者视野之间的复杂整合和结构重整。

在利益相关者理论看来，由多个利益相关者的压力造成的商业环境不确定性，以及监管机构越来越多的环境规制，可能导致外部环境对企业环境绩效的新期望。作为绿色战略的要件，绿色外部环境所带来的差异化优势包括更好的合法性和企业声誉，从而获得消费者和利益相关者的惠顾效应（Sharma S. , 2000）。由此可见，绿色外部环境有助于企业主动检测有关自然环境保护政策及需求的演变趋势，吸引消费者、当地社区和非政府组织等利益相关者群体，使企业适应动态的外部环境，获得独特的竞争优势，提升企业市场地位和财务绩效。从而可以导出如下假设：

H5：绿色外部环境对绿色动态能力有积极影响。

H6：绿色外部环境对财务绩效有积极影响。

三、绿色动态能力对企业财务绩效的影响

动态能力包括一组具体和可识别的过程，在企业实践形式的共同性方面，动态能力与企业战略相辅相成（Yu-Shan Chen and Ching-Hsun Chang，2013）。积极环境战略（或绿色战略）所生成的绿色动态能力，实际上是组织内部资源与外部利益相关者关系网络整合形成的企业能力

（Sharma S.，2000），体现了复杂环境中企业对利益相关者的整合能力、持续创新和改进能力以及高阶学习的过程（Hart，1995；Sharma S.，2000）。绿色动态能力促使企业对自然环境采取积极主动的态度，并沿着利益相关者整合的路径，将生态环境问题嵌入企业的资源系统、高阶学习和共同愿景。一般地，绿色动态能力有三个特征：固有的复杂性、路径依赖性和因果模糊性，很难被其他公司模仿。进一步，绿色动态能力还随着绿色市场的活力水平变化而变化，使企业能够适应一般商业环境的变化，从长远来看有利于提升企业绩效。显然，绿色动态能力将构筑企业的竞争优势。

总之，拥有绿色动态能力的企业可以通过吸收、学习、转化绿色知识，开发绿色技术，对复杂的内外部资源进行整合，及时了解和掌握市场及政策变化等手段，以获得绿色竞争力，适应不同利益相关者的压力和动态的商业环境，从而提升企业财务绩效。因此，推出如下假设：

H7：绿色动态能力对财务绩效有积极影响。

根据以上理论分析和假设，可以刻画出：绿色战略作用机理及其财务绩效的概念框架，如图6－4所示。

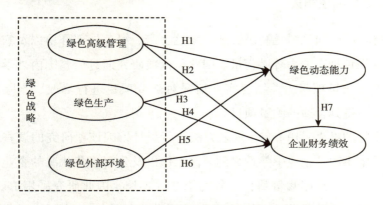

图6－4 绿色战略作用机理及其财务绩效的概念框架

第四节 绿色战略影响财务绩效的实证分析

一、研究方法

（一）研究设计

问卷的发放过程涉及研究数据的质量。对中小工业企业来说，环境问题比较敏感，为了减少被问卷者的抵触情绪，保证样本的充足性以及问卷数据的高质量，在遵循基本的调查原则情况下，该项研究充分利用校友资源进行问卷发放。研究问卷的调研工作在 2017 年 8 ~ 12 月完成。面向中小工业企业（非上市企业）共发放问卷 430 份，回收问卷 294 份，剔除了填写不完整（36 份）和前后不一致的问卷（47 份）后，保留了有效问卷 211 份，问卷回收率为 68.4%，有效问卷率为 71.7%。

（二）构建测量

绿色战略包括绿色高级管理、绿色生产、绿色外部环境以及它们所形成的绿色动态能力等潜变量。因此，该项研究通过借鉴国内外学者的成熟量表测量项目，并结合实际情况对部分项目进行修改、删除和调整，最终得到合适的测量项目。

研究的量表采用 Likert 量表方法进行设计，因该项研究的调查对象主要是中小制造企业中熟悉绿色环保工作以及公司运营状况的企业管理人员，他们对具体测量项目有较为清楚的把控，因此研究采用 Likert 7 分量表对题项进行评估，其中"1"表示非常不符合，"7"表示非常符合。各个潜变量所对应的测量项目选取依据如下：

1. 绿色战略的测量

基于构建的绿色战略理论，将绿色战略分以下三个方面进行测量：绿色高级管理、绿色生产、绿色外部环境。由于国内企业绿色战略的实施程度存在差异，并且环境绩效体系并未建立严格而完善的衡量标准，因而该项研究借鉴了国内外的成熟量表，参考 Chan（2005）的做法，选择绿色战略的实施理念和实施行为来作为测量标准。

（1）绿色高级管理。绿色高级管理这一潜变量体现了公司管理层对于环境管理的重视程度，是绿色战略实施的必要组成部分。绿色高级管理包括识别讨论环境事项、发起环境保护项目、奖励员工促进环境改善等；高级管理层对于环境保护的重视和支持在形成组织的价值导向层面起着关键作用（Berry et al. , 1998）。Bulent Menguc 等（2010）为绿色战略中的绿色高级管理制定了测量量表条目。Banerjee 等（2003）认为，应将"公司已经将环境问题纳入战略规划过程"和"公司要求将环境目标与其他公司目标联系起来"，使高级管理决策纳入环境战略的构成部分。Yang 等（2010）在绿色战略的题项中体现了"公司的总体经营目标中包括环境管理目标"。该项研究在借鉴上述几位学者研究成果的基础上，确定了绿色高级管理的测量项目 B1 ~ B4。

（2）绿色生产。绿色生产是前瞻性绿色战略的关键组件，体现了企业在生产运营环节主要采用的污染预防战略。Yang 等（2010）从产品投产角度提出，绿色生产应当包括使用污染少或无污染环保原材料。Sharma S.（2000）提出，应将产品的产出和废物处理纳入绿色生产中。Zhao 等（2015）认为，进行绿色生产的企业应当引进和使用清洁技术、节能环保设备。根据这些文献提出的绿色生产测量项目，按照产品投入产出绿色化原则进行修改和调整，确定了绿色生产的测量项目 C1 ~ C4。

（3）绿色外部环境。在动态商业环境以及来自不同利益相关者如政府监管、外部投资者、顾客舆论等的压力下，企业必须面对环保责任和公司品牌声誉问题。根据 Bulent Menguc 等（2010）的研究，整合总结企业对于顾客环境敏感度和政府环境规制做出反应的测量项目，确定了绿色外部环境的测量项目 D1 ~ D4。

2. 绿色动态能力的测量

由于绿色动态能力的构念还尚未完全成熟，国内外关于绿色动态能力的测量研究较少。陈红喜（2011）将绿色动态能力划分为企业外部环境、企业绿色资源、企业绿色能力。李先江（2014）将绿色动态能力划分为绿色变革更新能力、组织绿色柔性能力、绿色环境洞察能力、组织学习能力。黄晓杏（2015）将绿色动态能力划分为绿色资源整合能力、绿色组织学习能力、绿色关系能力、环境适应能力。该项研究参考 Makkonen 等（2014）和李先江（2014）的研究，对绿色动态能力的测量标准，从绿色组织学习能力、绿色资源整合能力、绿色外部环境适应能力三个方面确定了绿色动态能力的测量项目 F1 ~ F4。

3. 企业财务绩效的测量

关于企业财务绩效的测量，运用广泛的指标是托宾的 Q 值或 ROA、ROE 和 ROS 等。实践表明，问卷回答者更愿意提供其对企业财务绩效的总体感知，而很不愿意提供涉及企业商业机密的具体定量数据。在环境管理文献中，通过问卷调查的主观测量方法，来衡量企业经济绩效已出现增加的趋势（Sharma S.，2000）。此外，采用财务绩效的主观测量方法，还可以避免政府或企业发布的财务信息可能存在的偏差。以往研究表明，同测量经济绩效的客观数据相比，与竞争者相比的对企业绩效的主观测量数据具有同样高的信度（Chan R.，2005）。参照 Chan 的研究，该项研究确定了企业财务绩效的测量项目 G1 ~ G4。变量的测量项目及相关文献依据如表 6 - 3 所示。

表 6-3　　　　　　　　　　潜变量的测量项目及文献依据

潜变量		测量项目	文献依据
绿色高级管理	B1	我们将环保理念作为经营目标之一	Bulent（2010）
	B2	我们设立了环保组织或规章传达环保信息	
	B3	我们为环保动用了组织资源	
	B4	我们对员工的环保工作给予适当奖励	
绿色生产	C1	我们使用污染少或无污染环保原材料	Sharma S.（2000）Coddington（1993）Zhao（2014）
	C2	我们淘汰了导致环境污染的产品	
	C3	我们使用清洁技术、环保节能设备	
	C4	我们对废物、废气等进行处理或回收	
绿色外部环境	D1	我们迎合消费者的绿色消费理念进行生产经营	Bulent（2010）
	D2	我们能够迅速响应政府的环保制度	
	D3	我们主动承担环保社会责任，树立良好的品牌形象	
	D4	我们对于潜在或发生的环境事故有良好的处理机制	
绿色动态能力	F1	公司有能力吸收、学习、产生、结合、分享、转化、应用新的绿色知识	Makkonen 等（2014）李先江（2014）
	F2	我们有能力利用整合后的内外部资源提高工作效率、效能	
	F3	我们有能力设计出有效的环保措施，缓解消费者、政府等利益相关者施加的环保压力	
	F4	我们能及时了解消费者的绿色需求以适应市场变化	
企业财务绩效	G1	与竞争者相比，我们的销售增长更快	Chan（2005）
	G2	与竞争者相比，我们的营业利润增长更快	
	G3	与竞争者相比，我们的投资收益率更高	
	G4	与竞争者相比，我们的经营现金流更高	

（三）数据分析

1. 样本信息的描述性统计

研究的调查对象是非上市的工业企业，由于其行业性质，这些企业在日常生产经营活动中所产生的环境影响和资源消耗较大，且政府管制严格，对于绿色战略的研究具有重要意义。为了保证调查的客观和普遍性，调查和问卷筛选过程涵盖了不同地区、规模、行业的问卷。具体如表6－4所示。

表6－4 研究样本基本信息描述性统计情况

	选项	样本数	所占比例（%）
所在省份	湖南	134	63.50
	广州	18	8.50
	湖北	10	4.70
	北京	7	3.30
	其他	42	19.90
行业	电力	38	18.00
	钢铁、机械	33	15.60
	化工	11	5.20
	纺织、服装	24	11.40
	电子信息	10	4.70
	金属、非金属	7	3.30
	皮革	8	3.80
	其他	80	37.90
公司规模（人数）	<100	72	34.10
	101～500	104	49.30
	501～1000	24	11.40
	>1000	13	6.20
企业所有制	国有	23	10.90
	民营	162	76.80
	中外合资	11	5.20
	外商独资	15	7.10
被调查者职位	高层管理	10	4.70
	中层管理	109	51.70
	基层管理	92	43.60

2. 测量指标的描述性统计

测量指标的描述性统计特征如表 6-5 所示。

表 6-5　　　　　　　测量指标的描述性统计特征

测量项目	N	极小值	极大值	均值	标准差
B1	211	1	7	5.36	1.32
B2	211	1	7	5.46	1.39
B3	211	1	7	5.31	1.37
B4	211	1	7	5.42	1.33
C1	211	1	7	5.01	1.77
C2	211	1	7	4.94	1.74
C3	211	1	7	4.79	1.60
C4	211	1	7	4.86	1.67
D1	211	1	7	4.68	1.43
D2	211	2	7	4.48	1.34
D3	211	2	7	4.48	1.33
D4	211	1	7	4.44	1.37
F1	211	2	7	4.89	1.41
F2	211	1	7	4.99	1.39
F3	211	1	7	4.94	1.32
F4	211	1	7	4.96	1.42
G1	211	1	7	5.52	1.16
G2	211	1	7	5.59	1.20
G3	211	1	7	5.35	1.38
G4	211	1	7	5.56	1.22

3. 变量测量的信度

根据假设检验的需要，首先应对量表的信度和效度进行检验。检验的效度分为内容效度和构建效度，同时构建效度分为收敛效度和区别效度。由于本量表在制作过程中，主要的测量题项均来自国内外文献经过反复验证的成熟量表，因此能够保证量表的内容效度。但在构建潜变量和对应测量项目时对现有的量表项目进行了修改整合，因此，量表的信度与效度检验依然不可少。

不失一般性，该研究采用 Cronbach's Alph（α）系数检验问卷信度。问卷调查的内部信度取决于 α 系数的大小，α 值越大信度越高，其中 α 系数值在 0.65 ~ 0.7 为最小可接受值，在 0.7 ~ 0.8 为比较好，在 0.8 以上为非常好。信度检验结果如表 6 – 6 所示，各个 Cronbach's Alpha 系数均大于 0.8，且删除任何测量题项都不能使 α 系数增加，表明量表的各个部分拥有良好的内部一致信度。

表 6 – 6　　　　　　　变量/测量项目的信度检验结果

变量/测量项目	Corrected Item-Total Correlation	Cronbach's Alpha if Item Deleted	Cronbach's Alpha
绿色战略			0.866
绿色高级管理			0.843
B1	0.653	0.811	
B2	0.707	0.788	
B3	0.643	0.816	
B4	0.709	0.787	
绿色生产			0.900
C1	0.778	0.873	
C2	0.786	0.868	
C3	0.760	0.878	
C4	0.789	0.867	
绿色外部环境			0.861
D1	0.744	0.807	
D2	0.675	0.835	
D3	0.698	0.826	
D4	0.712	0.820	
绿色动态能力			0.883
F1	0.750	0.848	

续表

变量/测量项目	Corrected Item-Total Correlation	Cronbach's Alpha if Item Deleted	Cronbach's Alpha
F2	0.756	0.846	
F3	0.729	0.856	
F4	0.748	0.849	
企业财务绩效			0.817
G1	0.673	0.755	
G2	0.624	0.776	
G3	0.631	0.776	
G4	0.631	0.773	

4. 变量测量的效度

效度检验主要包括收敛效度和区别效度，收敛效度是指同一潜变量所包含的测量项目之间具有高度相关性，区别效度则是指不同潜变量下的测量项目之间具有较低的相关性。Kerlinger 采用因子分析方法检验构建效度。

根据 Kaiser 的观点，KMO 越接近 1，越适合于做因子分析；KMO 过小，则不适合做因子分析。KMO 在 0.9 以上，非常适合；0.8 ~ 0.9，很适合；0.7 ~ 0.8，适合；0.6 ~ 0.7，不大适合；0.5 ~ 0.6，很勉强；0.5 以下，不适合。同一维度中，因子负荷值越大，表示收敛效度越高。每一个项目只能在其所属的维度中，出现一个大于 0.5 以上的因子负荷值，符合这个条件的项目越多，则量表的区分效度越高。收敛效度可以根据各潜变量的平均方差抽取量（AVE）进行检验。

（1）探索性因子分析。首先，通过 KMO 和 Bartlett 球形测试检验其是否适合因子分析。分析结果如表 6 - 7 所示。

表 6 - 7 **KMO 与 Bartlett 检验值**

KMO 和 Bartlett 的检验		
取样足够度的 Kaiser-Meyer-Olkin 度量		0. 909
Bartlett 的球形度检验	近似卡方	2311. 833
	df	190
	Sig.	0. 000

由表 6 - 7 可得，KMO 检验值为 0. 909，而且 Bartlett 检验近似卡方值很大，为 2311. 833，概率 Sig. 值为 0. 000，小于 0. 05，可见变量之间存在较强的相关性，因而适合做因子分析。

其次，求解特征方程，得到各因子的特征值和累积贡献率，结果如表 6 - 8 所示。

表 6 - 8 **主成分分析的总体方差解释**

成分	解释的总方差					
	初始特征值			提取平方和载入		
	合计	方差的贡献率（%）	累积贡献率（%）	合计	方差的贡献率（%）	累积贡献率（%）
1	7. 798	38. 991	38. 991	7. 798	38. 991	38. 991
2	2. 052	10. 262	49. 254	2. 052	10. 262	49. 254
3	1. 802	9. 012	58. 265	1. 802	9. 012	58. 265
4	1. 573	7. 863	66. 128	1. 573	7. 863	66. 128
5	1. 135	5. 673	71. 801	1. 135	5. 673	71. 801
6	0. 610	3. 049	74. 850			
7	0. 541	2. 704	77. 555			
8	0. 489	2. 447	80. 001			
9	0. 464	2. 321	82. 322			
10	0. 441	2. 204	84. 526			
11	0. 406	2. 029	86. 555			
12	0. 383	1. 917	88. 472			
13	0. 357	1. 784	90. 256			

在表 6 – 8 中，初始特征值是指未提取公因子时的相关矩阵或协方差矩阵的特征值，累积方差贡献率表示累积方差的解释程度。根据特征值大于 1 的原则，表 6 – 8 中提取前 5 个公因子。从表 6 – 8 可以看出，这 5 个公因子的累积方差贡献率达到了 71.801%，表明可以将 20 个测量题项简化为 5 个公因子而不损失大部分信息，因子分析结果较理想。

表 6 – 9 表明，量表各个潜变量均含义明确，所对应的测量项目之间没有重叠，各个测量项目的标准化载荷系数均大于 0.70，说明绿色战略、绿色动态能力、企业财务绩效的量表具有较好的收敛效度。

表 6 – 9　　　　　　　　　　旋转因子负荷矩阵

测量项目	旋转成分矩阵[a]				
	成分				
	1	2	3	4	5
B1	0.090	0.022	0.197	0.758	0.243
B2	0.080	0.233	0.058	0.789	0.190
B3	0.162	0.238	0.166	0.718	0.108
B4	0.144	0.098	0.094	0.829	0.102
C1	0.807	0.219	0.144	0.047	0.233
C2	0.840	0.199	0.152	0.046	0.152
C3	0.817	0.170	0.087	0.167	0.140
C4	0.836	0.072	0.054	0.262	0.201
D1	0.097	0.223	0.817	0.137	0.088
D2	0.069	0.224	0.776	0.101	0.059
D3	0.120	0.063	0.790	0.123	0.226
D4	0.113	0.063	0.825	0.122	0.113
F1	0.192	0.787	0.116	0.089	0.291
F2	0.151	0.780	0.188	0.195	0.200
F3	0.153	0.766	0.153	0.172	0.240
F4	0.199	0.782	0.186	0.170	0.158
G1	0.152	0.237	0.104	0.210	0.745
G2	0.241	0.189	0.239	0.093	0.698

续表

测量项目	旋转成分矩阵[a]				
	成分				
	1	2	3	4	5
G3	0.145	0.227	0.086	0.248	0.707
G4	0.220	0.213	0.123	0.149	0.714

（2）验证性因子分析。为了验证量表的区别效度，运用 AMOS23.0 对绿色高级管理、绿色生产、绿色外部环境、绿色动态能力、企业财务绩效 5 个构念，构建一阶验证性因子分析模型（CFA 模型），如图 6 – 5 所示。

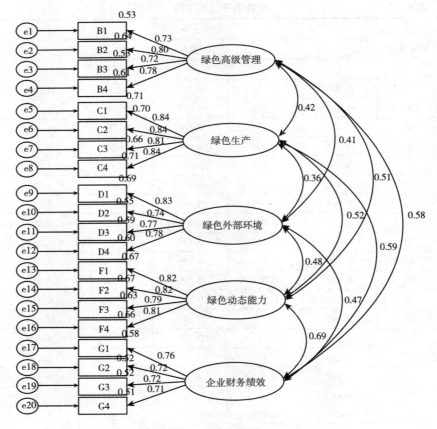

图 6 – 5　绿色战略影响企业财务绩效的一阶 CFA 模型

CFA 模型路径图的估计结果为：模型可以识别收敛，非标准化估计值模型图中没有出现负的误差项方差，表示没有违反模型辨认规则。模型整体适配度卡方值为 172.087（显著性 $P < 0.001$），*GFI* 值为 0.929（满足 > 0.9 的理想适配标准），*AGFI* 值为 0.907（满足 > 0.9 的理想适配标准），*RMSEA* 值为 0.056（满足 < 0.06 的理想适配标准），*CFI* 值为 0.995（满足 > 0.9 的理想适配标准），*NFI* 值为 0.928（满足 > 0.9 的理想适配标准）。从主要的适配度统计指标看，绿色战略、绿色动态能力、企业财务绩效量表的一阶 CFA 模型与观察数据存在良的适配，可以支持该量表的 CFA 模型。

根据 CFA 模型中各潜变量所对应的测量项目的因子载荷计算得出各潜变量的构建信度（CR）和平均方差抽取量（AVE），如表 6 - 10 所示。其中，绿色高级管理、绿色生产、绿色外部环境、绿色动态能力、企业财务绩效的构建信度均大于 0.8，且对应的平均方差抽取量均大于 0.5，表明验证性因子分析模型的内在质量良好。

表 6 - 10　　　　　　各潜变量的验证性因子分析结果

潜变量		测量项目	因子载荷
绿色高级管理 CR = 0.8437 AVE = 0.5749	B1	我们将环保理念作为经营目标之一	0.73
	B2	我们设立了环保组织或规章传达环保信息	0.80
	B3	我们为环保动用了组织资源	0.72
	B4	我们对员工的环保工作给予适当奖励	0.78
绿色生产 CR = 0.9004 AVE = 0.6932	C1	我们使用污染少或无污染环保原材料	0.84
	C2	我们淘汰了导致环境污染的产品	0.84
	C3	我们使用清洁技术、环保节能设备	0.81
	C4	我们对废物、废气等进行处理或回收	0.84
绿色外部环境 CR = 0.8617 AVE = 0.6095	D1	我们迎合消费者的绿色消费理念进行生产经营	0.83
	D2	我们能够迅速响应政府的环保制度	0.74
	D3	我们主动承担环保的社会责任，树立良好的品牌形象	0.77
	D4	我们对于潜在或发生的环境事故有良好的处理机制	0.78

续表

潜变量		测量项目	因子载荷
绿色动态能力 CR = 0.8842 AVE = 0.6563	F1	公司有能力吸收，学习，产生，结合，分享，转化，应用新的绿色知识	0.82
	F2	我们有能力利用整合后的内外部资源提高工作效率、效能	0.82
	F3	我们有能力设计出有效的环保措施，缓解消费者、政府等利益相关者施加的环保压力	0.79
	F4	我们能及时了解消费者的绿色需求以适应市场变化	0.81
企业财务绩效 CR = 0.8182 AVE = 0.5296	G1	与竞争者相比，我们的销售增长更快	0.76
	G2	与竞争者相比，我们的营业利润增长更快	0.72
	G3	与竞争者相比，我们的投资收益率更高	0.72
	G4	与竞争者相比，我们的经营现金流更高	0.71

在表 6 – 11 中，主对角线上的数字是根据表 6 – 10 得出来的对应潜变量 AVE 的平方根，其他数字代表了各个潜变量之间的相关系数。从表 6 – 11可以看出，各潜变量的平均方差抽取量的平方根小于其所在行或列的相关系数，这说明，测量项目所反映的各个潜变量间有显著不同，同一潜变量的测量项目所测得的因素构念与其他因素构念也有显著不同。因此，绿色高级管理、绿色生产、绿色外部环境、绿色动态能力、企业财务绩效之间具有良好的区别效度。

表 6 – 11　　　　　　　　潜变量的 AVE 的平方根及相关系数

	1	2	3	4	5
1. 绿色高级管理	0.758				
2. 绿色生产	0.416 **	0.833			
3. 绿色外部环境	0.410 **	0.357 **	0.781		
4. 绿色动态能力	0.508 **	0.518 **	0.483 **	0.791	
5. 企业财务绩效	0.580 **	0.590 **	0.469 **	0.691 **	0.728

续表

	1	2	3	4	5
均值（M）	5.387	4.900	4.520	4.945	5.505
标准差（S. D.）	1.358	1.702	1.371	1.390	1.243

注：$P^{**}<0.01$；主对角线上的数字是对应变量 AVE 的平方根。

二、模型评价及假设检验

根据上文的分析，运用 AMOS23.0 构建了关于绿色高级管理、绿色生产、绿色外部环境、绿色动态能力、企业财务绩效的初步结构方程模型，如图 6 - 6 所示。

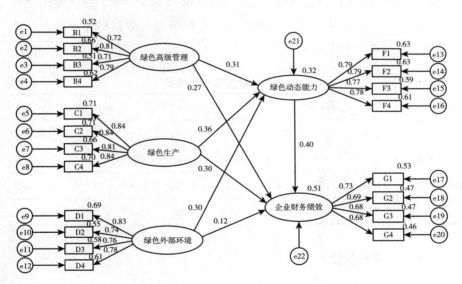

图 6 - 6 初步结构方程模型

（一）模型的初步拟合

AMOS 是以卡方统计量（χ^2）来进行检验的，一般以卡方值 $P >$

0.05 作为判断，意即模型具有良好的拟合度。根据输出的结果，研究模型的 $P < 0.05$。但是，卡方统计量容易受到样本大小的影响，因此除了卡方统计量之外，还需要参考其他拟合度指标。我们使用绝对拟合度、简约拟合度、增值拟合度来对模型适配度进行检验，其中 χ^2/df（差异值除以自由度）为 1.466（满足 < 2 的评价标准），*GFI* 值为 0.903（满足 > 0.9 的评价标准），*RMSEA* 值（平均平方误差平方根）为 0.047（满足 < 0.06 的评价标准），*PNFI* 值（已调整基准化适合度指标）为 0.772（满足 > 0.5 的评价标准），*PCFI* 值（已调整比较适合度指标）为 0.828（满足 > 0.5 的评价标准），*NFI* 值（基准化适合度指标）为 0.900（满足 > 0.9 的评价标准），*NNFI* 值为 0.940（满足 > 0.9 的评价标准），*CFI* 值（比较适合度指标）为 0.966（满足 > 0.9 的评价标准）。这些指标均满足要求，说明提出的结构方程模型与数据拟合较好，具体指标情况如表 6 - 12 所示。

表 6 - 12　　　　　　　　　　结构方程模型拟合度结果

指标	绝对拟合度			简约拟合度			增值拟合度	
	χ^2/df	*GFI*	*RMSEA*	*PNFI*	*PCFI*	*NFI*	*NNFI*	*CFI*
评价标准	< 2	> 0.9	< 0.06	> 0.5	> 0.5	> 0.9	> 0.9	> 0.9
模型结果	1.466	0.903	0.047	0.772	0.828	0.900	0.940	0.966
拟合情况	理想	理想	理想	理想	理想	较理想	理想	理想

（二）假设检验

表 6 - 13 报告了假设检验的结果，从表 6 - 13 中可以得知，除了"绿色外部环境→企业财务绩效"这条路径的 P 值为 0.098（明显大于 0.05 的显著性水平）外，其他潜变量之间的路径系数都在 $P < 0.001$ 的显著水平上具有显著性，即除 H6 外其他均通过了假设检验。

表 6 – 13   假设检验结果

路径	关系	标准化系数	t 值	P 值	结果
H1：绿色高级管理→绿色动态能力	正	0.312	4.151 **	***	支持
H2：绿色高级管理→企业财务绩效	正	0.266	3.422 **	***	支持
H3：绿色生产→绿色动态能力	正	0.363	5.025 **	***	支持
H4：绿色生产→企业财务绩效	正	0.297	3.867 **	***	支持
H5：绿色外部环境→绿色动态能力	正	0.302	4.160 **	***	支持
H6：绿色外部环境→企业财务绩效	正	0.121	1.653	0.098	不支持
H7：绿色动态能力→企业财务绩效	正	0.399	4.345 **	***	支持

注：$P^* < 0.05$；$P^{**} < 0.001$。

三、模型修正及结果分析

为了满足结构方程的简约原则，修正过程中应当根据 MI 值（见表 6 – 14）从大到小逐个修改，同时检验模型拟合指数，并且关注卡方值的减少与模型的简约性之间是否达到平衡。

表 6 – 14   增列路径系数修正指标

			MI	Par Change
绿色生产	< – – >	绿色外部环境	20.804	0.634
绿色高级管理	< – – >	绿色外部环境	25.171	0.456
绿色高级管理	< – – >	绿色生产	27.122	0.581
e10	< – – >	e20	5.044	– 0.142
e11	< – – >	e22	4.369	0.097
e11	< – – >	e20	4.464	0.129
e11	< – – >	e13	9.506	– 0.185
e8	< – – >	绿色高级管理	12.620	0.261

（一）修正外生变量相关

由前文分析可知，绿色高级管理、绿色生产、绿色外部环境构成了绿色战略的三大组成部分。首先，绿色高级管理体现了企业的绿色战略实施理念，可以从战略层面引导部门组织进行绿色知识的学习传播，决定企业在产品投产运营销售等环节的环境保护和资源消耗程度，影响企业绿色生产的实施情况，并且高级管理层作为企业形象的代表，其作出的绿色战略决策将会影响企业树立良好的社会责任形象，并在一定程度上影响消费者的绿色消费决策。因此，绿色高级管理与绿色生产、绿色外部环境之间存在相关关系。其次，绿色生产作为绿色战略实施的主要手段，在原材料采购绿色化、产品设计绿色化、生产工艺绿色化、设备投资绿色化、节能减排废物处理等环节充分实现企业的绿色价值链管理，有利于企业承担环保社会责任，树立绿色环保品牌形象。因此，绿色生产与绿色外部环境之间存在相关关系。在表 6 – 14 中，内生变量相关性修正后的结构方程模型如图 6 – 7 所示。

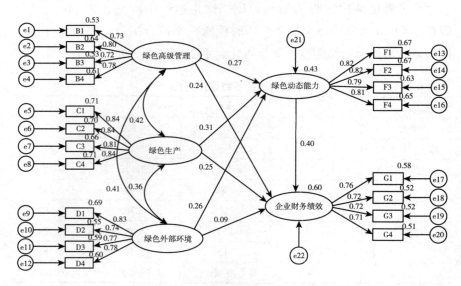

图 6 – 7　第一次修正后的结构方程模型

修正后的模型卡方值为 172. 087，相比初步结构方程模型减少了 62，P 值为 0. 243（满足了 $P > 0.05$ 的评价标准）。接下来，使用绝对拟合度、简约拟合度、增值拟合度来对模型适配度进行检验，其中 χ^2/df（差异值除以自由度）为 1.076（满足 <2 的评价标准），*GFI* 值为 0.929（满足 >0.9 的评价标准），*RMSEA* 值（平均平方误差平方根）为 0.019（满足 <0.06 的评价标准），*PNFI* 值（已调整基准化适合度指标）为 0.782（满足 >0.5 的评价标准），*PCFI* 值（已调整比较适合度指标）为 0.837（满足 >0.5 的评价标准），*NFI* 值（基准化适合度指标）为 0.928（满足 >0.9 的评价标准），*NNFI* 值为 0.960（满足 >0.9 的评价标准），*CFI* 值（比较适合度指标）为 0.995（满足 >0.9 的评价标准）。这些指标均满足要求，说明修改的结构方程模型与数据拟合较好。具体指标情况如表 6-15 所示。

表 6-15　　　　　　　一次修正后结构方程模型拟合度结果

指标	绝对拟合度			简约拟合度			增值拟合度	
	χ^2/df	*GFI*	*RMSEA*	*PNFI*	*PCFI*	*NFI*	*NNFI*	*CFI*
评价标准	<2	>0.9	<0.06	>0.5	>0.5	>0.9	>0.9	>0.9
模型结果	1.076	0.929	0.019	0.782	0.837	0.928	0.960	0.995
拟合情况	理想	理想	理想	理想	理想	理想	理想	理想

（二）删除不显著的路径系数

表 6-13 显示，绿色外部环境→企业财务绩效的路径系数未通过显著性检验，修正方法一般是直接删除该路径，但以往研究表明，外部环境利益相关者压力并不一定都能直接给企业带来环境绩效和财务绩效的显著影响，还需考虑与各种环境利益相关者接触的时间、范围和深度。而且，绿色外部环境的相关政策的情况大多数是通过企业形成绿色动态能力间接作用于企业财务绩效，因此绿色外部环境对企业财务绩效的影响并不显著。删除不显著路径系数后的结构方程模型如图 6-8 所示。

在绿色高级管理的量表中，"我们将环保理念作为经营目标之一""我们设立了环保组织或规章传达环保信息""我们为环保动用了组织资

源""我们对员工的环保工作给予适当奖励"的标准化路径系数分别为
0.73、0.80、0.72、0.78。

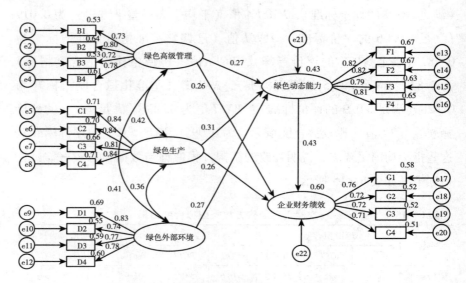

图6-8　第二次修正后的结构方程模型

在绿色生产的量表中，"我们使用污染少或无污染环保原材料""我
们淘汰了导致环境污染的产品""我们使用清洁技术、环保节能设备"
"我们对废物、废气等进行处理或回收"的标准化路径系数分别为0.84、
0.84、081、0.84。

在绿色外部环境的量表中，"我们迎合消费者的绿色消费理念进行
生产经营""我们能够迅速响应政府的环保制度""我们主动承担环保
的社会责任，树立良好的品牌形象""我们对于潜在或发生的环境事
故有良好的处理机制"的标准化路径系数分别为0.83、0.74、
0.77、0.78。

绿色动态能力的量表中，"公司有能力吸收、学习、产生、结合、
分享、转化、应用新的绿色知识""我们有能力利用整合后的内外部资
源提高工作效率、效能""我们有能力设计出有效的环保措施，缓解消

费者、政府等利益相关者施加的环保压力""我们能及时了解消费者的绿色需求以适应市场变化"的标准化路径系数分别为 0.82、0.82、0.79、0.81。

企业财务绩效的量表中，"与竞争者相比我们的销售增长更快""与竞争者相比，我们的营业利润增长更快""与竞争者相比，我们的投资收益率更高""与竞争者相比，我们的经营现金流更高"的标准化路径系数分别为 0.76、0.72、0.72、0.71。

表 6 - 16 报告了运用绝对拟合度、简约拟合度、增值拟合度来对模型适配度进行检验的结果。其中 χ^2/df（差异值除以自由度）为 1.078（满足 < 2 的评价标准），*GFI* 值为 0.928（满足 > 0.9 的评价标准），*RMSEA* 值（平均平方误差平方根）为 0.019（满足 < 0.06 的评价标准），*PNFI* 值（已调整基准化适合度指标）为 0.782（满足 > 0.5 的评价标准），*PCFI* 值（已调整比较适合度指标）为 0.712（满足 > 0.5 的评价标准），*NFI* 值（基准化适合度指标）为 0.928（满足 > 0.9 的评价标准），*NNFI* 值为 0.960（满足 > 0.9 的评价标准），*CFI* 值（比较适合度指标）为 0.994（满足 > 0.9 的评价标准）。从模型的拟合度来看，删除路径并未使卡方值显著增加，且拟合度比上一个模型更高，具体指标情况如表 6 - 16 所示。

表 6 - 16   **二次修正后结构方程模型拟合度结果**

指标	绝对拟合度			简约拟合度			增值拟合度	
	χ^2/df	*GFI*	*RMSEA*	*PNFI*	*PCFI*	*NFI*	*NNFI*	*CFI*
评价标准	< 2	> 0.9	< 0.06	> 0.5	> 0.5	> 0.9	> 0.9	> 0.9
模型结果	1.078	0.928	0.019	0.782	0.712	0.928	0.960	0.994
拟合情况	理想	理想	理想	理想	理想	理想	理想	理想

（三）实证结果

根据最终模型的结构方程路径系数图（见图 6 - 8），假设检验的结果如表 6 – 17 所示。

表 6 – 17　　　　　　　　　　假设检验结果

路径	关系	标准化系数	t 值	P 值	结果
H1：绿色高级管理→绿色动态能力	正	0.269	3.336**	***	支持
H2：绿色高级管理→企业财务绩效	正	0.256	3.248**	**	支持
H3：绿色生产→绿色动态能力	正	0.311	4.137**	***	支持
H4：绿色生产→企业财务绩效	正	0.262	3.459**	***	支持
H5：绿色外部环境→绿色动态能力	正	0.266	3.492**	***	支持
H7：绿色动态能力→企业财务绩效	正	0.428	4.990**	***	支持

注：$P^* < 0.05$；$P^{**} < 0.001$。

标准化路径系数得出的绿色战略影响企业财务绩效的直接效应、间接效应和总效应见表 6 – 18。其中，绿色高级管理对企业财务绩效的直接效应为 0.256，绿色高级管理通过绿色动态能力对企业财务绩效的间接影响为 $0.269 \times 0.428 = 0.115$，绿色高级管理对企业财务绩效的总效应为 $0.256 + 0.115 = 0.371$。绿色生产对企业财务绩效的直接效应为 0.311，绿色生产通过绿色动态能力对企业财务绩效的间接影响为 $0.262 \times 0.428 = 0.112$，绿色生产对企业财务绩效的总效应为 $0.311 + 0.112 = 0.423$。绿色外部环境对企业财务绩效的直接效应为 0.266，绿色生产通过绿色动态能力对企业财务绩效的间接影响为 0，绿色外部环境对企业财务绩效的总效应为 0.266。

表 6 – 18　　　　　　　绿色战略影响企业财务绩效的效应

关系	直接效应	间接效应	总效应
绿色高级管理→绿色动态能力→企业财务绩效	0.256	0.115	0.371
绿色生产→绿色动态能力→企业财务绩效	0.311	0.112	0.423
绿色外部环境→绿色动态能力→企业财务绩效	0.266	0	0.266

以上分析说明，绿色战略的三个构成部分，对企业财务绩效的影响效果排序依次是绿色生产、绿色高级管理、绿色外部环境。

四、结论与政策启示

基于绿色战略和绿色动态能力理论，运用非上市工业企业的问卷调查数据，通过建立结构方程模型，检验了绿色战略（绿色高级管理、绿色生产、绿色外部环境）、绿色动态能力与企业财务绩效之间的作用关系。检验的结果发现，绿色战略的三个构成部分，对企业财务绩效的影响效果排序依次是绿色生产、绿色高级管理、绿色外部环境。具体来说：（1）绿色高级管理对于绿色动态能力有显著的正向影响（标准化路径系数为 0.269，P 值 < 0.001）；绿色高级管理对于企业财务绩效具有显著的正向影响（标准化路径系数为 0.256，P 值 < 0.001）。（2）绿色生产对于绿色动态能力有显著的正向影响（标准化路径系数为 0.311，P 值 < 0.001）；绿色生产对于企业财务绩效具有显著的正向影响（标准化路径系数为 0.262，P 值 < 0.001）。（3）绿色外部环境对绿色动态能力有显著的正向影响（标准化路径系数为 0.266，P 值 < 0.001）；绿色外部环境对于企业财务绩效没有显著的正向影响（初始模型中 P 值 > 0.05）。（4）绿色动态能力对于企业财务绩效有显著的正向影响（标准化路径系数为 0.428，P 值 < 0.001）。

以上结论具有重要的政策和管理启示：

第一，绿色生产是绿色战略的核心，它主要是通过原材料采购绿色化、产品设计绿色化、生产工艺绿色化、设备投资绿色化、节能减排废物处理等环节来实现企业的绿色价值链管理。因而在政策上，应结合"供给侧"改革的方向，加快推进企业绿色升级，依托了绿色价值链管理，促进企业走向全球价值链的中高端。在企业管理上，企业应主动参与绿色市场竞争，开发绿色产品，形成绿色品牌效益，从而实现财务绩效的持续提升。

第二，绿色高级管理支持企业在不确定、复杂性的商业环境中开展绿色战略的具体工作。因此，企业内部要通过优化治理结构，构建绿色领导团队，组织企业人员学习绿色知识，开发绿色产品方案，实施环保和绿色管理的经营理念，构筑绿色产品发展、绿色技术创新和绿色服务的企业文化，形成适应外部环境变化的绿色动态能力。

第三，尽管绿色外部环境对企业财务绩效没有直接影响，但绿色外部环境可以为企业带来差异化竞争优势，使企业处理好来自政府监管、外部投资者、顾客舆论等不同利益相关者的压力，为企业赢得合法性效益和良好的声誉；绿色外部环境还可以帮助企业及时监控外部动态环境的变换并做出调整，从而间接作用于企业财务绩效。

第七章　促进企业绿色升级的节能减排政策

随着世界产业体系逐步向低碳化转型，企业市场竞争的绿色化格局正在形成，环境变量和自然生态资本对一个企业的市场价值将产生越来越深远的影响。企业应对不断变化的技术和商业模式的方式相应地改变了驱动企业价值创造的因素，并最终决定企业的综合业绩。环境变量已上升为企业构筑与碳排放相关的成本与价值的主要因素，节能减排的低碳业务模式逐步成为全球价值链竞争的新优势。

近年来，我国产业转型升级中对企业节能减排的监管要求逐步加大，意在倡导绿色发展理念，推进"低投入、低消耗、低排放与高效率"的发展模式，形成与国内经济发展相适应的低碳产业体系。然而，由于减排成本、能力差异及传统经营模式的影响，我国企业在转型和绿色升级过程中，严格执行节能减排任务指标面临五类经济负担，企业节能减排的压力和激励问题比较突出。因此，通过价值驱动因素这个中介将环境战略与财务决策联系起来，实现企业节能减排与财务成长的协同是激励政策的双重目标。

本书从企业节能减排的成本、能力差异和传统经营模式出发，在公司财务理论框架内引入企业生态效率的价值创造原理，运用问卷调查、访谈和档案数据研究了节能减排与企业投资均衡、绿色技术创新、融资成本、杠杆选择的关系以及企业管理与自然环境关系的制度动力、生态控制与财务管理系统的耦合模式等具体经营问题，分析方法涉及理论推演、数理模型、指数构建和实证检验，获得了较为丰富的研究结论和具有针对性和操作性的政策建议。

第一节 节能减排影响企业价值创造研究的主要结论

基于各章的研究结果，主要研究结论包括以下几个方面的内容。

一、成本约束依然是企业节能减排的主要压力

在生态文明建设国家战略的驱动下，不少企业对节能减排和环境声誉重要性的认识逐渐提高，但在我国产业结构升级的现阶段，一些地区尤其是中西部地区中等规模以下的一部分企业仍采用标准相对低的技术和生产流程、生产规模偏小并沿用资源和污染密集型的传统生产方式。这类企业严格执行减排任务指标要面临已有环保设施运转成本、技术工艺更新及使用培训成本、业务调整成本、更高的融资成本和社会成本五个方面的经济负担。高额的经济负担是导致一些企业擅自闲置污染处理设施甚至搞"偷排"的根源。如果环境监管机构强制企业以节能减排为导向进行业务流程再造，一些企业可能会因为成本太高而无法持续经营。

二、节能减排对企业价值创造已产生积极影响

作为企业节能减排综合效果的反映，生态效率是以最小的资源消耗和环境影响，来追求最大化的企业价值，从而构筑了企业与自然环境之间的友好生态关系。在生态效率范式下，企业价值创造主要包括三种机制：（1）企业环境合规设计的价值分配及价值迁移机制，使行业内不同企业之间相对均衡的价值流在一定时期内由被动合规企业向具有前瞻性

合规的企业迁移。（2）积极环境战略及其技术采纳先动的价值创造机制，主要表现在企业内部、企业之间以及企业与环境管制之间引发三种创新效应及相应的价值流。（3）企业内部流程革新的成本节约和利润增长机制，使企业流程中的污染控制尤其是污染预防，抑或生态响应型的流程模式为企业营运的直接成本节约和利润增长创造了新的机会。企业回应环境管制存在战略差异，自愿性节能减排战略可以在企业内部形成绿色动态能力进而产生绿色商誉价值。

通过实证研究表明，我国经济增长方式的转变与生态文明建设同步成为经济转型的国家战略，这个战略渐进的过程是企业环境业绩、生态效率不断改进的过程，也是环境业绩作用于企业价值创造的过程，节能减排已显现出直接的价值增值效应。

三、节能减排对企业环境友好技术创新发挥显著的激励作用

企业投资规模的增加带动了产能增加，相应地也增加了污染排放量。当企业投资达到一定规模，就有一个稳定比率用于环境友好技术的采纳和创新时，污染排放总量呈现逐渐降低的趋势。污染源企业达到一定的投资规模后，减排的产能调整政策可以实现企业发展与减排目标的统一。就具体政策工具而言，当企业的初始投资达到一定规模时，环境污染税不会影响企业发展，而且为企业采纳和创新环境友好技术提供了激励。随着补贴水平的提高，不同规模企业对补贴的激励效果有显著差异，当减排补贴在财务上使企业的初始投资量达到一定的规模时，企业具有进一步投资环境友好技术的激励。一般地，随着节能减排管制强度的提高，企业具有增大投资的动机，其目的是逐步摆脱环境管制机构的减排管制对企业经营的约束，降低合规成本，同时又可以充分享受环境管制机构提供的减排补贴。

在我国工业化的现实阶段，提高减排管制强度在微观上不会影响企

业的投资规模，也不会挤占企业的生产性投资；而对企业的环境友好技术创新有明显的激励作用。但是，技术能力较好的规模企业由于减排成本的优势，在环境友好技术创新方面还可能存在动力不足的问题。

四、融资环保核查和信贷管制的政策效果具有明显的差异

融资管制与污染损害的财务责任是激励污染企业或潜在污染企业节能减排的通行手段。在股权融资环保核查和银行信贷的节能减排约束下，污染源企业在融资行为及财务杠杆水平选择方面会做出策略性的财务回应。随着企业环境风险的上升，银行的环境信贷风险管理面临着风险管理成本、银行业务的环境合规成本以及利益相关者代理成本，相应地改变了企业的债务融资条件并作用于企业债务融资成本；资本市场对企业环境风险做出评估后，会影响企业下一步的股权融资成本。在企业污染损害的财务责任分担上，污染源企业与环境监管机构之间在环境审计核查方面的合谋协议造成了企业财务行为扭曲和社会福利损失。

在我国产业调整和升级的进程中，企业减排绩效对企业融资成本产生了显著影响，体现了企业内部的财务激励作用。但企业减排绩效的整体水平不高，在权益融资的严格环保核查下，企业减排绩效对融资成本的影响存在明显的结构差异，减排绩效对权益融资成本没有实质性影响，主要在企业债务融资中发挥作用。企业节能减排的强制责任与企业的长期银行借款存在显著的相关性，已有信贷政策对重污染企业的节能减排起到了引导作用，但没有导致企业过度债务融资的杠杆调整及社会福利损失。

五、国有控股性质的企业发挥了改进环境业绩的引领作用

企业作为一个将自然生态资源转化为有用产品的中介机构，在价值

创造过程中与自然环境有着良好的生态关系：（1）自然生态系统为企业提供基础资源的支持；（2）企业对自然生态系统产生持续而长期的影响；（3）自然生态系统的维持、修复为企业提供新的业务机会。企业运营对自然生态系统的影响及相互依存性不仅是企业寻求利润最大化的某些约束，更是企业获得持续成长的机制和空间。

现代企业是一个环境管家，在相同的外部制度压力集合下，企业的环境战略及环境业绩或生态控制效率主要取决于该企业的治理安排。高管团队发挥治理作用的效果具有人口学统计特征，管理者的异质性对提升公司的环境业绩起着重要作用。高管教育背景、男性性别比、团队规模对环境业绩有显著的正向作用；而二元性、政治背景对环境业绩有显著的负向作用。所有权性质增强了高管特征与环境业绩的相关关系，相对于非国有控股企业，国有控股性质的企业发挥了改进环境业绩的引领作用。

六、节能减排嵌入企业流程的路径是生态控制与财务管理耦合

企业扮演环境管家的目标是在战略层面通过生态控制系统，开拓新的业务增长机会，实现环境业绩与财务业绩的协同。这种协调在具体营运流程上，表现为生态控制整合于管理控制系统，整合的内在路径是生态控制与财务管理系统的耦合。企业生态控制侧重于环境问题的事前管理，具有积极性、主动性的特点，是企业经营过程中实施的一种开发性的、构建自己与自然环境良好生态关系的能力。基于企业流程的生态控制子系统，是企业内部管理控制系统在环境管理方面的延伸和具体化，其控制效率直接表现为企业良好的环境业绩和绿色价值的竞争优势。按照企业管理控制系统各个子系统的结合程度，生态控制与财务管理系统的耦合有紧密型、中性型和松散型三种模式。

我国制造企业的转型升级过程中，上期的生态控制水平能够显著降

低当期营业成本并增加当期的净资产收益率。企业前期的生态控制情况做得好，企业在节能减排、处理与自然环境的生态关系方面的成效就越好，不仅可以直接减少当期的营业成本，而且在资源的利用效率方面，企业生态控制系统的实施效果能够提高企业使用资源、能源及资本配置的效率，进而提高权益收益水平。

第二节 促进企业绿色升级的政策建议

面对全球价值链竞争的新形势，从绿色发展的战略方针出发，进一步提高我国企业的能源资源利用效率，解决企业流程和产品全生命周期的环境污染问题，提升企业绿色价值，需要加快传统企业尤其是制造企业的绿色升级。基于各章的研究结论，提出以下几项政策建议。

一、构建反映企业生态效率的环境业绩评价指标体系和数据库

生态效率指标揭示了企业与自然环境之间的友好生态关系，反映了企业节能减排的综合效果，是环境业绩变量与财务业绩变量的比率。以综合性、相对值表示的生态效率指标与以单一性、绝对值表示的节能减排指标相比，更易于评价同一企业随时间推移在环境业绩方面的进步，增强企业环境表现的纵向可比性；而且，生态效率指标通用性也适用于比较不同企业之间的环境业绩。生态效率指标的通用性得到了经济与合作发展组织（OECD）、世界可持续发展全球企业委员会（WBCSD）等国际组织的倡导，一些大公司如日本三菱、美国 3M、德国 BASF 集团等均在企业经营中使用生态效率指标。

我国目前还没有统一的环境业绩评价指标，企业的环境业绩信息主要来自环境报告、社会责任报告，信息的一致性、可比性和全面性存在

明显缺陷，既不能全面反映企业节能减排的绩效，也不能科学说明中国进行节能减排的真实代价及对缓解气候变化的贡献。因此，构建以生态效率为核心的环境业绩评价指标体系，使企业环境报告、综合报告及生物多样性报告的内容具有国际通用性，以便科学监测企业环境业绩的进步，也有利于加快我国绿色数据中心的建设。

二、化解产能过剩与企业业务结构的绿色调整相结合

根据企业生态效率的价值创造原理，企业的竞争优势越来越依赖于企业与自然环境的生态关系及与之相适应的商业模式。在企业组织内部，污染控制和预防技术将在制造流程中逐步剔除有毒业务、剥离高排放业务、减少高消耗业务等业务结构的绿色调整，实现资源最优利用和高效的废弃物管理。目前，我国一些地区尤其是中西部地区的部分企业仍采用标准相对低的技术和生产流程，并沿用资源和污染密集型的传统生产方式，成为化解产能过剩的对象。在化解过剩产能的进程中，这类企业的技术和工艺存在较大的升级潜力，只是由于经济负担过重未能实现减排目标，因而可以针对企业的业务结构和流程设计，淘汰落后产能业务，运用技术革新剥离高消耗业务，驱动企业整体业务逐步转向绿色化，实现企业发展与减排目标的统一。

三、完善企业绿色技术创新的分类激励政策

企业投资规模的扩大，既增加了污染排放量，也带动绿色技术（环境友好技术）的采纳和创新。而企业增加投资是我国现阶段工业化、城镇化过程中实现经济增长与环境保护"双赢"的基本路径。根据实证结果，提高节能减排管制强度在微观上不会影响企业的投资规模，也不会挤占企业的生产性投资，能够激励企业的技术创新。但由于企业规模、

技术能力、减排成本的差异，企业技术创新的动力也存在差异。因而，在政策工具的选择上，拟实行分类激励的政策。

（1）环境污染税在一般意义上能够减少企业的污染排放，促进新技术的采纳和创新，但企业的减排路径、最终减少污染的排放量取决于企业的利润函数。当企业规模及其相应的投资规模达到一定量的时候，环境污染税不仅不会影响企业发展，还为企业采纳和创新绿色技术提供长期激励。因此，对具有一定规模的企业主要运用环境污染税的激励政策。

（2）排污权交易并不改变企业的投资均衡，但由于获得的方式不同，企业的投资收益发生变化。免费分配排污许可权时，实际上是环境监管机构分配给企业的一笔初始利润，对于那些有采纳和创新绿色技术动力却财务能力不足的企业来说，是一种初期的财务激励。因而对技术能力较好的企业应侧重于排污权交易的激励政策安排。

（3）减排补贴对企业投资行为的引导有一定条件。当企业的投资能力不足，补贴对企业增加绿色技术创新的资金比率有明显的激励作用。随着补贴水平的提高，规模企业对补贴的激励效果下降。因而以企业的投资能力为基础，实施分类补贴政策，有利于提高减排补贴政策的绩效。对中等以下规模的企业来说，由于节能减排关系到企业流程、生产技术和产品的全面转型升级，应成为减排补贴政策的重点支持对象。

四、建立企业污染损害赔偿的贷款人连带责任制度

环境金融政策既是对企业的融资约束，又是企业降低环境风险的激励。从企业融资的角度看，节能减排的融资政策会导致企业市场融资行为的策略响应。一方面，融资的事前监管使企业的环境风险成为融资的约束条件，并影响融资成本；另一方面，由于企业的环境损害具有长期潜伏性且补偿成本可能远远超出企业的净资产，巨额的损害赔偿可能引

发企业运用过度杠杆行为来转嫁赔偿责任，甚至造成社会福利损失。根据实证结果，企业减排绩效管理通过影响融资成本发挥了内在的财务激励作用。但节能减排的信贷政策（"绿色信贷"）实施效果与现实的要求还有差距。

我国银行金融机构执行的"绿色信贷"政策具有一定的强制性，但执行过程中又具有自愿性的特点，缺乏有效的监督机制；银行披露绿色信贷数据主要局限于发布社会责任报告，这种自我评价的自愿性披露无法避免其主观性和片面性，甚至可能成为银行的"形象工程"。多家大银行为紫金矿业贷款就是典型的例子。为了进一步增强信贷政策的节能减排激励效果，引入贷款人（银行或信贷担保机构）连带责任制度，使银行及企业的信贷担保人承担环境损害的连带责任，有利于形成银行执行绿色信贷的长期激励，也可减少企业在面临重大损害赔偿时的过度杠杆行为，以增进社会福利。

五、完善公司内部治理，发挥国有控制人的环境管家职能

现代企业发展的规模化和全球化趋势日益扩大了企业对社会的影响和企业解决社会环境事务的权力及责任。一个缺乏良好生态关系的企业，也不能为股东创造可持续的价值。企业经营的责任行动，不只是回应财务和监管压力，更重要的是采纳一种广义的治理机制来改进公司的责任行为。企业的代理人（高管团队）在企业社会契约与自然契约的交互关系中，通过扮演环境管家形成有效的领导力，聚集生态资本，并逐步转化为企业的组织资本和财务资本，以实现组织的目标。企业所有者的基本要求是投资回报和资金安全，在新兴的生态市场竞争中，所有者会通过董事会推动他们的公司从事环境友好行为，扮演环境管家。

根据研究结果，管理者的异质性对提升公司的环境业绩起着重要作用，而国有控制人性质会进一步增强二者的关系。因此，为了加快我国

企业绿色升级，在政策上首先要进一步完善公司内部治理机制的设计，通过优化企业的高管团队结构和内部组织控制结构，激励企业创建并实施适应绿色发展的生态控制系统，使节能减排整合于企业流程。其次，受成本和技术的约束，一些企业的环境业绩进步主要依靠自上而下的管制和引导，它们获取政府"绿色"补贴的动机强大，而主动执行环境战略、实施节能减排的动力不足。在推动现有产业和产品体系的绿色改造上，国有和国有控制的企业具有更明显的环境管家动机，发挥它们对企业改进环境业绩的引领作用，能够加快提升中国企业"中国制造"在全球竞争的地位。

六、出台企业生态控制标准，推进企业生态会计建设

生态控制是组织将管理控制系统的业绩、预算和激励等控制工具整合于运营行为的环境方面，分离组织对环境的消极影响并逐步修正组织战略目标的过程。这个过程主要监测企业在环境政策和法规方面的合规情况、激励企业环境业绩的持续改进、提供内部决策的数据和对外报告的数据。在企业管理控制系统中，生态控制确保环境问题的解决是通过持续的、全公司范围的程序，并为管理提供了一种决策支持系统。生态控制的过程和效率要以生态会计信息为基础。在国际上，美国有毒排放登记系统（TRI）、欧盟的污染排放登记系统（EPER）以及澳大利亚的企业温室气体排放报告系统（GHG）等是典型的政府监管性生态会计系统；德国、日本的制造企业广泛运用生态会计信息实施生态控制。

目前，我国虽然有《企业内部控制应用指引》《工业"三废"排放试行标准》《企业环境行为评价技术指南》等指导意见或标准，但是信息的全面性、可比性和通用性方面存在缺陷，难以为企业绿色升级提供准确的决策信息，也不能适应新形势下政府对企业环境影响实施有效监管的需要。因而，可以结合发展管理会计的契机，出台企业生态控制具

体规范：第一，整合现有环境管理和评价标准，减少现有多标准报告的重复内容，消除过量报告给企业带来的管理成本和困难，完善企业环境信息披露指南，尽快形成标准化的，具有全面性、通用性和可比性的企业生态会计信息系统。第二，以生态会计信息的全面性为基础，建立企业向监管机构及其他利益相关者提供生态会计报告制度，既服务于绿色数据库建设，又可减少企业的"漂绿"行为，提高监管的效率。第三，根据企业内部的不同组织层次，引导企业形成一个与具体任务目标相匹配的基础数据记录和收集、数据维护、编制和报告的程序控制框架，支撑管理者将企业环境影响、生态系统价值整合于企业计划、报告和决策，推动企业构筑积极的环境战略，形成绿色竞争优势。

参 考 文 献

一、中文文献

［1］［美］阿兰·V.尼斯，等.自然资源与能源经济学手册（第1卷）［M］.李晓西，等译.北京：经济科学出版社，2007：318－323.

［2］毕茜，彭珏，左永彦.环境信息披露制度、公司治理和环境信息披露［J］.会计研究，2012（3）：39－47.

［3］毕茜，顾立盟，张济建.传统文化、环境制度与企业环境信息披露［J］.会计研究，2015（7）：12－19.

［4］蔡昉等.经济发展方式转变与节能减排内在动力［J］.经济研究，2008（6）：4－11.

［5］陈红喜.企业绿色竞争力的理论与实证研究［M］.南京：南京大学出版社，2011：12－50.

［6］曹永福.格兰杰因果性检验评述［J］.数量经济技术经济研究，2006，23（1）：155－160.

［7］邓学衷.企业社会责任、持续价值创造与财务治理［J］.科学·经济·社会，2010（1）：79－83.

［8］邓学衷，杨杰英.环境责任与企业债务融资行为实证研究［J］.科学·经济·社会，2013（4）：102－105.

［9］邓学衷.国外环境规制与企业投资行为研究动态及启示［J］.

社会科学家，2014（2）：76－81.

　　[10] 邓学衷，杨杰英. 环境业绩与融资成本和企业价值的关系：来自重污染上市公司的经验证据 [J]. 长沙理工大学学报（社科版），2014（1）：89－95.

　　[11] 邓学衷，刘超洁. 社会责任嵌入公司治理的模式及财务价值分析 [J]. 会计之友，2014（27）：31－34.

　　[12] 邓学衷，刘超洁. 企业社会责任与企业财务融合的理论基础 [J]. 财会月刊，2014（7）：3－6.

　　[13] 邓学衷. 环境税、减排补贴与企业投资均衡 [J]. 长沙理工大学学报（社会科学版），2017，32（4）：102－107.

　　[14] 邓学衷. 减排管制强度与企业投资行为：来自重污染上市公司的经验证据 [J]. 长沙理工大学学报（社科版），2016（5）：107－114.

　　[15] 郭家虎，崔文娟. EVA 对企业价值的解释度：比较研究 [J]. 当代财经，2004（5）：123－126.

　　[16] 胡曲应. 上市公司环境绩效与财务绩效的相关性研究 [J]. 中国人口·资源与环境，2012，22（6）：23－32.

　　[17] 何丽梅，侯涛. 环境绩效信息披露及其影响因素实证研究——来自我国上市公司社会责任报告的经验证据 [J]. 中国人口·资源与环境，2010，20（8）：99－104.

　　[18] 黄晓杏，胡振鹏，傅春，等. 绿色创新战略对企业绩效的影响机理——基于绿色动态能力的中介效应 [J]. 科技进步与对策，2015（17）：104－109.

　　[19] 经济合作与发展组织（OECD）. 跨国公司指南：企业环境管理及方法 [EB/OL]. http：//www. oecd. org/env/investment.

　　[20] 联合国国际会计和报告标准政府间专家工作组. 企业环境业绩与财务业绩指标的结合：生态效率指标标准化的方法 [M]. 刘刚，高轶文，译. 北京：中国财政经济出版社，2003：9－10.

[21] 吕俊，焦淑艳. 环境披露环境绩效和财务绩效关系的实证研究 [J]. 山西财经大学学报，2011（1）：109 –116.

[22] [英] 罗伯·格瑞，简·贝宾顿. 环境会计与管理（第二版）[M]. 王立彦，耿建新，译. 北京：北京大学出版社，2004：66 –67.

[23] 李胜文，李新春，杨学儒. 中国的环境效率与环境管制 [J]. 财经研究，2010（2）：22 –53.

[24] 李增泉，孙铮. 制度、治理与会计：基于中国制度背景的实证会计研究 [M]. 上海：上海人民出版社，2009：76 –105.

[25] 李强，冯波. 企业会"低调"披露环境信息吗？——竞争压力下企业环保投资与环境信息披露质量关系研究 [J]. 中南财经政法大学学报，2015（4）：141 –148.

[26] 李先江. 新服务企业绿色创业导向、绿色动态能力与企业成长的关系 [J]. 财经论丛（浙江财经大学学报），2014，178（2）：79 –84.

[27] 邱英，钟朝宏. 环境事故对企业财务业绩的影响研究——以沱江污染案为例 [J]. 社会科学家，2007（1）：161 –167.

[28] 千年生态系统评估报告. 生态系统与人类福祉 [M]. 张永民，译. 北京：中国环境科学出版社，2007：56 – 60.

[29] 任月君，郝泽露. 社会压力与环境信息披露研究 [J]. 财经问题研究，2015（5）：88 –95.

[30] [德] 史迪芬·肖特嘉，[澳] 罗杰·希里特. 现代环境会计：问题、概念与实务 [M]. 肖华，李建发，译. 大连：东北财经大学出版社，2004：189 –192.

[31] 申慧慧，吴联生. 股权性质、环境不确定性与会计信息的治理效应 [J]. 会计研究，2012（8）：8 –16.

[32] 沈洪涛，谢越，陈峥嵘. 企业的环境保护、社会责任及其市场反应——基于紫金矿业环境污染事件的案例研究 [J]. 中国工业经济，2012（1）：141 –151.

[33] 沈洪涛, 游家兴, 刘江宏. 再融资环保核查、环境信息披露与权益资本成本 [J]. 金融研究, 2010 (12): 159 – 172.

[34] 沈洪涛, 杨熠, 吴奕彬. 合规性、公司治理与社会责任信息披露 [J]. 中国会计评论, 2010 (3): 363 – 376.

[35] [瑞典] 斯纳德. 环境与自然资源管理的政策工具 [M]. 张蔚文, 黄祖辉, 译. 上海: 上海人民出版社, 2005: 212 – 222.

[36] [美] 斯图尔特·L. 哈特. 资本之惑: 企业可持续发展的战略抉择 [M]. 战颖, 白晶, 译. 北京: 中国人民大学出版社, 2008: 68 – 71.

[37] 童盼, 陆正飞. 负债融资与企业投资行为——来自中国上市公司的经验证据 [J]. 经济研究, 2005 (5): 75 – 84.

[38] 唐国平, 李龙会. 环境信息披露、投资者信心与公司价值——来自湖北省上市公司的经验证据 [J]. 中南财经政法大学学报, 2011 (6): 70 – 77.

[39] 王建明. 环境信息披露、行业差异和外部制度压力相关性研究: 来自我国沪市上市公司环境信息披露的经验证据 [J]. 会计研究, 2008 (6): 54 – 61.

[40] [美] W. 理查德·斯科特. 制度与组织: 思想观念与物质利益 [M]. 姚伟, 王黎芳, 译. 北京: 中国人民大学出版社, 2010: 198 – 200.

[41] 王金南, 余德辉. 发展循环经济是 21 世纪环境保护的战略选择 [J]. 环境科学研究, 2002, 15 (3): 34 – 37.

[42] 王立彦, 林小池. ISO14000 环境管理认证与企业价值增长 [J]. 经济科学, 2006 (3): 97 – 105.

[43] 王立彦, 袁颖. 环境和质量管理认证的股价效应 [J]. 经济科学, 2004 (6): 59 – 71.

[44] 王立彦. 环境成本与 GDP 有效性 [J]. 会计研究, 2015 (3): 3 – 11.

[45] 王霞, 徐晓东, 王宸. 公共压力、社会声誉、内部治理与企

业环境信息披露——来自中国制造业上市公司的证据［J］. 南开管理评论，2013（2）：82–91.

　　［46］武剑锋，叶陈刚，刘猛. 环境绩效、政治关联与环境信息披露——来自沪市 A 股重污染行业的经验证据［J］. 山西财经大学学报，2015（7）：99–110.

　　［47］肖序，熊菲. 环境管理会计的 PDCA 循环研究［J］. 会计研究，2015（4）：62–69.

　　［48］肖华，张国清. 公共压力与公司环境信息披露——基于"松花江事件"的经验研究［J］. 会计研究，2008（5）：15–23.

　　［49］徐晓东，陈小悦. 第一大股东对公司治理、企业业绩的影响分析［J］. 经济研究，2003（2）：64–74.

　　［50］叶陈刚，王孜，武剑锋，李惠. 外部治理、环境信息披露与股权融资成本［J］. 南开管理评论，2015，18（5）：85–96.

　　［51］杨涛. 环境管制对 FDI 影响的实证分析［J］. 世界经济研究，2003（5）：22–35.

　　［52］张成，陆旸，郭路. 环境规制强度和生产技术进步［J］. 经济研究，2011（2）：113–124.

　　［53］张淑惠，史玄玄，文雷. 环境信息披露能提升企业价值吗——来自中国沪市的经验证据［J］. 经济社会体制比较，2011（6）：166–173.

　　［54］周守华，陶春华. 环境会计：理论综述与启示［J］. 会计研究，2012（2）：3–10.

　　［55］朱平芳，徐伟民. 政府的科技激励政策对大中型工业企业 R&D 投入及其专利产出的影响——上海市的实证研究［J］. 经济研究，2003（6）：45–53.

　　［56］［美］扎比霍拉哈·瑞扎伊. 后《萨班斯—奥克斯利法》时代的公司治理［M］. 陈宇，译. 北京：中国人民大学出版社，2009：

15 – 16.

[57] 诸大建, 朱远. 生态效率与循环经济 [J]. 复旦学报（社会科学版）, 2005（2）: 60 – 66.

[58] 张炳, 毕军, 黄和平, 等. 基于 DEA 的企业生态效率评价: 以杭州湾精细化工园区企业为例 [J]. 系统工程理论与实践, 2008, 4（4）: 159 – 166.

[59] 周建, 李子奈. Granger 因果关系检验的适用性 [J]. 清华大学学报（自然科学版）, 2004, 44（3）: 358 – 361.

[60] 殷枫. 公司治理结构和自愿性信息披露关系的实证研究 [J]. 审计与经济研究, 2006（2）: 88 – 92.

二、英文文献

[1] Acs, Z. J. , L. Anselin and A. Varga. Patents and Innovation Counts as Measures of Regional Production of New Knowledge [J]. *Research Policy*, 2002（31）: 1069 – 1085.

[2] Agrawal, A. and Knoeber, C. R. Do Some Outside Directors Play a Political Role? [J]. *Journal of Law and Economics*, 2001, 44（1）: 179 – 198.

[3] Aivazian A. , Ge Y. The Impact of Leverage on Firm Investment: Canadian Evidence [J]. *Journal of Corporate Finance*, 2005（11）: 277 – 291.

[4] Al-Tuwaijri, S. A. , Christensen, T. E. , Hughes, K. E. The Relations among Environmental Disclosure, Environmental Performance and Economic Performance: A Simultaneous Equations Approach [J]. *Accounting, Organizations and Society*, 2004（29）: 447 – 471.

[5] Aragon-Correa J. A. , Sharma S. A Contingent Resource-based View of Proactive Corporate Environmental Strategy [J]. *Academy of Management Review*, 2003, 28（1）: 71 – 88.

［6］ Amir Barnea, Robert Heinkel and Alan Kraus. Green Investors and Corporate Investment ［J］. *Structural Change and Economic Dynamics*, 2005, 16 (3): 332 – 346.

［7］ Anderson D. The Integration of Gender and Political Behavior into Hambrick and Mason's Upper Echelons Model of Organizations ［J］. *Journal of American Academy of Business*, 2003 (3): 29 – 36.

［8］ Aras, G. , Aybars, A. and Kutlu, O. Managing Corporate Performance: Investigating the Relationship between Corporate Social Responsibility and Financial Performance in Emerging Markets ［J］. *International Journal of Productivity and Performance Management*, 2010, 59 (3): 229 – 254.

［9］ Backhaus K. B. , Stone B. A. , Heiner K. Exploring the Relationship between Corporate Social Performance and Employee Attractiveness ［J］. *Business and Society*, 2002 (41): 292 – 318.

［10］ Baines A. , Langfield-Smith K. Antecedents to Management Accounting Change: A Structural Equation Approach ［J］. *Accounting, Organizations and Society*, 2003 (28): 675 – 698.

［11］ Benabou R. , Tirole J. Individual and Corporate Social Responsibility ［J］. *Economica*, 2010, 77 (305): 1 – 19.

［12］ Bhattacharyya, A. and Cummings, L. Measuring Corporate Environmental Performance-Stakeholder Engagement Evaluation ［J］. *Business Strategy and the Environment*, 2015, 24 (5): 309 – 325.

［13］ Botosan, C. A. and Plumlee, M. A. Assessing Alternative Proxies for the Expected Risk Premium ［J］. *The Accounting Review*, 2005, 80 (1): 21 – 53.

［14］ Booth, J. R. and Deli, D. N. Factors Affecting the Number of Outside Directorships Held by CEOs ［J］. *Journal of Financial Economics*, 1996, 40 (1): 81 – 104.

[15] Brammer, S. , and Pavelin, S. Voluntary Environmental Disclosures by Large UK Companies [J]. *Journal of Business Finance and Accounting*, 2006, 33 (7): 1168 – 1198.

[16] Brännlund, R. and B. Kriström B. Taxing Pollution in an Open Economy: An Illustration from the Nordic Pulp Industry [J]. *Journal of Forest Economics*, 1997 (3): 189 – 206.

[17] Bragdon, J. H. and J. A. Marlin. Is Pollution Profitable? [J]. *Risk Management*, 1972, 19 (4): 9 – 18.

[18] Brent Kurapatskie and Nicole Darnall. Which Corporate Sustainability Activities are Associated with Greater Financial Payoffs? [J]. *Business Strategy and the Environment*, 2013 (22): 49 – 61.

[19] Baranova P. , Meadows M. Engaging with Environmental Stakeholders: Routes to Building Environmental Capabilities in the Context of the Low Carbon Economy [J]. *Business Ethics A European Review*, 2017, 26 (2): 112 – 129.

[20] Banerjee S. B. , Iyer E. S. , Kashyap R. K. Corporate Environmentalism: Antecedents and Influence of Industry Type [J]. *Journal of Marketing*, 2003, 67 (2): 106 – 122.

[21] Berry M. A. , Rondinelli D. A. Proactive Corporate Environmental Management: A New Industrial Revolution [J]. *The Academy of Management Executive (1993 – 2005)*, 1998, 12 (2): 38 – 50.

[22] Cannella Jr. A. , Park J. , Lee H. Top Management Team Functional Background Diversity and Firm Performance: Examining the Roles of Team Member Colocation and Environmental Uncertainty [J]. *Academy of Management Journal*, 2008 (51): 768 – 784.

[23] Carrillo-Hermosilla J. , Río P. D. , Könnölä T. Diversity of eco-innovations: Reflections from Selected Case Studies [J]. *Journal of Cleaner*

Production, 2010, 18 (10): 1073 - 1083.

[24] C. Arguedas, D. P. vanSoest, On Reducing the Windfall Profits in Environmental Subsidy Programs [J]. *Journal of Environmental Economics and Management*, 2009 (58): 192 - 205.

[25] Carl J. Kock, Juan Santaló and Luis Diestre. Corporate Governance and the Environment: What Type of Governance Creates Greener Companies? [J]. *Journal of Management Studies*, 2012, 49 (3): 492 - 514.

[26] Charl de Villiers, Vic Naiker and Chris J. , van Staden. The Effect of Board Characteristics on Firm Environmental Performance [J]. *Journal of Management*, 2011: 1 - 28.

[27] Charlo, M. J. , Moya, I. and Muñoz, A. M. Sustainable Development and Corporate Financial Performance: a Study Based on the FTSE4 Good IBEX Index [J]. *Business Strategy and the Environment*, 2015, 24 (4): 277 - 288.

[28] Chapple, L. , Clarkson, P. M. and Gold, D. L. The Cost of Carbon: Capital Market Effects of the Proposed Emission Trading Scheme (ETS) [J]. *Abacus*, 2013, 49 (1): 1 - 33.

[29] Chang C. H. , Sam A. G. Corporate Environmentalism and Environmental Innovation [J]. *Journal of Environmental Management*, 2015 (153): 84 - 92.

[30] Christmann P. Effects of "best practices" of Environmental Management on Cost Competitiveness: the Role of Complementary Assets [J]. *Academy of Management Journal*, 2000 (43): 663 - 880.

[31] Chen, J. C. , Patten, D. M. and Roberts, R. W. Corporate Charitable Contributions: A Corporate Social Performance or Legitimacy Strategy? [J]. *Journal of Business Ethics*, 2008, 82 (1): 131 - 144.

[32] Clarkson, P. M. , Li, Y. , Richardson, G. D. , Vasvari,

F. P. Revisiting the Relation between Environmental Performance and Environmental Disclosure: An Empirical Analysis [J]. *Accounting, Organizations and Society*, 2008 (33): 303 – 327.

[33] Clarkson, P. M., Overell, M. B., Chapple, L. Environmental Reporting and Its Relation to Corporate Environmental Performance [J]. *Abacus*, 2011 (47): 27 – 60.

[34] Cohen, M. A., Fenn, S. and Naimon, J. S. Environmental and Financial Performance: Are They Related? Investor Responsibility Research Center, Environmental Information Service, 1995.

[35] Coles, J. L., Daniel, N. D. and Naveen, L. Boards: Does One Size Fit All? [J]. *Journal of Financial Economics*, 2008, 87 (2): 329 – 356.

[36] C. Sinkin et al., Eco-efficiency and Firm Value [J]. *Journal of Accounting and Public Policy*, 2008 (27): 167 – 176.

[37] Clarkson, P. M., Y. Li, G. D. Richardson, and F. P. Vasvari, Revisiting the Relation between Environmental Performance and Environmental Disclosure: An Empirical Analysis [J]. *Accounting Organizations and Society*, 2008 (33): 303 – 327.

[38] Claessens S., Djankov S., Fan, J. P. H. and Lang, L. H. P. Disentangling the Incentive and Entrenchment Effects of Large Shareholdings [J]. *Journal of Finance*, 2002, 57 (6): 2741 – 2771.

[39] Clarkson P. M., Li Y., Richardson G. D., et al. Does It Really Pay to Be Green? Determinants and Consequences of Proactive Environmental Strategies [J]. *Journal of Accounting & Public Policy*, 2011, 30 (2): 122 – 144.

[40] Chan R. Y. K. Does the Natural-Resource-Based View of the Firm Apply in an Emerging Economy? A Survey of Foreign Invested Enterprises in China [J]. *Journal of Management Studies*, 2005, 42 (3): 625 – 672.

［41］ Daan P. van Soest. The Impact of Environmental Policy Instruments on the Timing of Adoption of Energy-saving Technologies ［J］. *Resource and Energy Economics*, 2005 （27）: 235 – 247.

［42］ Dan S. Dhaliwal, Oliver Zhen Li, Albert Tsang, Yong George Yang. Voluntary Nonfinancial Disclosure and the Cost of Equity Capital: The Initiation of Corporate Social Responsibility Reporting ［J］. *The Accounting Review*, 2011, 86 （1）: 59 – 100.

［43］ Darnall, N. and Edwards, D. Predicting the Cost of Environmental Management System Adoption: The Role of Capabilities, Resources and Ownership Structure ［J］. *Strategic Management Journal*, 2006 （27）: 301 – 320.

［44］ Dangelico R. M., Pontrandolfo P. From Green Product Definitions and Classifications to the Green Option Matrix ［J］. *Journal of Cleaner Production*, 2010, 18 （16 – 17）: 1608 – 1628.

［45］ Davidson, Xie Xu Ning. The Influence of Executive Age, Career Horizon and Incentives on Pre-turnover Earnings Management ［J］. *Journal of Management and Governance*, 2007, 11 （1）: 45 – 60.

［46］ Deephouse D. L. Does Isomorphism Legitimate? ［J］. *Academy of Management Journal*, 1996 （39）: 1024 – 1039.

［47］ Delmas, M. A. The Diffusion of Environmental Management Standards in Europe and in the United States: An Institutional Perspective ［J］. *Policy Science*, 2002 （35）: 91 – 119.

［48］ Derwall, J., Guenster, N., Bauer, R. and Koedijk, K. The Eco-efficiency Premium Puzzle ［J］. *Financial Analysts Journal*, 2005, 61 （2）: 51 – 63.

［49］ Diego Prior, Jordi Surroca and Josep A. Tribó. Are Socially Responsible Managers Really Ethical? Exploring the Relationship between Earnings Management and Corporate Social Responsibility [J]. *Corporate Governance: An International Review*, 2008, 16 (3): 160 – 177.

[50] Don Fullerton. Distributional Effects of Environmental and Energy Policy: An Introduction [J]. NBER Working Paper No. 4241, 2008.

[51] Donoher, W. J. , Reed, R. and Storrud-Barnes, S. F. Incentive Alignment, Control, and the Issue of Misleading Financial Disclosures [J]. *Journal of Management*, 2007, 33 (4): 547 – 569.

[52] Dowell G. , Hart S. , Yeung B. Do Corporate Global Environmental Standards Create or Destroy Market Value? [J]. *Management Science*, 2000 (46): 1059 – 1074.

[53] Easton, P. D. PE Ratios, PEG Ratios, and Estimating the Implied Expected Rate of Return on Equity Capital [J]. *The Accounting Review*, 2004 (79): 73 – 95.

[54] Edeltraud M. Guenther and Holger Hoppe. Merging Limited Perspectives: A Synopsis of Measurement Approaches and Theories of the Relationship between Corporate Environmental and Financial Performance [J]. *Journal of Industrial Ecology*, 2014, 18 (5): 689 – 707.

[55] Edwige Cheynel. A Theory of Voluntary Disclosure and Cost of Capital [J]. *Review of Accounting Studies*, 2013 (18): 987 – 1020.

[56] El Ghoul S. , Guedhami O. , Kwok C. C. Y. , Mishra D. R. Does Corporate Social Responsibility Affect the Cost of Capital? [J]. *Journal of Banking and Finance*, 2011, 35 (9): 2388 – 2406.

[57] E. Papista, A. Krystallis. Investigating the Types of Value and Cost of Green Brands: Proposition of a Conceptual Framework [J]. *Journal Business Ethics*, 2013 (115): 75 – 92.

[58] Epstein, M. J. , Wisner, P. S. Managing and Controlling Environmental Performance: Evidence from Mexico [J]. *Advances in Management*

Accounting, 2005 (14): 115 - 137.

［59］ Erin T. Mansur. Prices vs. Quantities: Environmental Regulation and Imperfect Competition ［J］. NBER Working Paper No. 13510, 2007.

［60］ Faccio, M. , Masulis, R. W. and Mc Connell, J. Political Connections and Corporate Bailouts ［J］. *The Journal of Finance*, 2006, 61 (6): 2597 - 2635.

［61］ Falk M. What Drives Business R&D Intensity across OECD Countries ［J］. WIFO Working paper, 2004 (236): 22 - 36.

［62］ Fang H. , Xin M. , Wong C. W. Y. , et al. Contemporary Corporate Eco-innovation Research: A Systematic Review ［J］. *Journal of Cleaner Production*, 2018 (174): 502 - 526.

［63］ Finkelstein, Hambrick. Top-management Team Tenure and Organizational Outcomes: The Moderating Role of Managerial Discretion ［J］. Administrative Science Quarterly, 2009, 35 (3): 484 - 503.

［64］ Fischer, H. M. , Pollock, T. G. Effects of Social Capital and Power on Surviving Transformational Change: The Case of Initial Public Offerings ［J］. *Academy of Management Journal*, 2004 (47): 463 - 481.

［65］ Foster, D. and Jonker, J. Stakeholder Relationships: The Dialogue of Engagement ［J］. *Corporate Governance: The International Journal of Business in Society*, 2005, 5 (5): 51 - 57.

［66］ Frank Figge, Tobias Hahn. Value Drivers of Corporate Eco-efficiency: Management Accounting Information for the Efficient Use of Environmental Resources ［J］. *Management Accounting Research*, 2013, 24 (4): 387 - 400.

［67］ Galdeano-Go'mez, E. , Cespedes-Lorente, J. , Martı'nez-del-Rı'o, J. Environmental Performance and Spillover Effects on Productivity: Evidence from Horticultural Firms ［J］. *Journal of Environmental Management*,

2008 (88): 1552 - 1561.

[68] Galani, D. Gravas, E. and Stavropoulos, A. Company Character-istics and Environmental Policy [J]. *Business Strategy and the Environment*, 2012, 21 (4): 236 - 247.

[69] Gilley, K. M., Worrell, D. L., Davidson, W. N. and El-Jelly, A. Corporate Environmental Initiatives and Anticipated Firm Performance: The Differential Effects of Process-driven Versus Product-driven Greening Initia-tives [J]. *Journal of Management*, 2000, 26 (6): 1199 - 1216.

[70] G. Huppes, M. Ishikawa. Quantified Eco-efficiency: An Introduc-tion with Applications [J]. *Springer*, 2007: 1 - 40.

[71] Gray R. Current Developments and Trends in Social and Environ-mental Auditing, Reporting and Attestation: a Review and Comment [J]. *In-ternational Journal of Auditing*, 2000 (4): 247 - 268.

[72] Gulati R., Nohria N., Zaheer A. Guest Editors' Introduction to the Special Issue: Strategic Networks [J]. *Strategic Management Journal*, 2015, 21 (3): 199 - 201.

[73] Guenster N., Bauer R., Derwall J. The Economic Value of Cor-porate Eco-efficiency [J]. *European Financial Management*, 2011, 17 (4): 679 - 704.

[74] Hart, S. L. A Natural Resource-based View of the Firm [J]. *Acad-emy of Management Review*, 1995, 20 (4): 986 - 1014.

[75] Hart, S. L. Beyond Greening: Strategies for a Sustainable World [J]. *Harvard Business Review*, 1997, 75 (1): 66 - 77.

[76] Hertwich E. G. Eco-efficiency and Its Role in Industrial Transforma-tion. Institute for Environmental Studies, Free Univercity of Amsterdam, 1997.

[77] Henri, J. F. and Journeault, M. Harnessing Eco-control to Boost Environmental and Financial Performance [J]. *CMA Management*, 2008

（9）：29 – 34.

［78］Henriques I. , Sadorsky P. The Relationship between Environmental Commitment and Managerial Perceptions of Stakeholder Importance ［J］. *Academy of Management Journal*, 1999, 42（1）：87-99.

［79］Henri and Journeault. Eco-control：The Influence of Management Control Systems on Environmental and Economic Performance ［J］. *Accounting, Organizations and Society*, 2010, 35（1）：63 – 80.

［80］Henri, J. F. Organizational Culture and Performance Measurement Systems ［J］. *Accounting, Organizations and Society*, 2006, 31（1）：77 – 103.

［81］Hoffman, A. J. Linking Organizational and Field Level Analyses：The Diffusion of Corporate Environmental Practice ［J］. *Organization & Environment*, 2001, 14（2）：133 – 156.

［82］Jacobs, B. W. , Singhal, V. R. and Subramanian, R. An Empirical Investigation of Environmental Performance and the Market Value of the Firm ［J］. *Journal of Operations Management*, 2010, 28（5）：430 – 441.

［83］Jamessalo. Corporate Governance and Environmental Performance：Industry and Country Effects ［J］. *Competition & Change*, 2008, 12（4）：328 – 354.

［84］Jan Endrikat, Edeltraud Guenther, Holger Hoppe. Making Sense of Conflicting Empirical Findings：A Meta-analytic Review of the Relationship between Corporate Environmental and Financial Performance ［J］. *European Management Journal*, 2014（32）：735 – 751.

［85］Jean-Pascal Gond, Suzana Grubnic, Christian Herzig, Jeremy Moon. Configuring Management Control Systems：Theorizing the Integration of Strategy and Sustainability ［J］. *Management Accounting Research*, 2012（23）：205 – 223.

[86] Jensen, M. C. Agency Cost of Free Cash Flow, Corporate Finance, and Takeovers [J]. *American Economic Review*, 1986, 76 (2): 326 – 329.

[87] Jones T. M. Instrumental Stakeholder Theory: A Synthesis of Ethics and Economics [J]. *Academy of Management Review*, 1995 (20): 404 – 437.

[88] Judith L. Walls, Pascual Berrone and Phillip H. Phan. Corporate Governance and Environmental Performance: Is There Really a Link? [J]. *Strategic Management Journal*, 2012 (33): 885 – 913.

[89] King, A. and Lenox, M. Exploring the Locus of Profitable Pollution Reduction [J]. *Management Science*, 2002, 48 (2): 289 – 299.

[90] Khaled Elsayed, David Paton . Accruals and Future Stock Returns: Tests of the Naive Investor Hypothesis [J]. *Journal of Accounting, Auditing and Finance*, 2004 (2): 161 – 181.

[91] Kalleberg, Leicht. Gender and Organizational Performance: Determinants of Small Business Survival and Success [J]. *Academy of Management Journal*, 1991, 34 (1): 136 – 161.

[92] Karpoff, J. M. , Lott, Jr. , J. E. , Wehrly, E. W. The Reputational Penalties for Environmental Violations: Empirical Evidence [J]. *Journal of Law and Economics*, 2005 (48): 653 – 675.

[93] Kassinis, G. and Vafeas, Kikos. Corporate Boards and Outside Stakeholders as Determinants of Environmental Litigation [J]. *Strategic Management Journal*, 2002 (23): 399 – 415.

[94] Katsoulacos, Y, A. Ulph and D. Ulph. The Effects of Environmental Policy on the Performance of Environmental RJVs [J]. NBER Working Paper, No. 7301, 1999.

[95] Kostant, P. C. Exit, Voice and Loyalty in the Course of Corporate

Governance and Counsel Changing Role [J]. *Journal of Socio-Economics*, 1999 (28): 203 - 247.

［96］ Khwaja, Mian. Political Connections and Minority-Shareholder Protection: Evidence from Securities-Market Regulation in China [J]. *Journal of Financial and Quantitative Analysis*, 2011 (45): 155 - 187.

［97］ Kathleen Hertz Rupley, Darrell Brown R. Scott Marshal. Governance, Media and the Quality of Environmental Disclosure [J]. *Account. Public Policy*, 2012 (31): 610 - 640.

［98］ Kempf, A. and Osthoff, P. The Effect of Socially Responsible Investing on Portfolio Performance [J]. *European Financial Management*, 2007, 13 (5): 908 - 922.

［99］ Khaled Elsayed, David Paton. Accruals and Future Stock Returns: Tests of the Naive Investor Hypothesis [J]. *Journal of Accounting, Auditing and Finance*, 2004 (2): 161 - 181.

［100］ Kelton, A. S. and Yang, Y. W. The Impact of Corporate Governance on Internet Financial Reporting [J]. *Journal of Accounting and Public Policy*, 2008 (27): 62 - 87.

［101］ Khwaja, Mian. Political Connections and Minority-Shareholder Protection: Evidence from Securities-Market Regulation in China [J]. *Journal of Financial and Quantitative Analysis*, 2011 (45): 155 - 187.

［102］ Klewitz J. , Hansen E. G. Sustainability-oriented Innovation of SMEs: A Systematic Review [J]. *Journal of Cleaner Production*, 2014, 65 (4): 57 - 75.

［103］ King, A. and Lenox, M. Exploring the Locus of Profitable Pollution Reduction [J]. *Management Science*, 2002, 48 (2): 289 - 299.

［104］ Klassen, R. D. and McLaughlin, C. P. The Impact of Environmental Management on Firm Performance [J]. *Management Science*, 1996,

42 (8): 1199 –1214.

[105] Konar, S. and Cohen, M. A. Does the Market Value Environmental Performance? [J]. *Review of Economics and Statistics*, 2001, 83 (2): 281 –289.

[106] Kor, Y. Y. and Sundaramurthy, C. Experience-based Human Capital and Social Capital of Outside Directors [J]. *Journal of Management*, 2009 (35): 981 –1006.

[107] Lars Hasseld, Henrik nilsson. The Value Relevance of Environmental Performance [J]. *European Accounting Review*, 2005, 14 (1): 41 –61.

[108] Leland H. E. Agency Costs, Risk Management and Capital Structure [J]. *Journal of Finance*, 1998 (53): 1213 –1243.

[109] Le Luo, Qingliang Tang. Does Voluntary Carbon Disclosure Reflect Underlying Carbon Performance? [J]. *Journal of Contemporary Accounting & Economics*, 2014 (10): 191 –205.

[110] Lewis, B. W., Walls, J. L. and Dowell, G. W. Difference in Degrees: CEO Characteristics and Firm Environmental Disclosure [J]. *Strategic Management Journal*, 2014, 35 (5): 712 –722.

[111] López-Iturriaga, F. J. and López-de-Foronda, Ó. Corporate Social Responsibility and Large Shareholders: An Analysis of European Firms. Available at SSRN 1408192, 2009.

[112] Malmi, T., and Brown, D. A. Management Control Systems as a Package: Opportunities, Challenges and Research Directions [J]. *Management Accounting Research*, 2008 (19): 287 –300.

[113] María D. López-Gamero, José F. Molina-Azorín and Enrique Claver-Cortes. The Relationship between Managers' Environmental Perceptions, Environmental Management and Firm Performance in Spanish Hotels:

A Whole Framework ［J］. *International Journal of Tourism Research*, 2011 (13)：141－163.

［114］ Mara D. Lopez-Gamero, Jose F. Molina-Azorn, Enrique Claver-Cortes. The Whole Relationship between Environmental Variables and Firm Performance：Competitive Advantage and Firm Resources as Mediator Variables ［J］. *Journal of Environmental Management*, 2009 (90)：3110－3121.

［115］ Mark P. Finster and Michael T. Hernke. Benefits Organizations Pursue when Seeking Competitive Advantage by Improving Environmental Performance ［J］. *Journal of Industrial Ecology*, 2014, 18 (5)：652－662.

［116］ Matten, D. and Moon, J. Implicit and Explicit CSR：A Conceptual Framework for a Comparative Understanding of Corporate Social Responsibility ［J］. *Academy of Management Review*, 2008, 33 (2)：404－424.

［117］ Makkonen H., Pohjola M., Olkkonen R., et al. Dynamic Capabilities and Firm Performance in a Financial Crisis ［J］. *Journal of Business Research*, 2014, 67 (1)：2707－2719.

［118］ Ma, X. and Ortolano, L. *Environmental Regulation in China：Institutions, Enforcement, and Compliance* ［M］. Rowman & Littlefield Publishers, 2000.

［119］ McDonald, R. and D. Siegel. The Value of Waiting to Invest ［J］. *Quarterly Journal of Economics*, 1986 (101)：707－727.

［120］ McGuire, J. B., Sundgren, A. and Schneeweis, T. Corporate Social Responsibility and Firm Financial Performance ［J］. *Academy of Management Journal*, 1988, 31 (4)：854－872.

［121］ Merchant, K. A. The Control Function of Management ［J］. *Sloan Management Review*, 1981, 23 (4)：43－55.

［122］ Moberg D. Virtuous Peers in Work Organizations ［J］. *Business Ethics Quarterly*, 1997 (7)：67－85.

［123］ Menguc B. , Auh S. , Ozanne L. The Interactive Effect of Internal and External Factors on a Proactive Environmental Strategy and its Influence on a Firm's Performance ［J］. *Journal of Business Ethics*, 2010, 94 (2): 279 – 298.

［124］ Montabon, F. , Sroufe, R. and Narasimhan, R. An Examination of Corporate Reporting, Environmental Management Practices and Firm Performance ［J］. *Journal of Operations Management*, 2007, 25 (5): 998 – 1014.

［125］ Murillo-Luna J. L. , Garcés-Ayerbe C. , Rivera-Torres P. Why Do Patterns of Environmental Response Differ? A Stakeholders' Pressure Approach ［J］. *Strategic Management Journal*, 2008, 29 (11): 1225 – 1240.

［126］ M. V. Russo and P. A. Fouts. A Resource-based Perspective on Corporate Environmental Risk Management and Profitability ［J］. *Academy Management Journal*, 1997, 40 (3): 534 – 559.

［127］ Nadja Guenster, Jeroen Derwall, Rob Bauer, Kees Koedijk. The Economic Value of Corporate Eco-efficiency ［J］. SSRN Working Paper, No. 675628, 2006.

［128］ N. Darnall, D. Edwards. Predicting the Cost of Environmental Management System Adoption: The Role of Capabilities, Resources and Ownership Structure ［J］. *Strategic Management Journal*, 2006, 27 (4): 301 – 320.

［129］ OECD. Eco-efficiency. Organization for Economic Cooperation and Development. Paris, 1998.

［130］ Olaf Weber. Environmental Credit Risk Management in Banks and Financial Service Institutions ［J］. *Business Strategy and the Environment*, 2012, 21 (4): 248 – 263.

［131］ Olaf Weber, Roland W. Scholz and Georg Michalik. Incorporating Sustainability Criteria into Credit Risk Management ［J］. *Business Strategy and the Environment*, 2010, 19 (1): 39 – 50.

[132] Orsato R. J. Competitive Environmental Strategies: When Does It Pay to be Green? [J]. *California Management Review*, 2006, 48 (2): 127 – 143.

[133] P. Buonanno, C. Carraro and M. Galeotti. Endogenous Induced Technical Change and the Costs of Kyoto [J]. *Resource and Energy Economics*, 2003, 25 (1): 11 – 34.

[134] Pearce. Effects of Cultural and Social Structural Factors on the Achievement of White and Chinese American Students at School Transition Points [J]. *American Educational Research Journal*, 2006 (43): 75 – 101.

[135] Peloza, J. Using Corporate Social Responsibility as Insurance for Financial Performance [J]. *California Management Review*, 2006, 48 (2): 52 – 72.

[136] Plumlee, M. , Brown, D. , Hayes, R. M. and Marshall, R. S. Voluntary Environmental Disclosure Quality and Firm Value: Further Evidence [J]. *Journal of Accounting and Public Policy*, 2015, 34 (4): 336 – 361.

[137] Porter, M. , Van der Linde, C. Toward a New Conception of the Environment Competitiveness Relationship [J]. *Journal of Economic Perspectives*, 1995 (9): 97 – 118.

[138] Porter, M. and Van der Linde, C. Green and Competitive: Ending the Stalemate [J]. *Business and the Environment*, 1996: 61 – 77.

[139] Prado-Lorenzo, J. M. and Garcia-Sanchez, I. M. The Role of the Board of Directors in Disseminating Relevant Information on Greenhouse Gases [J]. *Journal of Business Ethics*, 2010, 97 (3): 391 – 424.

[140] Prior, D. , Surroca, J. and Tribó, J. A. Are Socially Responsible Managers Really ethical? Exploring the Relationship between Earnings

Management and Corporate Social Responsibility [J]. *Corporate Governance: An International Review*, 2008, 16 (3): 160 –177.

[141] Prendergast and Stole. Impetuous Youngsters and Jaded Old-timers: Acquiring a Reputation for Learning [J]. *Journal of Political Economy*, 1996 (104): 1105 –1134.

[142] Pujari, D. , Wright, G. and Peattie, K. Green and Competitive: Influences on Environmental New Product Development Performance [J]. *Journal of Business Research*, 2003, 56 (8): 657 –671.

[143] Qi, G. Y. , Zeng, S. X. , Shi, J. J. , Meng, X. H. , Lin, H. and Yang, Q. X. Revisiting the Relationship between Environmental and Financial Performance in Chinese Industry [J]. *Journal of Environmental Management*, 2014 (145): 349 –356.

[144] Ratnatunga, Janek T. D. and Balachandran Kashi R. Carbon Business Accounting: The Impact of Global Warming on the Cost and Management Accounting Profession [J]. *Journal of Accounting, Auditing & Finance*, 2009, 24 (2): 333 –355.

[145] R. D. Burnett, D. R. Hansen. Ecoefficiency: Defining a Role for Environmental Cost Management [J]. *Accounting, Organizations and Society*, 2008 (33): 551 –581.

[146] Robyn Moroney, Carolyn Windsor, Yong Ting Aw. Evidence of Assurance Enhancing the Quality of Voluntary Environmental Disclosures: an Empirical Analysis [J]. *Accounting and Finance*, 2012 (52): 903 –939.

[147] Said, Elnaby, Wier. An Empirical Investigation of the Performance Consequences of Nonfinancial Measures [J]. *Management Accounting Research*, 2003 (15): 193 –223.

[148] Salama, A. A Note on the Impact of Environmental Performance on Financial Performance [J]. *Structural Change and Economic Dynamics*,

2005, 16 (3): 413 – 421.

[149] Sarkis J. , Cordeiro J. An Empirical Evaluation of Environmental Efficiencies and Firm Performance: Pollution Prevention Technologies Versus End-of-ipe Practice [J]. *European Journal of Operational Research*, 2001 (135): 102 – 113.

[150] Schafer, Harvey. B. Stage Models of Corporate Greening: A Critical Evaluation [J]. *Business Strategy and environment*, 1998 (7): 109 – 123.

[151] Scott Marshall, R. and Brown, D. Corporate Environmental Reporting: What's in a Metric? [J]. *Business Strategy and the Environment*, 2003, 12 (2): 87 – 106.

[152] Simon J. T. Pollard, Ray V. Kemp, Mark Crawford, Raquel Duarte-Davidson, James G. Irwin, and Roger Yearsley. Characterizing Environmental Harm: Developments in an Approach to Strategic Risk Assessment and Risk Management [J]. *Risk Analysis*, 2004, 24 (6): 1551 – 1560.

[153] Simmons J. Managing in the Post-managerialist Era: Towards Socially Responsible Corporate Governance [J]. *Management Decision*, 2004, 32 (3/4): 601 – 611.

[154] Sinkin C. , Wright C. J. , Burnett R. D. Eco-efficiency and Firm Value [J]. *Journal of Accounting and Public Policy*, 2008, 27 (2): 167 – 176.

[155] Shrivastava, P. The Role of Corporations in Achieving Ecological Sustainability [J]. *Academy of Management Review*, 1995, 20 (4): 936 – 960.

[156] Sharma S. Managerial Interpretations and Organizational Context as Predictors of Corporate Choice of Environmental Strategy [J]. *Academy of Management Journal*, 2000, 43 (4): 681 – 697.

[157] Sonia Ben Kheder, Natalia Zugravu. The Pollution Haven Hypothesis: A Geographic Economy Model in a Comparative Study, 2008.

[158] Starik, M. and Rands, G. P. Weaving an Integrated Web: Multilevel and Multisystem Perspectives of Ecologically Sustainable Organizations [J]. *Academy of Management Review*, 1995, 20 (4): 908 –935.

[159] Stigson B. Eco-efficiency: Creating More Value with Less Impact [J]. *WBCSD*, 2000 (8): 5 –36.

[160] Urbi Garay and Maximiliano González. Corporate Governance and Firm Value: The Case of Venezuela [J]. *Corporate Governance: An International Review*, 2008, 16 (3): 194 –207.

[161] Volker H. Hoffmann, Thomas Trautmann and Jens Hamprecht. Regulatory Uncertainty: A Reason to Postpone Investments? Not Necessarily [J]. *Management Studies*, 2009 (46): 1227 –1253.

[162] Waddock, S. A. and Graves, S. B. The Corporate Social Performance-Financial Performance link [J]. *Strategic Management Journal*, 1997, 18 (4): 303 –319.

[163] Walls J. L., Hoffman A. J. Exceptional Boards: Environmental Experience and Positive Deviance from Institutional Norms [J]. *Journal of Organizational Behavior*, 2013 (34): 253 –271.

[164] Walls J. L., Phan P. H., Berrone P. Measuring Environmental Strategy: Construct Development, Reliability and Validity [J]. *Business & Society*, 2011, 50 (1): 71 –115.

[165] Webb, E. An Examination of Socially Responsible Firms' Board Structure [J]. *Journal of Management and Governance*, 2004, 8 (3): 255 –277.

[166] Weber O., Fenchel M., Scholz R. W. Empirical Analysis of the Integration of Environmental Risks into the Credit Risk Management

Process of European Banks [J]. *Business Strategy and the Environment*, 2008 (17): 149 – 159.

[167] Wiersema M., Bantel K. Top Management Team Demography and Corporate Strategic Change [J]. *Academy of Management Journal*, 1992 (35): 91 – 121.

[168] Wiseman, J. An Evaluation of Environmental Disclosures Made in Corporate Annual reports [J]. *Accounting, Organizations and Society*, 1982, 7 (1): 553 – 563.

[169] Wisner, P. S., Epstein, M. J., Bagozzi, R. P. Organizational Antecedents and Consequences of Environmental Performance [J]. *Advances in Environmental Accounting & Management*, 2006 (3): 143 – 167.

[170] Yang C. L., Lin S. P., Chan Y. H., et al. Mediated Effect of Environmental Management on Manufacturing Competitiveness: An Empirical Study [J]. *International Journal of Production Economics*, 2010, 123 (1): 210 – 220.

[171] Yu-Shan Chen, Ching-Hsun Chang. The Determinants of Green Product Development Performance: Green Dynamic Capabilities, Green Transformational Leadership, and Green Creativity [J]. *Journal Business Ethics*, 2013 (116): 107 – 119.

[172] Yu Cong, Martin Freedman, Jin Dong Park. Tone at the Top: CEO Environmental Rhetoric and Environmental Performance [J]. *Advances in Accounting, Incorporating Advances in International Accounting*, 2014 (30): 322 – 327.

[173] Yu Cong, Martin Freedman. Corporate Governance and Environmental Performance and Disclosures [J]. *Advances in Accounting, Incorporating Advances in International Accounting*, 2011 (27): 223 – 232.

[174] Zhao X., Zhao Y., Zeng S., et al. Corporate Behavior and

Competitiveness: Impact of Environmental Regulation on Chinese Firms [J]. *Journal of Cleaner Production*, 2015 (86): 311 –322.

[175] Zollo M. , Winter S. G. Deliberate Learning and the Evolution of Dynamic Capabilities [J]. *Organization Science*, 2002, 13 (3): 339 –351.

后　记

探讨企业节能减排的财务问题是我对企业社会责任财务研究的进一步深化。2010 年，我申报的课题"节能减排对企业价值影响的机理及其测度与激励政策研究"有幸获得国家社会科学基金项目的资助（立项号：10BGL065）。项目结题后（结题证书号：20161382），又花了一年多时间对部分数据进行了更新，以便实证研究的结论更具有时效性。同时，还根据专家意见对部分内容进行了修改，形成了最终提交出版的书稿。

课题的研究得到了多方面的支持和帮助，在成果即将付梓之时，我特向他们表示诚挚的感谢。首先，我要感谢国家社会科学基金提供的研究资助，没有这种资助，很难开展这项研究。其次，要感谢长沙理工大学工商管理学科的支持，在工商管理学科团队的大家庭里，既有学术思想的帮助，也有少量的财务支持。最后，要感谢经济与管理学院财会系的郑琦博士、企业管理系的刘洪深博士在实证研究方面所给予的方法指导，我从与他们的讨论中获益匪浅。

课题的最终完成是课题组成员合作探讨的结果。在此我要感谢谢志明教授、张鼎祖副教授、邓英副教授等同事的合作与支持。另外，我的研究生姚俊俊、潘怡、肖婷和刘超洁分别承担了不同实证部分的主要数据整理工作，在此亦表示感谢。

本书在理论和实证研究方法上还存在许多不足之处，敬请各位专家、学者提出批评。

2018 年 5 月